KENNETH MAXWELL

MAIS MALANDROS:
ENSAIOS TROPICAIS E OUTROS

PAZ E TERRA

MAIS MALANDROS:
ENSAIOS TROPICAIS E OUTROS

© by Kenneth Maxwell

CIP-Brasil. Catalogação na fonte
Sindicato Nacional dos Editores de Livros, RJ.

M419m

Maxwell, Kenneth, 1941-
Mais malandros : ensaios tropicais e outros :
coletânea de artigos : site no.
/ Kenneth Maxwell ; tradução de Mirtes Frange de Oliveira
Pinheiro... [et al.]. — Rio de Janeiro: Paz e Terra, 2002

ISBN 85-219-0522-X

1. Brasil – História. 2. Brasil – Política e governo. 3. Portugal – História.
4. Política internacional. 5. Globalização. I. Título.

02-1738

CDD-981
CDU-981

001841

EDITORA PAZ E TERRA S/A
Rua do Triunfo, 177
Santa Ifigênia, São Paulo, SP — CEP 01212-010
Tel.: (011) 3337-8399
Rua General Venâncio Flores, 305 — Sala 904
CEP 22441-090, Rio de Janeiro, RJ
Tel.: (0xx21) 2512-8744
E-mail: vendas@pazeterra.com.br
Home page: www.pazeterra.com.br

2002
Impresso no *Brasil / Printed in Brazil*

Para o saudoso *no.*,
uma maravilha brasileira antes de seu tempo,
e meus colegas internautas brasileiros.

Sobre o autor

Kenneth Maxwell é diretor do Programa para a América Latina do Conselho de Relações Exteriores (*Council on Foreign Relations*) de Nova York, do qual já foi vice-presidente e diretor de estudos. Antes de entrar para o Conselho, em 1989, foi fundador e diretor do Centro Camões da Universidade de Columbia. E lecionou nas Universidades de Yale, Princeton e Columbia.

Seus livros mais recentes são *Chocolate, piratas e outros malandros: ensaios tropicais* (São Paulo: Paz e Terra, 1999); *A construção da democracia em Portugal* (Cambridge e Nova York: Cambridge Univ. Press, 1995) & (Lisboa: Presença, 1999); *Marquês de Pombal: paradoxo do Iluminismo* (Cambridge e Nova York: Cambridge Univ. Press, 1995), (São Paulo: Paz e Terra, 1996) & (Lisboa: Presença, 2001); e *The New Spain: From Isolation to Influence* (co-autor) (Nova York: CFR Press, 1994); bem como *Conflicts and Conspiracies: Brazil and Portugal 1750-1808* (Cambridge e Nova York: Cambridge Univ. Press, 1973); *Devassa da devassa* (Rio de Janeiro e São Paulo: Paz e Terra, 1977, 5 edições). Maxwell foi editor de vários livros, entre eles *Portugal in the 1980s: The Dilemmas of Democratic Consolidation* (Westport, CT: Greenwood Press, 1986), *The Press and the Rebirth of Iberian Democracy* (Westport, CT: Greenwood Press, 1983) e *Spanish Foreign and Defense Policy* (Boulder e London: Westview Press, 1991).

De junho de 2000 a dezembro de 2001, Kenneth Maxwell escreveu uma coluna mensal no *site Notícia e Opinião* (http://www.no.com.br). Ele escreve regularmente para a seção "Autores", do caderno MAIS! na *Folha de S. Paulo,* e para a revista *Época* ("Pergunte ao Professor Maxwell"). Além disso, desde 1993 escreve resenhas de livros sobre o Hemisfério Ocidental para a revista *Foreign Affairs.*

Kenneth Maxwell recebeu seu B.A. e M.A. do St. John's College, Cambridge University, e seu M.A. e Ph.D. da Princeton University.

Sumário

Agradecimentos 11

Prefácio — Elio Gaspari 13

1. Vento do norte 17
2. Brasil, uma descoberta que estava por vir 25
3. Uma história "brasileira" do mundo 31
4. Subversivos e burocratas 35
5. Os novos dez mandamentos 39
6. O Brasil emergente 43
7. A campanha presidencial e o canal cor de rosa 49
8. Vingança da história 53
9. Lalau e Wall Street 59
10. George W. Bush, rei Canuto e o Brasil 63
11. O estranho caso de John Ashcroft: Igreja, Estado
    e George W. Bush 69
12. Jorge Arbusto & Señorita Condoleezza Arroz 79
13. O caso C. R. Boxer: heróis, traidores e o *Manchester
    Guardian* 87
14. Yale nua: uma história de escravidão, sexo e avareza 105
15. O ecletismo de Pombal 119
16. A Amazônia e o fim dos jesuítas 127

MAIS MALANDROS: ENSAIOS TROPICAIS E OUTROS

17. Uma dupla incomum 143
18. Por que o Brasil foi diferente? Os contextos da
    independência 161
19. Evitando a tentação imperial: Estados Unidos
    e América Latina 195
20. Armadilha e cheque em branco 219
21. Antiamericanismo no Brasil 231
22. O espelho britânico 237
23. A América Latina joga a toalha 241
24. Três países, três momentos, um esporte 253
25. No Brasil, o risco é *Status Quo* 257
26. Um Fellini que leve *Orfeu* ao reino de *Batman* 261

Bibliografia 267

Agradecimentos

Muitos destes ensaios foram escritos originalmente para o *no. (Notícia e Opinião)*, um dos mais fascinantes e inovadores *sites* brasileiros na Internet, que lamentavelmente foi extinto, e para o caderno "Mais!" da *Folha de S. Paulo*, felizmente ainda bastante ativo. A iniciativa da minha participação no *site* partiu de três velhos amigos, Doritt Harazim, Elio Gaspari e Marcos Sá Corrêa. Eles tinham mais fé no que eu poderia vir a fazer do que eu mesmo, e agradeço a eles a oportunidade de me aventurar como escritor e internauta principiante. Foi uma experiência maravilhosa, e serei sempre grato aos jornalistas brasileiros com quem trabalhei ao longo daquele estimulante período de dois anos e meio, entre os quais Flávio Pinheiro, Pedro Dória e Leonardo Pimentel. Ainda mantenho fortes laços com "Mais!", casa que sempre me acolheu e incentivou, e continuo em débito com Otávio Frias Filho, Adriano Schwartz, Marcos Flamínio e também com Claudia Strauch, por sua eficiência e afabilidade. Durante aquele período, meu pesquisador associado no Conselho de Relações Exteriores (*Council on Foreign Relations*), Tomás Amorim, também me ajudou a percorrer os labirintos da Internet (na qual, obviamente, estou completamente viciado) e a cumprir, na medida do impossível, meus inúmeros prazos. Meus agradecimentos também a Marcio Siwi, meu atual pesquisador associado no Programa de Estudos para a América Latina do Conselho, que auxiliou na montagem deste livro. Sou grato também a Enrique Krauze, por me ter dado a oportunidade de escrever para seu ilustre *Letras Libres*, ao *World Policy Journal*, e, sobretudo, a Linda Wrigley, editora-executiva, e ao professor John Coatsworth e a seus colegas do Centro de Estudos para a América Latina David Rockefeller, da Harvard University, pela grande honra que me deram ao me convidar para dar a palestra John Parry Memorial em 2000. À Paz e Terra, como sempre, devo muito ao Fernando Gasparian e aos seus colegas.

Nova York, setembro de 2002.

Kenneth Maxwell.

Prefácio

Numa época em que brasileiros assalariados pela banca internacional pontificam a respeito da vida nacional para engordar seus bônus de fim de ano, é um prazer afirmar que Kenneth Maxwell é um dos mais importantes historiadores brasileiros vivos. Em 1967 ele morava na esquina mais barulhenta do Rio de Janeiro (Figueiredo Magalhães com Nossa Senhora de Copacabana). Hoje chefia a Seção de Estudos Interamericanos do Council on Foreign Relations numa das esquinas mais prestigiosas do mundo (Park Avenue com rua 68). Chegou a essa posição sem passar pelo circuito *"financial chic"*. Nasceu na Inglaterra, tornou-se americano e, por mais que sua produção profissional tenha se relacionado com Pindorama, nada tem de brasileiro. É um sujeito sem folclore, daqueles de quem só se pode conhecer o pensamento depois que o expressam.

Apresentá-lo pela bibliografia seria um exercício banal. Seu livro *A devassa da devassa* virou a história da Inconfidência Mineira de cabeça para baixo. Sua biografia do Marquês de Pombal tornou-se um clássico. Num caso e noutro, exercitou qualidades de pesquisador sobre documentação conhecida. Sua maior obra, infelizmente inédita no Brasil, foi *The Making of Portuguese Democracy* (*A construção da democracia portuguesa*), editada pela Cambridge University Press. Em apenas 179 páginas desatou o nó da história da Revolução dos Cravos, de abril de 1974. Desagradou à esquerda que virou direita e à direita que não conseguiu virar esquerda.

Há nele a característica dos intelectuais que oferecem a sua sabedoria àqueles que estejam interessados em recebê-la, sem o menor interesse em fazer as cabeças alheias. Aos curadores da casa de Thomas Jefferson, em Monticello, mostrou a localização do quarto onde se hospedava o abade Corrêa da Serra, embaixador do Reino Unido do Brasil, fenomenal figura de uma articulação malsucedida de associação dos interesses brasileiros aos americanos. Aos nativos, ofereceu sua interpretação do processo da Independência, na qual, acredita, foi Portugal quem se livrou do Brasil e não o Brasil que se tornou independente de Portugal. Diz isso com a graça de quem informa que D. Pedro I era filho de pais "grotescamente feios", saídos de uma dinastia limítrofe à produção de lunáticos.

Há mais de vinte anos, numa conferência cujo texto parece perdido, Kenneth Maxwell demonstrou que a geração dos brasileiros de 1822 era muito mais qualificada que a dos americanos que fizeram a independência dos Estados Unidos no final do século XVIII. Para quem duvida, comparando-se a biografia de Thomas Jefferson, um fazendeiro letrado da Virgínia, com a de José Bonifácio, um geólogo com assento na Academia de Ciências da Suécia, verifica-se que tudo o que os americanos gostariam de ter entre os fundadores de sua nação era algo parecido com o Andrada.

Mais: José Bonifácio pagou pelo abolicionismo que nunca escondeu, enquanto Jefferson não teve a coragem de atravessar esse delicado dilema de seu tempo (fofoca: Maxwell suspeita que o Visconde de Barbacena estava metido na Inconfidência Mineira. Isso equivale a suspeitar, pelos estereótipos de cada época, que o general Costa e Silva fosse simpatizante da ALN, a Ação Libertadora Nacional, de Carlos Marighella. Se alguém perguntar se isso é verdade, ele negará que a suspeita seja fundamentada).

Maxwell tem a capacidade dos grandes intelectuais de atravessar qualquer século da história nacional com a leveza com que o mestre-sala delegado da Mangueira atravessava a avenida.

PREFÁCIO

Tratando-se do século XVIII, endossou a suspeita de que o banqueiro João Rodrigues de Macedo tivesse algo a ver com o suposto suicídio do poeta Cláudio Manuel da Costa, que estava preso em sua casa. Tratando-se do século XX, expôs num de seus artigos no *no.*, na internet, o ridículo dos nativos que no século XXI vão a um jantar de má comida no hotel Plaza para festejar um empresário que denominam "homem do ano". Mostrou que os brasileiros endinheirados viajam a Nova York para passar o tempo com outros brasileiros endinheirados.

O Itamaraty zangou-se com seu comentário, como se uma zanga do Itamaraty tivesse alguma importância. Ele já ouviu brasileiros contando histórias em que ninguém acredita. As melhores reuniões do Council on Foreign Relations são tão fechadas que lá raramente a imprensa entra.

Nos anos 70, quando renomados professores da comunidade acadêmica americana denunciavam as atrocidades da ditadura brasileira, foi ele quem apresentou (a pedido do professor Ralph Della Cava) o documento de condenação daquilo que o circuito chique da globalização chamava de "milagre brasileiro". É perda de tempo tentar ouvi-lo rememorar esse episódio. Por inglês, Maxwell não fala de si.

Por inglês, é possível que ele tenha uma contribuição a dar à história de seu povo. Uma testemunha digna de crédito assegura que em 1979 ele foi visto, em diversas ocasiões, saindo de sua sala na Escola de Assuntos Internacionais da Universidade Columbia para dar uma aula no mesmo andar, segurando seu guarda-chuva. Levando-se em conta que não chovia dentro do prédio, por que aquele inglês ia de uma sala para outra levando seu guarda-chuva?

"Porque uma vez eu o deixei na minha sala e o levaram."

É uma justificativa simples, porém definitiva. Essa é a razão pela qual os ingleses não largam seus guarda-chuvas.

Elio Gaspari.

1

Vento do norte

Tem sido um longo inverno aqui no Hemisfério Norte, um frio estado de sítio — mesmo agora, após a Páscoa, há neve em parte do noroeste montanhoso de Connecticut. Abril, como escreveu T. S. Eliot, é o "mais cruel dos meses". Assim, a despeito do calendário, o inverno ainda deve ter um ferrão na cauda; esperemos que não. Ontem foi o dia mais quente desde outubro. A paisagem começa a mudar afinal, as pequeninas mas valentes flores de campânula branca estão desabrochando sob o emaranhado espinhoso do roseiral plantado em 1906. Os passarinhos, voltando da migração para o sul, reclamam seu espaço de verão, procurando pontos adequados para construírem seus ninhos no topo da casa. Pequenos botões verdes estão começando a aparecer na ponta dos galhos e os arbustos que pareciam inteiramente mortos mostram sinais de vida. Nossa pequena cidadezinha na montanha é conhecida como o "balde de gelo" de Connecticut, e este ano fez jus à reputação, mas a primavera está miraculosamente de volta.

Os resultados do último censo nos Estados Unidos acabam de ser divulgados — aqui nas montanhas o total de moradores permanentes é de 1.500; umas poucas centenas a menos que há cem anos. Mas esse número é traiçoeiro — as pessoas costumam ter aqui uma segunda casa, para a qual vêm nos fins de semana de Nova York e Boston. No verão, estudantes da Escola de Artes e Música da Universidade de Yale enchem a cidade, ágeis de corpo e brilhantes de mente, virtuosos em sua arte, com suas violas, *cellos* e trombones pendurados sobre os ombros enquanto atravessam o verde jardim público da cidade em frente à velha igreja congregacionalista a caminho da aula. Centenas de admiradores da música clássica vêm de carro todo fim de semana de junho e agosto para concertos de música de câmara. Esses concertos de verão, hoje comuns em toda a América, foram inventados aqui. Eles acontecem numa magnífica sala de espetáculos construída com o melhor carvalho por volta de 1880, localizada no terreno de uma velha mansão que há muitas décadas foi legada ao prazer dos admiradores da música por uma viúva visionária no melhor estilo da filantropia beneficente da Nova Inglaterra.

Na minha escola na Inglaterra, os professores não eram grandes fãs do progresso. Ainda que não fossem hostis à idéia, eram pelo menos céticos em relação a ela. Para eles, a história parecia mais cíclica que linear. Muitos lutaram e sobreviveram à Segunda Guerra Mundial. Foram criados com uma visão imperial do mundo, mas, ao voltarem à vida civil, encararam uma Grã-Bretanha cinzenta, diminuída e diminuindo-se à medida que o império colonial implodia e a dominação industrial e financeira evaporava. Eles tendiam a ser homens de esquerda, no sentido britânico da palavra, que viam o governo trabalhista do pós-guerra e seu programa de bem-estar social como uma revolução social há muito atrasada; mesmo ensinando em escolas privadas, cujo currículo era mais apropriado para a formação de administradores para a Índia, onde, aliás, àquela época o Sol já se pusera para o domínio britânico. Com sua sólida educação clássica, não aprovariam a fé positivista no progresso glorificada na bandeira do Brasil: para eles, tal afirmação pareceria uma provocação desnecessária aos velhos deuses.

É surpreendente hoje em dia ver o pano de fundo de velhos filmes de Hitchcock nos anos 50 e perceber o quão perto o mundo de meus professores estava do século XIX, e quão longe estava do século XXI, com as filas de grandes guindastes nas docas de Londres, os operários militantes, as greves sem fim, os navios

VENTO DO NORTE

enfileirados para descarregar, e becos escuros, sujos, úmidos e insalubres, não muito distante do que eram nos tempos de Dickens. Tudo isso desapareceu tão completamente hoje que poderia tanto ser parte de uma pintura desbotada da Londres de 1640, quanto da metade do século xx.

É estranho como os filmes feitos naquela época sobre o futuro não antecipavam mudanças fundamentais que estavam por vir, a reurbanização revalorizada dos velhos cortiços, a imigração pós-colonial que transformou Londres e ainda mais as cidades industriais do norte e do centro da Inglaterra num mosaico multirracial. O futuro previsto na metade do século xx certamente tinha "máquinas do tempo"; mas elas eram feitas com engrenagens dentadas e tomadas que precisavam ser consertadas com ferramentas e lubrificadas com latas de óleo! Ninguém antecipou a miniaturização que produziria uma caixinha mágica como este *Think Pad* que me conecta instantaneamente ao *web site* de qualquer jornal brasileiro.

Talvez a mudança nunca tenha sido linear; ou pelo menos a percepção de se a mudança é para melhor ou pior, ou se estamos indo para a frente ou para trás. Leva-se mais tempo hoje, por exemplo, para chegar às cidades costeiras saindo de nossa casa em Connecticut do que se levava em 1850. Por volta de 1900, doze trens paravam diariamente aqui, no que era então a mais elevada estação ferroviária do estado. O serviço de passageiros acabou nos anos 20. A linha férrea foi abandonada durante a Segunda Guerra. Hoje nem os trilhos existem mais. As ravinas e desfiladeiros e as pontes de pedra arduamente construídas por trabalhadores imigrantes irlandeses e pedreiros italianos tornaram-se passeios públicos na primavera e trilhas de esqui no inverno. No fim do século xix, os topos das colinas estavam completamente desmatados. Hoje estão frondosamente reflorestados, quase como eram quando os primeiros colonizadores europeus chegaram, no início do século xviii. Os gamos selvagens voltaram, reintroduzidos na região pelo retorno das florestas nos anos 30. Os perus selvagens estão de volta também, e ainda que eles, assim como os gamos, tenham desaparecido por quase todo o século xix, hoje são tão numerosos quanto na época em que

MAIS MALANDROS: ENSAIOS TROPICAIS E OUTROS

Benjamin Franklin queria que o peru, e não a águia, fosse o símbolo nacional da nova República Americana. As campânulas brancas, arautos da primavera, sobrevivem apenas porque o emaranhado espinhoso do velho roseiral as protege de nossas florescentes manadas de saqueadores quadrúpedes.

Os índios nunca se estabeleceram na montanha — eles tinham mais juízo, preferindo os vales onde podiam cultivar o milho no rico solo aluvial das planícies dos rios, milho "índio", como os primeiros moradores o chamaram. Os resistentes colonizadores europeus pensavam-se mais sábios, mas provavelmente foram induzidos a aceitar sem ver pedaços de uma terra rochosa, empurrados por um advogado de fala mansa em Hartford ou New Haven, que dividira os lotes num mapa dos ermos do interior da colônia no início do século XVIII, a mando de um governador corrupto. Assim, ao chegarem e encararem a realidade das montanhas, eles tiveram que enfrentar um clima inóspito para desmatar a floresta virgem, mover gigantescas pedras de granito para fazer cercados para suas ovelhas, e rezar para que, com a ajuda de Deus, sobrevivessem aos longos invernos. Eles construíram espaçosas casas de madeira, maiores, mais salubres e leves que os pequenos casebres que conheceram na Inglaterra, e fizeram praças públicas com áreas verdes e viveram em pequenas e rígidas teocracias, sob o olhar inflexível dos pastores. Na Inglaterra, os congregacionalistas eram e continuam a ser "inconformistas"; ou seja, rejeitavam a Igreja Anglicana e a autoridade centralizada dos bispos e elegiam (e às vezes demitiam) seus próprios pastores numa forma democrática. Tão logo se estabeleceram na América, entretanto, rapidamente instituíram sua religião oficial e impuseram um código moral muito mais vigorosamente do que a Igreja da Inglaterra poderia ter feito. Todos eram proprietários: possuíam a própria terra; eram livres para ser bem-sucedidos e eram também livres para fracassar. Mas não eram livres para faltar à Igreja: isso era exigido e obrigado; um vínculo entre o capitalismo e a religião ainda refletido na moeda americana, que, diferentemente da bandeira brasileira com sua afirmação do progresso, expressa a esperança mais sóbria de que *"nós confiamos em Deus"* (*"in God we trust"*).

Algumas das primeiras povoações nessas colinas realmente fracassaram, a despeito da freqüência na igreja. As únicas lembranças de sua localização estão em muros de pedra imensos e chaminés desabadas. Outras cidades prosperaram; com isso, novos imigrantes e novas indústrias chegaram, e o monopólio da Igreja Congregacional foi quebrado. O carvão que alimentava os fornos para ferro e cal criou uma demanda insaciável por lenha. Os córregos velozes, como que emergem de um buraco pantanoso no outro lado da colina atrás de nossa casa, e é apropriadamente chamado Rio "Louco", forneciam energia hídrica para a primeira revolução industrial. Esta cidade montanhosa e seus vizinhos fabricaram armas, facas, machados e balas de canhão que formaram o arsenal local para os revolucionários que acabaram com o domínio britânico. Durante a guerra de 1812, grandes âncoras para a marinha americana foram feitas aqui e, na Guerra Civil, a região forneceu a munição do Norte. Por volta de 1880, os famosos rifles Winchester, que "conquistaram" o Oeste Selvagem, eram feitos aqui perto.

Muito disso já não existe, ainda que em outras partes de Connecticut os fabricantes de armas sejam uma força poderosa. Tanto que o senador democrata de Connecticut Christopher Dodd, um liberal convicto na maior parte dos assuntos, é um defensor clamoroso do "Plano Colômbia", o comprometimento de 1,3 bilhão de dólares dos contribuintes americanos para sustentar o estado colombiano que lentamente se desintegra em face de uma guerrilha disseminada, da corrupção das drogas e da violência endêmica. Um percentual substancioso dos dólares de que o Congresso se apropriou para o Plano Colômbia vai para a compra de helicópteros feitos em Connecticut; assim, no que se refere à guerra na Colômbia, o senador Dodd é um linha-dura. Mas as velhas fábricas nas montanhas de seu estado estão em sua maioria vazias, ou demolidas, ou transformadas em antiquários. A indústria nessas colinas deixou de ser competitiva à medida que fábricas maiores e mais eficientes e com mão-de-obra mais barata surgiram no Centro-Oeste americano, mudando-se depois para o Sul. Hoje essas fábricas com suas grandes chaminés e os produtores de tecidos e roupas ficam no México ou na China.

Com a Alca, certamente vão aportar no Mato Grosso — que, para os meus velhos professores, era um lugar onde intrépidos exploradores britânicos costumavam desaparecer, provavelmente devorados pelos nativos.

Nossa casa foi construída em 1903 para um herói da Guerra Civil, o major John Barclay Fassitt, que na Batalha de Gettysburg conduziu relutantes tropas da União a uma brecha nas linhas inimigas em 2 de julho de 1863, e ajudou a salvar o dia naquela batalha decisiva. Muitos de seus livros e objetos pessoais, enfiados no sótão por décadas, continuaram aqui quando nos mudamos. O major Fassitt tinha sido membro da turma de 1858 da Universidade de Harvard, e entre seus colegas estavam Henry Adams, historiador e autor do livro clássico de memórias da América, *The Education of Henry Adams* (o major tinha a primeira edição em sua biblioteca), e William Henry Fitzhugh Lee, filho do comandante confederado em Gettysburg, o general Robert E. Lee. No fim da década de 1880, o major Fassitt foi agraciado com a Medalha de Honra do Congresso, a mais alta condecoração dos Estados Unidos, por sua bravura em Gettysburg. Ela foi entregue então, e não em 1863, porque a Medalha de Honra fora concebida como um prêmio exclusivo para soldados rasos, não para oficiais, uma lembrança de um espírito mais igualitário, que a América de Henry James evidentemente não apreciava mais. Na praça verde da cidade, um monumento alto celebra os 35 homens locais que, como diz a inscrição, "deram suas vidas pelo país na Guerra da Rebelião".

Entre os objetos do major Fassitt no sótão eu encontrei uma cópia do livreto preparado após a consagração do cemitério nacional para aqueles que tombaram no campo de batalha em Gettysburg, contendo a primeira publicação da magnífica evocação da fé democrática feita pelo presidente Abraham Lincoln: "que os mortos não tenham morrido em vão, que a nação tenha, sob Deus, um novo nascimento da liberdade, e que o governo do povo, pelo povo e para o povo, nunca desapareça da terra". O major Fassitt deve ter ouvido Lincoln naquele dia em Gettysburg fazer um dos mais eloqüentes discursos da língua inglesa.

É difícil imaginar quão nua esta casa deve ter sido quando se erguia numa montanha sem árvores no momento em que ele a construiu, há quase cem anos. Mas a floresta antes desmatada está de volta e as paisagens mudaram, transformadas como as fábricas silenciosas e fornos de cal arruinados, diques rachados e trilhos silenciosos, espalhados ao longo dessas colinas, vítimas de ondas anteriores de "globalização" que vieram e passaram, uma arqueologia histórica dos últimos 250 anos de história da América. Talvez não "progresso". Mas, como a primavera, regenerada, com a promessa de vida nova.

2 de maio de 2001.
Tradução de Leonardo Pimentel.

*Paisagem de Connecticut.
John Funt,* Barn/Meadow/Stream,
2001, óleo sobre tela, 152 x 122 cm.

2

Brasil, uma descoberta que estava por vir

No dia 22 de abril de 2000, Brasil e Portugal comemoraram, cada um à sua maneira, o aniversário de 500 anos do que os portugueses chamam de forma bastante peculiar de achamento do Brasil. Embora, em muitos aspectos, o Brasil também tenha sido um "achado", pelo menos para os portugueses. Foi também um acaso. Depois da dramática viagem de Vasco da Gama à Índia (1497-1499), outra grande frota de 13 navios com uma tripulação de 1.500 homens partiu de Lisboa sob o comando de Pedro Álvares Cabral. Foi a esquadra de Cabral que, em 1.500, avistou pela primeira vez a costa brasileira nas proximidade de Porto Seguro. A descoberta se deu seis anos após a assinatura do Tratado de Tordesilhas, acordo diplomático que inadvertidamente concedia a Portugal o que, mais tarde, provou ser uma área substancial da América do Sul. Alguns historiadores afirmam que os portugueses já tinham conhecimento da existência do Brasil e que foram mais espertos do que seus rivais espanhóis. Mas isso parece pouco provável. O grande feito de Vasco da Gama tinha sido descobrir um caminho marítimo para a Índia que evitava a difícil rota pela costa africana com seus fortes ventos contrários. Ele tinha velejado pelo Atlântico passando por Cabo Verde e descoberto os ventos alísios, que empurraram sua frota para o Ocidente a uma grande velocidade e depois a trouxeram de volta ao Cabo da Boa Esperança, para contornar a África do Sul e chegar ao Oceano Índico. A partir daí, foi apenas uma questão de tempo para que os portugueses, em sua rota para o Ocidente, atracassem na costa atlântica da América do Sul. Portanto, o Brasil era um acaso que estava por vir.

A primeira descrição dos habitantes do Brasil foi feita por Pero Vaz de Caminha, na carta que enviou ao rei D. Manuel, no dia 1º de maio de 1500. "Parece-me gente de tal inocência", disse ele ao rei, "que, se homem os entendesse e eles a nós, seriam logo cristãos, porque eles, segundo parece, não tem, nem entendem em nenhuma crença". Após uma permanência de pouco mais de uma semana, a esquadra de Cabral prosseguiu viagem para Malabar, deixando para traz dois condenados e dois camaroteiros, que desceram do navio para incutir todas as crenças cristãs necessárias a fim de que os portugueses pudessem reivindicar o novo território que denominaram com grandiloqüência "Terra de Vera Cruz".

Os habitantes da nova terra, disse D. Manuel em 1501 aos monarcas católicos Fernando e Isabel, andavam "nus como crianças inocentes e eram amáveis e pacíficos. Era como se Nosso Senhor milagrosamente desejasse que [o Brasil] fosse encontrado, pois é bastante cômodo e necessário para a viagem à Índia". Foi graças a esses achamentos que o rei foi cognominado de "o Venturoso".

A Ásia, na verdade, ainda era o principal alvo do interesse comercial e político dos portugueses no século XVI. O Brasil pouco tinha a oferecer, certamente nem as sociedades desenvolvidas nem as fantásticas oportunidades de comércio que os portugueses encontraram no Oceano Índico e nos mares do sul da China. O único produto de valor comercial era o pau-brasil, do qual se extraía um corante vermelho muito utilizado pelos produtores têxteis da região de Flandres. A coroa portuguesa rapidamente monopolizou o comércio de pau-brasil e firmou contratos de exploração com um grupo de negociantes de Lisboa.

Em 1532, os portugueses dividiram partes da costa atlântica em extensos lotes de terra, que variavam de 160 a 640 km de extensão, e os concederam a doze donatários como capitanias hereditárias. Fara o monarca português, o "Rei Merceeiro" como os franceses o apelidaram, a grande vantagem desse sistema era que não custava absolutamente nada. Apenas duas capitanias alcançaram sucesso, e, em 1549, a coroa portuguesa viu-se forçada a enviar uma grande expedição colonizadora para a Bahia e a designar um novo governador-geral, Tomé de Sousa. O governador Tomé de Sousa estabeleceu, pela primeira vez, uma administração real direta, trazendo consigo um grupo de funcionários, artesãos, soldados, quatrocentos degredados e os jesuítas, em sua primeira missão no Novo Mundo.

No início, o Brasil era visto como o Jardim do Éden. O grande historiador brasileiro, Sérgio Buarque de Holanda, chamou isso de "visão do paraíso", onde as pessoas viviam inocentemente em um clima perfeito rodeadas por pássaros exóticos e animais estranhos. Américo Vespúcio, em sua famosa carta a Lorenzo di Pier Francesco de' Medici, enviada de Lisboa em 1502, um dos primeiros best-sellers europeus na época de sua publicação, em 1504, falou de um povo que vivia sem dinheiro, sem propriedade, sem comércio, em total liberdade social e moral, sem reis nem religão. O livro Utopia de Sir Thomas More, escrito em 1516, foi inspirado, em parte, pela vívida descrição que Américo Vespúcio fez do Brasil. Mas o mito demoníaco, com seus temores de atraso, degeneração e canibalismo ainda imperava. O primeiro retrato dos brasileiros foi publicado em Augsburg, em 1505, uma xilogravura colorida feita à mão que retratava homens e mulheres de cor parda enfeitados com cocares de penas acariciando-se, devorando alegremente pernas e braços humanos e assando pedaços de corpos em uma fogueira durante os preparativos para um banquete. A legenda, emprestada de Vespúcio, dizia: "Eles lutam entre si e comem uns aos outros. Eles vivem 150 anos. E não têm governo".

Até mesmo os pacientes jesuítas de vez em quando duvidavam de que os índios tivessem a capacidade de se empenhar de forma mais séria. "Tampouco a própria natureza do país ajuda", comentou Padre Anchieta em 1586, "pois é relaxante, indolente e melancólica, de modo que todo o tempo é gasto em festividades, cantorias e divertimento". No entanto, a força desses paradigmas do Brasil como Éden, ou Inferno, ou Utopia, bem como de sua resiliência, está relacionada, em parte, ao fato de todos eles emergirem de uma realidade extraordinária que era muito mais palpável. Apesar das aspirações divinas de Cabral para a América portuguesa, sua invocação bíblica para lhe dar nome não vingou. Pelo contrário, o comércio triunfou. A nova terra ficou conhecida por suas prosaicas árvores de pau-brasil. As vibrantes florestas tropicais da costa atlântica que Cabral avistara em 1500 logo foram derrubadas, e o sistema de troca dos primeiros anos de contato entre a população indígena e os portugueses provou ser inadequado para fornecer os serviços de mão-de-obra exigidos pelos colonizadores. Os portugueses recorreram à coerção, ao plantio de culturas meramente comerciais e aos escravos africanos. Os habitantes originais, neste ínterim, tornaram-se "Indianos", o que até mesmo Cabral sabia perfeitamente que não eram. Ao contrário do iludido Colombo, que teimou em acreditar que estava na Ásia mesmo ficando isolado na Jamaica por um ano, entre 1503 e 1504, Pedro Álvares Cabral, afinal, estava a caminho da Índia, onde iria conhecer os verdadeiros indianos.

Em 1590, entretanto, o Brasil copiou os moldes da colonização européia no Caribe, onde a dizimação dos nativos por doenças e exploração foi seguida pela introdução do cultivo da cana-de-açúcar pelos escravos importados da África. No Brasil, esse modelo de intrusão, pestilência e substituição de população ocorreu em um território de dimensões continentais, e iria influenciar permanentemente a composição da sociedade brasileira, as possibilidades de desenvolvimento econômico e a integração do país em um sistema comercial de monocultura de frente para o Atlântico voltado para a exportação. No início do século XVII, o açúcar brasileiro dominava o mercado europeu. O famoso jesuíta Antônio Vieira descreveu as usinas de açúcar brasileiras com suas queimadas e caldeiras a vapor como um "espelho do inferno".

Os escravos negros vieram para formar o esteio da economia açucareira em rápida expansão no país. "As mão e os pés" dos agricultores foi como o jesuíta italiano Andreoni os descreveu, em 1711, em seu famoso tratado sobre as riquezas naturais do país. O Brasil se transformou no maior receptor de escravos africanos do Novo Mundo.

No entanto, o Brasil não era formado apenas por escravos e açúcar. O sistema de doação de extensas faixas de terra e uma população crescente de índios, mestiços, mulatos e brancos pobres produzia um padrão de povoados dispersos cujos habitantes, embora muitas vezes não existissem legalmente, formavam uma sociedade extremamente dinâmica. Esse novo Brasil voltou-se para si mesmo, para as minas de ouro e de diamante de Minas Gerais após 1700, para as regiões ribeirinhas do Amazonas e os tributários superiores da bacia do Rio da Prata em meados do século XVIII e para as áreas rurais dos criadores de gado, posseiros, fazendeiros que se dedicavam à agricultura de subsistência e bandidos do sertão nordestino e das planícies do sul, todos eles enraizados em uma vasta paisagem tropical e subtropical.

Inferno, Éden e Utopia: o Brasil às vezes parecia todas essas coisas. Mas esse era um Brasil de mitologia para "inglês ver" como os brasileiros e os portugueses gostavam de dizer. Ele servia para esconder o verdadeiro mundo de lutas, ocupação de terras e miscigenação de raças e povos do qual emergia uma nova civilização cada vez mais independente da Europa. Os brasileiros, neste ínterim, apropriaram-se do nome desses inocentes anfitriões, cuja beleza e nudez nas areias brancas da praia de Porto Seguro tanto haviam chocado e deliciado os marinheiros portugueses 500 anos antes. E ao longo dos séculos, eles moldaram com sucesso o que Gilberto Freyre, cujo centenário de nascimento também comemorado em 2000, chamou com tanta propriedade de "um novo mundo nos trópicos".[1]

26 de abril de 2000.
Tradução de Mirtes Frange de Oliveira Pinheiro.

---

1. O uso da palavra "acaso" neste ensaio, e da palavra "acidente" em entrevista a Folha de São Paulo (6/3/2000), levou a um "inquérito" do site Ciberkiosk, da Universidade de Coimbra em Portugal, que gerou extenso debate entre acadêmicos e escritores portugueses e brasileiros, entre eles António M. Hespanha e Silviano Santiago. Ver http://www.uc.pt/ciberkiosk/pagina1/inquerito.html.

Frota Portuguesa.
(Armada dos Capitães, 1533)

3

Uma história
"brasileira" do mundo

Um novo livro escrito por Arthur Herman chamou muita atenção no natal de 2001 — ou, ao menos, foi muito bem anunciado no *New York Times*. Seu editor evidentemente esperava que, apesar da recessão americana e de uma queda quase catastrófica das vendas de livros com capa dura, esta oferta de feriado fosse ter sucesso. Sua campanha foi um tanto exagerada, com um título forçado: *Como os escoceses inventaram o mundo moderno: a história real de como a nação mais pobre da Europa ocidental criou nosso mundo e tudo nele.*[1]

Creio que a promessa tem garantido o interesse de escoceses exilados e de seus numerosos descendentes nos Estados Unidos e no resto do mundo, e vai persuadi-los a separar 29,99 dólares para a compra; não é tarefa das mais fáceis quando se fala de escoceses, já que eles são tidos como um tanto pão-duros. Mas elogios levam qualquer um longe. Quem em qualquer lugar pode resistir a ser parte da origem de todas as coisas boas? Descendente de escoceses e pão-duro que sou, caí na isca e separei meus dólares na Barnes & Noble.

---

1. Arthur Herman, *How the Scots invented the Modern World: The True Story of How Western Europe's Poorest Nation Created Our World and Everything in It*. (New York: Crown Publishing, 2001).

O livro não é tão mau quanto parece. As sugestões de originalidade escocesa são um tanto o que qualquer um anteciparia. Os suspeitos de sempre são citados diligentemente: James Watt e seu motor a vapor, Sir Walter Scott e seus romances históricos, Andrew Carnegie e seus moinhos de aço e filantropias, até Arthur Conan Doyle e seu detetive imortal, Sherlock Holmes. Aqui também estão as conquistas do iluminismo escocês com sua afirmação de que o homem é produto da história e que a mudança na sociedade humana não é nem arbitrária nem caótica, mas que se baseia em princípios fundamentais e padrões discerníveis transformando, pois, o estudo do homem num exercício em essência científico. Foi um salto intelectual de consciência que levou a uma reorganização maciça do conhecimento humano e ao desenvolvimento de disciplinas organizadas que podiam ser ensinadas e passadas para a posteridade; ou seja, a invenção do que hoje chamamos Ciências Sociais: Antropologia, Etnologia, Sociologia, Psicologia, História e, de forma alguma menor, Economia. Aqui, os grandes trabalhos foram *Teoria dos sentimentos morais* e *Investigação sobre a natureza e as causas da riqueza das nações* de Adam Smith, e *Tratado da natureza humana* e *Ensaios morais, políticos e literários* de David Hume.

Herman trapaceia um pouco em seu livro. Ele inclui os escoceses e irlandeses em sua definição de escoceses: ou seja, ele incorpora os descendentes de proprietários de terra protestantes da Escócia que foram assentados na Irlanda do Norte e mais tarde migraram para as colônias da América do Norte. Sem dúvidas, isso irá aumentar a fatia do mercado potencial consideravelmente. Milhões de cidadãos americanos garantem ter sangue escocês e irlandês, então muitos mais dizem ter ancestrais escoceses. E há uma boa razão histórica para tal: muitos dos colonos escoceses nas 13 colônias eram leais à coroa britânica e não apoiaram a Revolução americana. Quando a revolução venceu, eles foram expulsos da nova república e encontraram-se nos cantões gélidos mais ao norte da América, em Nova Scotia e Canadá. Os escoceses irlandeses, por outro lado, que odiavam os britânicos, juntaram-se aos milhares para tomar lugar sob o comando de George Washington.

UMA HISTÓRIA "BRASILEIRA" DO MUNDO

O conceito de "História Real" vem de Bernal Diaz del Castillo, um conquistador velho, pobre e em grande parte fracassado do velho México que queria, em 1575, reajustar os fatos, livre, como escreveu, de "retórica empoada". A alegação de que agentes históricos exclusivos são a única causa, a idéia de que um evento, uma descoberta, um momento definitivo de revelação mudou o mundo, é de origem recente e tem sentido não maior do que o de *marketing* editorial. Tenho uma estante cheia deste tipo de livros já que dificilmente resisto a comprá-los. Tenho dois sobre café, "a droga mais popular do mundo", vários a respeito de chocolate, um de ópio, outro sobre tulipas (a bolha das ponto com de seu tempo), um outro de noz moscada, e um recente do "mapa que mudou o mundo", e daí para a frente, onde ficam coisas como o livro que mudou o negócio editorial, *Longitude*, um *best-seller* que todos estes livros pretendem (ou esperam) imitar.

Então me dei conta de que o Brasil estava para trás aqui e já era tempo de encorajar um editor brasileiro a escrever como o "Brasil mudou o mundo". Ou, ao menos, "Uma história brasileira do mundo", ou qualquer título do tipo. Por certo será um *best-seller*, ao menos no Brasil. Todos sabemos que começará com "Deus é brasileiro". Daí vai descer o morro tão rápido quanto é possível encontrar "primeiros" brasileiros: capoeira, Santos Dumont, o relógio de pulso (assim me disseram), o selo postal adesivo, carnaval, caipirinha, Caetano Veloso. Não dá para errar.

21 de dezembro de 2001.
Tradução de Pedro Dória.

4

Subversivos
e burocratas

Comemorações são coisas curiosas. É incrível que Estados modernos ainda se sintam obrigados a gastar dinheiro público neste tipo de coisa — até porque, nestas festas, a possibilidade de erro é bem grande. Depois das lamentações por Cristóvão Colombo em 1992, por que alguém ainda esperava que as comemorações para Pedro Álvares Cabral pudessem ser diferentes? Colombo chegou ao Haiti em 1492, o menos hispânico e o menos italiano local das Américas. Em todo caso, ninguém lá estava ansioso para relembrar Colombo — certamente, não os haitianos. Tivesse Colombo alguma chance de desembarcar em Nova York, em 1492, e o papa tivesse enviado seu representante, em 1992, para celebrar uma missa na extremidade da ilha de Manhattan, é possível que algumas demonstrações de protesto ocorressem. Mas, atualmente, já não existem muitos índios sobrando em Manhattan. Portanto, até pequenas perturbações da ordem poderiam ser problemáticas. No Brasil certamente seria diferente. As feridas do colonialismo ainda estão muito abertas.

Em 1992, a verdadeira batalha nos Estados Unidos foi travada nos livros históricos, sobre como definir a memória nacional, algo bem mais subversivo. Pensava sobre isto enquanto dava uma olhada em alguns livros velhos que juntei, quando morava no Rio de Janeiro, em meados da década de 1960. São volumes belíssimos, completamente ilustrados, traduzidos e lindamente produzidos, com relatos de viajantes do início do século XIX. Apesar disso, nunca estiveram à venda em uma livraria. A edição é do Ministério da Cultura e estes livros passaram anos esquecidos no porão de um instituto pedagógico, em Botafogo. Sinto-me feliz em tê-los.

A entrega destes livros me foi descrita nos mínimos detalhes pelo gordo e velho porteiro português que passava o dia inteiro displicentemente sentado em uma cadeira de espaldar alto, na entrada estreita de um prédio no qual alugava o meu espaço. Na esquina da Figueiredo Magalhães com Nossa Senhora, em Copacabana, desde aquela época considerada a mais barulhenta esquina do mundo — se alguém, realmente, pode imaginar o que é isto. Mas o Brasil, em meados dos anos 60, estava vivendo os primeiros lances de uma ditadura militar que aspirava por grandiosidade e muito poder. Se o Brasil fosse ser o campeão em esquinas barulhentas, a mais barulhenta da Terra, longe de mim negar este orgulhoso recorde.

Meu benfeitor no caso destes livros foi o professor Michael McCarthy. Nunca soube com certeza de que assunto o professor McCarthy era professor. Ele já era um tanto maluco quando o conheci. Aparecia na minha porta, sem avisar, nas horas mais estranhas. Sentava-se na cadeira de braço e dormia por uma ou duas horas antes de começar uma conversa, ou às vezes no meio da conversa, acordando e continuando a conversa como se nada tivesse acontecido. Convencera-se, entre outras tantas coisas, que o Rio era um imenso bloco continental que, um dia, dormiria para sempre no fundo do oceano. Ele também havia descoberto carvão na Amazônia e enviado amostras para serem testadas em Londres. Uma vez, ele inventou de relaxar em uma praia da Flórida, da qual foi expulso pelo irritado Joseph Kennedy. Talvez tudo isto fosse verdade, é difícil dizer.

Mas ele, quando prometia algo, cumpria, incluindo o dia em que surgiu à minha porta comboiando Anísio Teixeira. Na verdade, o Anísio Teixeira era a chave do mistério da presença de McCarthy no Rio. Parece que Teixeira trouxera McCarthy do exterior como o especialista que o ajudaria a dinamitar o sistema educacional brasileiro, algo que o instituto pedagógico queria fazer, explicando o porquê da colocação do McCarthy. Não funcionou, claro; a burocracia sempre vence. Quando conheci McCarthy, ele ainda estava no Instituto, mas já havia sido transferido para um canto longe. Mas enquanto pôde ele lutou contra as humilhações, iniquidades e corrupção do Brasil, situações com as quais nenhum brasileiro, que ainda o ouvia, se perturbava. Enquanto isso, McCarthy enlouquecia mais ainda. Enfim, foi McCarthy quem me apresentou ao diretor do Instituto que, mais tarde, me enviou por seu motorista os livros sobre os quais falo.

Manter os livros no porão, enfrentar a trabalheira de papéis e carimbos, driblar a burocracia é, evidentemente, uma herança portuguesa. Por exemplo, o Banco de Portugal hoje em dia ainda produz uma magnífica edição crítica sobre os pensadores econômicos lusitanos. Estes livros cobrem a época que vai do final do século XVIII até o início do XIX e são muito importantes para entender a transição brasileira de colônia a reinado e a Império independente. Devo ser uma das duas ou três pessoas no mundo interessadas em ler estes livros. Consigo obtê-los? Não. Eles estão a salvo em algum porão do Banco de Portugal, mais protegidos de olhos bisbilhoteiros do que o ouro de Salazar.

Eu suponho que em algum lugar em Brasília sofisticadas edições estão sendo preparadas para comemorar os 500 anos da chegada de Cabral ao Brasil. Duvido que cheguem às livrarias. Provavelmente, seguirão o destino da excelente revista *Rumos*, lançada por causa dos mesmos 500 anos, mas que não passou da terceira edição. Na verdade, abandonaram-na para armar o populista circo, de mais de US$ 10 milhões, que foi o pavilhão brasileiro na Feira de Hannover. Acho que o nome *Rumos* pretendia homenagear outra revista mais antiga, a *Novos Rumos*. Era uma publicação surpreendentemente atuante e crítica. Boa demais, acho. Diferente do previsível fiasco em Hannover, a *Rumos* não promovia um Brasil imaginário para estrangeiros, mas começava a desatar alguns mitos históricos e a contar uma história brasileira mais rica e mais complexa, bem melhor do que a versão dos compêndios burocráticos.

A desmistificação histórica pode ser poderosamente subversiva para a ordem estabelecida das coisas. Era esta a tarefa que Anísio Teixeira pretendia dar ao pobre professor McCarthy. Então, talvez exista lógica, pelo menos para os burocratas, em manter os livros no porão e despachar o professor McCarthy para longe.

19 de junho de 2000.
Tradução de no.com.br.

5

Os novos
dez mandamentos

Eu havia esquecido quais são os dez mandamentos, devo confessar. Então peguei uma antiga Bíblia e os procurei em Êxodo, 20. Surpreendeu-me como minha memória havia confundido Moisés com as pregações do Sermão da Montanha, que então procurei em Mateus, 5. Não sou uma pessoa religiosa, o que explica minha ignorância, mas, depois de relembrar, continuei lendo, perdido na maravilhosa linguagem da grande edição do rei James, e perguntei-me por que demorei tanto a fazê-lo. Suponho que foi uma reação à experiência de ser obrigado a freqüentar o culto religioso pelo menos quatro vezes por dia no internato, dos nove aos 19 anos. Mas isso faz quarenta anos e não serve como desculpa; então peguei meu Shakespeare, que também éramos obrigados a ler, e com cujas peças me apresentava todos os anos no teatro da escola, e percebi que foi uma dádiva ser imerso nessa linguagem e submetido a ela quatro vezes por dia durante dez anos, e como essa experiência deve ter influenciado profundamente minha escrita. Assim, meu primeiro mandamento é voltar a ler os clássicos, não por dever, mas por prazer.

Os mandamentos originais nos dizem para honrar pai e mãe. Perdi meu pai neste ano (1999). Eu tinha viajado ao Brasil e, assim que desci do avião em Nova York, recebi a notícia. Fora algo súbito, inesperado, e voei em seguida para a Inglaterra. Na pequena cidade de Devon onde ele morava, tudo parecia dickensiano, íntimo e notavelmente sem mudanças no que se refere às questões importantes como vida e morte. Eu estivera em Belo Horizonte na véspera de deixar o Brasil, dando uma palestra sobre a Inconfidência Mineira. Antes, havia caminhado até o Palácio da Liberdade para uma agradável reunião com Itamar Franco e, depois, fui convidado para jantar com alguns de seus partidários políticos, velhos nacionalistas decididos a combater o "sociólogo paulista" do Planalto com todos os meios legítimos disponíveis. Comemos carne, tomamos uísque escocês e fiquei convencido de que eles estavam realmente dispostos a fazer o que diziam. Um deles havia perdido o filho, e era sua primeira noite fora de casa. Conversamos sobre o fato, sem imaginar que na manhã seguinte meu pai morreria.

Então, meu segundo mandamento é respeitar a tradição, não para exercer reação, mas para que, nas ocasiões de grande perda, sejamos capazes de agradecer pela vida com palavras que gerações de falecidos têm considerado reconfortantes.

Devo terminar o que começo. Tenho demasiados projetos, livros, artigos, obrigações inconclusas. Meu terceiro mandamento é terminar tudo isso.

Quarto: agradecer às pessoas com mais freqüência pelo que fazem por mim. Tenho essa intenção, é claro, mas intenções não bastam. Não é bom esperar. Devo fazê-lo.

Quinto: responder aos meus telefonemas.

Sexto: tentar ser filosófico em relação às organizações sem fins lucrativos. Eu trabalho em uma delas. Lembro que alguns anos atrás estava no elevador da Bolsa de Nova York com um grupo de executivos de uma fundação, quando entraram dois corretores detestáveis. Eles nos olharam e disseram em voz alta que estava "cheirando a falta de lucros". Sei o que queriam dizer. Assim como as universidades, as entidades sem fins lucrativos sofrem da praga das "divergências menores", um fenômeno que cria tempestades em copo d'água e gera deficiências grotescas e notáveis antagonismos pessoais, ressentimentos e ciúmes. Eu odeio isso, mas acho que tenho que me acostumar.

Sétimo: eu gostaria de escrever um livro que realmente dê dinheiro. Poderia livrar-me da necessidade de trabalhar numa entidade não-lucrativa.

Oitavo: eu pensava que os dez mandamentos diziam alguma coisa sobre perdoar nossos inimigos. Fico aliviado ao ver que minha edição do rei James não o diz. Tento perdoar os inimigos, mas, francamente, acho difícil. Eu não tinha percebido a que ponto isso é uma característica familiar. Os Maxwell, originalmente um clã das planícies da Escócia que roubava gado e assaltava viajantes, eram famosos, soube recentemente, por jamais esquecer, muito menos perdoar. Parece que os Maxwell e os Johnson, outro clã das fronteiras, travaram uma luta sangrenta durante várias gerações, ao longo de séculos, e enfeitavam suas casas com a pele arrancada dos inimigos. Portanto fico aliviado por saber que meu justificado antagonismo em relação a alguns brasilianistas tem origem histórica. Mas sei que isso é errado e tentarei melhorar.

Nono: vou fazer mais exercícios. Adoro nadar, mas no lugar onde vivo a piscina congela durante três meses. Preciso encontrar um esporte de inverno que me agrade e seja prático.

Décimo: devo ir ao Brasil com mais freqüência. Quando deixei o Brasil, após uma estada de dois anos na década de 1960, pensei que voltaria logo e com freqüência. Mas não aconteceu. O regime militar tornou impossível durante algum tempo, depois me envolvi em outros assuntos. Houve uma longa lacuna de dez anos antes que eu voltasse, e agora não é fácil escapar pelo tempo necessário para uma temporada razoável. Numa recente resenha de um de meus livros, Frederic Mauro disse que escrevo *"du haut de son observatoire new yorkais"* (ele falava sobre Portugal, na verdade, e não sobre o Brasil, o que é um consolo). Mas esse é certamente um problema. Como estudante, no Rio, eu desprezava aqueles estrangeiros sabichões que passavam alguns dias lá e falavam autoritariamente sobre todos os assuntos, e prometi nunca me tornar um deles. Como voltei a abordar assuntos brasileiros, devo lembrar minha resolução da juventude.

26 de dezembro de 1999.
Tradução de Luiz Roberto Mendes Gonçalves.

*Kenneth Maxwell.
Caricatura por Loredano, 1996*

6

O Brasil emergente

Há alguns anos, combinei de encontrar um amigo para um drinque no bar do Hotel Plaza, em Nova York. Enquanto esperava no saguão, estranhei quando vi que todo mundo em volta estava falando português. Fiquei mais surpreso ainda ao ver no meio das pessoas muitas estrelas da elite da política e da economia brasileira.

Depois, perguntei a um jornalista brasileiro o que era aquilo: aquelas pessoas estavam em Nova York para o Prêmio Homem do Ano. Eu tinha tentado, sem muito sucesso, conseguir que aqueles mesmos homens de negócio e líderes políticos participassem de seminários e conferências. E lá estavam eles em Nova York, sem que ninguém parecesse saber disso.

Eu tinha ouvido falar nos prêmios do Festival de Cinema de Nova York e do Prêmio de Jornalismo Maria Moors Cabot, espécie de Pulitzer Latino-Americano, concedido todo ano pela Universidade Columbia. Alguns brasileiros já receberam esses prêmios e quem acompanha a vida brasileira festeja: mas quem era e o que era o Homem do Ano?

Esses prêmios são concedidos anualmente para um brasileiro e um americano pela Câmara de Comércio Brasil–Estados Unidos e hoje são conhecidos como prêmios Pessoa do Ano. Mas, em 31 anos, só houve uma "pessoa", isto é, uma mulher, premiada: Carla Hills, ex-representante do comércio americano, em 1990. No dia 19 de outubro, as Pessoas do Ano serão o Ministro das Relações Exteriores Luiz Felipe Lampréia, pelo Brasil, e o homem de negócios Roger Sant, pelos Estados Unidos. Tenho o prazer de participar que fui convidado para o evento, embora o convite custe 750 dólares. Por acaso, nesse dia estarei no Brasil, portanto não poderei comparecer. Só que por menos de 750 dólares, como tive a satisfação de descobrir na semana passada, posso comprar via Internet pela Livraria Cultura de São Paulo uma coleção de dez volumes da primeira edição da excelente *História da Companhia de Jesus no Brasil*, de Serafim Leite. Desde meados dos anos 60, eu procurava esses livros e, pelo menos para mim, são um investimento bem mais vantajoso.

Mas achei muito estranho que brasileiros venham a Nova York para encontrar brasileiros. Se tal plêiade de líderes políticos e financeiros de qualquer outro país chegasse em bando de um país com o peso econômico do Brasil, seria na mesma hora convocada para falar para os corretores de Wall Street, ou o conselho editorial do *New York Times*, ou encontrar figurões e intelectuais das universidades e centros de pesquisa para divulgar as metas de seus países. Era o que os espanhóis, os franceses ou até os chineses fariam. Há muitas formas de uma pessoa ser discreta, mas não a ponto de ficar invisível.

É verdade que divulgar nos Estados Unidos os interesses de um país pode ser uma coisa delicada. Pode dar totalmente errado se não for feito com arte, o que geralmente significa usar os caros advogados ou firmas de advocacia de assessores políticos que se movimentam com facilidade e bom proveito entre o governo e o setor privado, ou que cultivam aquelas amizades vantajosas na zona indefinida onde transitam políticos, economistas e lobistas. Os portugueses aprenderam nos anos 60 os perigos de fazer isso de mau jeito: o regime salazarista tentou fazer *lobby* no Congresso e na imprensa para que se apoiasse a guerra que eles mantinham na África. A coisa explodiu na cara deles, provocou investigações no Congresso americano e uma nova lei tornando o dinheiro pago por estrangeiros a lobistas americanos de conhecimento público.

Os mexicanos mostraram as vantagens de usar de forma mais inteligente o sistema, quando gastaram vinte milhões de dólares num pacote que incluía firmas de advocacia, lobistas e relações-públicas para ajudar a aprovar as negociações da Associação de Livre Comércio da América do Norte (Nafta). Mas nem os mexicanos chegam a gastar como o Japão ou Hong-Kong para conseguir o que querem. A Colômbia aprendeu a lição quando procurou este ano o grande "amigo de Bill", Vernon Jordan, mestre do *lobby*, para ajudar a promover o "Plano Colômbia" nos Estados Unidos e conseguiu convencer o Congresso americano a soltar US$ 1,3 bilhão em dinheiro do contribuinte para combater as eternas guerras civis colombianas.

O Brasil também usa, claro, os melhores advogados, banqueiros e lobistas que o dinheiro pode pagar, mas sempre para atender a interesses particulares. A maioria dos endinheirados brasileiros que vai a Nova York para os prêmios Pessoa do Ano aproveita, claro, para visitar procuradores-gerais, banqueiros e relações-públicas. Por isso, não é de estranhar que tenham pouco tempo para divulgar o Brasil. Evidente que o juiz Nicolau, que não parece titubear quanto a interesses públicos e particulares, encontrou logo bons especialistas em Miami, prontos para ajudá-lo em suas transações financeiras e na compra e venda de seu luxuoso apartamento no condomínio Bristol Tower. Os brasileiros, claro, também sabem fazer essas coisas; a questão, como ocorreu com o juiz Nicolau, é com que finalidade usam esses contatos.

É verdade que nos Estados Unidos existe um risco de tentar promover uma imagem pública positiva numa hora errada. A recente sessão no Brasil do Subcomitê sobre o Hemisfério Ocidental, do Comitê de Relações Internacionais da Câmara dos Deputados americana, realizada no dia 26 de julho, é um caso clássico do velho ditado "tenha cuidado com o que você desejar".

A sessão foi obviamente planejada para divulgar a idéia de que o Brasil tinha resolvido seus problemas econômicos e estava a caminho da liderança regional na América do Sul. Era para ser uma vitrine. Mas a sessão foi conturbada por uma série de perguntas inesperadas sobre escândalos de corrupção em Brasília, feitas pelo congressista Gary Ackerman, de Nova York, e acabou se transformando num constrangimento. No lugar de notícias boas em relação a prognósticos econômicos positivos, o que a imprensa publicou foram as perguntas de Ackerman e as respostas dadas. Linda Eddleman, subsecretária de Estado para assuntos do Hemisfério Ocidental, foi pega de surpresa e admitiu que o presidente Fernando Henrique saiu enfraquecido com o escândalo. Não era a imagem que o Brasil queria divulgar quando lutou para conseguir essa audiência parlamentar.

Talvez tenha sido apenas um caso de má sorte e má hora. Pelo menos em Washington, D. C., Deus não é brasileiro. A cota de boa sorte já foi há muito tempo abocanhada pelo presidente Clinton, um homem que, como se diz, é abençoado pelos inimigos que tem: alguns eram eminentes membros do Subcomitê sobre o Hemisfério Ocidental. Dan Burton, o congressista republicano por Indiana, por exemplo, é famoso entre outras coisas por apoiar o endurecimento da Lei Helms-Burton, de embargo contra Cuba. A outra metade dessa união legislativa diz respeito ao medonho Jesse Helms do Comitê de Relações Internacionais do Senado, o republicano da Carolina do Norte. Ele sozinho fez com que a embaixada americana em Brasília ficasse vaga durante um período que pareceu uma eternidade. Isso acabou não tendo tanta importância, quando foi preciso uma ajuda profilática de alguns muitos bilhões de dólares em 1998 para evitar uma crise econômica no Brasil que faria ruir toda a estrutura das finanças globais. Então, Robert Rubin, secretário do Tesouro Americano, e Pedro Malan, ministro da Fazenda, souberam muito bem como se achar, pelo telefone celular. Tudo isso acaba mostrando que, na hora H, a falta de atenção costuma ser menos importante do que a atenção, o que diz respeito a contatos, sigilo e conhecimento dos fatos, coisas que Rubin e Malan tinham e têm de sobra.

Além do congressista Burton, o cubano-americano Roberto Menendez, democrata de Nova Jersey, é outro membro de liderança do Subcomitê. E, pelo lado republicano, há Ileana Ros-Lehtinen, da Flórida, a sempre campeã da mídia daqueles que querem manter Elián Gonzales nos Estados Unidos contra a vontade do pai e das cortes americanas. Esses são os congressistas que detêm o verdadeiro poder no Subcomitê sobre o Hemisfério Ocidental. Por sorte, ninguém falou na relação que o Brasil mantém com Fidel; se tivesse falado, as perguntas agressivas sobre corrupção no Brasil teriam surgido em cascata.

Como em todos os sistemas representativos, a política é local, principalmente na Câmara dos Deputados americana, onde a metade dos membros é eleita a cada dois anos. O problema do Brasil no Congresso americano é não ter eleitorado nos Estados Unidos, pelo menos não como os cubano-americanos em Nova Jersey, que elegeram Menendez, ou em Miami, que elegeram Ros-Lehtinen. Mesmo assim, o Brasil não está completamente indefeso nesses dois bastiões. Na verdade, ele está curiosamente presente, demográfica e economicamente, já que não está em termos de eleitores. O Brasil é o maior parceiro comercial da Flórida, daí a recente visita ao Brasil do governador Jeb Bush, da Flórida, irmão do candidato republicano à Presidência, o governador George W. Bush, do Texas. E o eleitorado em Nova Jersey do congressista Menendez hoje tem um número igual ou maior de portugueses e, cada vez mais, de brasileiros, do que de cubanos. Mas nem os portugueses nem os brasileiros viram cidadãos americanos e votam; com isso, continuam politicamente invisíveis, exatamente como o Brasil.

Talvez a próxima audiência parlamentar sobre o Brasil tenha mais sorte e a Pessoa do Ano apareça mais na mídia. Afinal, só se pode subir para cima. Segundo uma recente pesquisa, menos da metade da população americana sabe que os brasileiros falam português e mais pessoas (23%) acham que a capital do Brasil é Buenos Aires em vez de Brasília (19%). Não é de estranhar que o coitado do Ronald Reagan tenha, naquela inesquecível ocasião, achado que estava na Bolívia. Pelo menos ele sabia que estava no interior do continente e não na margem sul do Rio de la Plata.[1]

15 de agosto de 2000.
Tradução de no.com.br

---

1. Este ensaio provocou uma reação do embaixador do Brasil nos EUA, Rubens Barbosa. Ver polêmica troca de cartas no arquivo do site no. http:// www.no.com.br/revista/noticia/9139/968967542000.

7

A campanha presidencial
e o canal cor-de-rosa

A campanha presidencial americana do ano 2000 está em seus últimos momentos e as pesquisas de opinião estão tão próximas que ninguém pode prever seu resultado. A batalha será travada nas próximas duas semanas em estados-chave nos quais nenhum dos candidatos pode se dar o luxo de perder, em particular Flórida, Michigan e Pensilvânia. Mesmo na Califórnia, onde Al Gore vencerá, George W. Bush está perto o bastante para criar pânico entre democratas na perspectiva de que Gore não vencerá com margem o suficiente para trazer consigo democratas para os parlamentos estadual e municipal. Não devemos esquecer que esta corrida também é crucial para o controle do Senado e da Câmara, com implicações decisivas para as políticas públicas futuras. Com as transferências de poder da presidência para o Congresso nos últimos anos, decisões a respeito de quem será eleito no Senado e na Câmara não são menos monumentais em suas conseqüências do que a de quem sentará na Casa Branca. Importa, por exemplo, se for o senador Joe Biden de Delaware, um democrata preocupado com política externa, ou o senador republicano Jesse Helms, da Carolina do Norte, o próximo presidente da Comissão de Relações Exteriores. E o mesmo, claro, se aplica ainda mais a questões de política social, nomeações para a Corte Suprema, e muitas outras questões nas quais os senadores podem ser importantes na hora de escolher os futuros rumos dos Estados Unidos.

Com uma corrida tão apertada chegando ao fim, é provavelmente nisso que os americanos estarão pensando quando forem votar em 7 de novembro. Na Flórida, um estado-chave, etnia, idade e política externa são ingredientes poderosos. A questão do Oriente Médio vai eletrizar a grande população judia; mudanças na política em relação a Cuba pode provocar os ruidosos e politicamente poderosos cubano-americanos; e qualquer ameaça à securidade social pode provocar um levante nos inúmeros aposentados. Nenhum candidato pode ser visto como leve demais em nenhuma destas questões, ao menos não enquanto não estiver sentado a salvo na Casa Branca.

Viajei de um lado para o outro do Atlântico norte entre os Estados Unidos e o Reino Unido duas vezes nas últimas três semanas, o que provocou uma estranha justaposição de imagens e um incrível contraste nas culturas políticas. Cheguei à Inglaterra no mesmo período em que acontecia a convenção anual do Partido Conservador, que faz oposição ao "novo" trabalhismo do governo Tony Blair. Ann Widdecombe, uma senhora rigorosa de comportamento impecável, do tipo que chamávamos de durona antes que o politicamente correto tivesse banido tais usos deselegantes do vernáculo, cobrava que o país introduzisse uma política de "tolerância zero". Para as graças dos fiéis do Partido Conservador no salão de convenções, ela queria que os usuários de maconha fossem expostos a multas altas na primeira vez que fossem pegos. Antes que 24 horas tivessem passado, no entanto, a senhora Widdecombe e sua proposta foram atacadas por uma insurreição popular. Chefes de polícia denunciaram a proposta como ridícula. Pesquisas de opinião apontaram uma oposição esmagadora. Políticos importantes dentre os conservadores confessaram aos tablóides britânicos que fumavam maconha quando estudantes. O Partido Conservador foi forçado a uma retirada rápida e humilhante.

Enquanto isso, de volta ao outro lado do Atlântico, os candidatos à presidência americana saíam em parada como bons mocinhos vindos de um jardim de infância. Al Gore foi inflado por cem flexões de braço por dia e vestido por seu consultor de 15 mil dólares por semana para parecer um "macho alfa"; o longo e público beijo conjugal, lábios selados aos de sua belíssima mulher Tipper, foi o ponto alto da temporada. O beijo pretendia demonstrar, claro, que ele, diferente de Bill Clinton, não sai por aí pulando muros atrás de moças como Monica Lewinsky. O oponente republicano de Gore, George W. Bush, não precisava tanto mostrar sua fidelidade e felicidade conjugal; seu problema era mostrar que tinha um cérebro e que poderia completar uma frase sem que deturpasse seu sentido ou confundisse palavras, fazendo seus ouvintes imaginarem que ele talvez não tivesse idéia nenhuma sobre o que estivesse falando. Seus protetores o mantém longe o suficiente da imprensa para que não lhe façam perguntas difíceis. Então é natural que o público americano esteja indeciso entre escolher um homem que precisa que lhe digam como deve se vestir e outro que precisa que lhe digam como deve pensar.

Foi reanimador na viagem de volta pela Virgin Atlantic descobrir que esta fantástica companhia aérea agora tem um "canal cor-de-rosa", com uma mistura musical irreverente de música *disco*, comentários pícaros e clássicos das pistas de dança *gays*. Um alívio em relação a Gore, Bush e Widdecombe. Talvez todos eles devessem ser forçados a viajar pela Virgin Atlantic algum dia para que pusessem os fones de ouvido e sapateassem. Ninguém precisa saber que eles mudaram para o canal rosa, mas talvez os deixassem um pouquinho mais soltos por algumas horas.

27 de outubro de 2000.
Tradução de Pedro Dória.

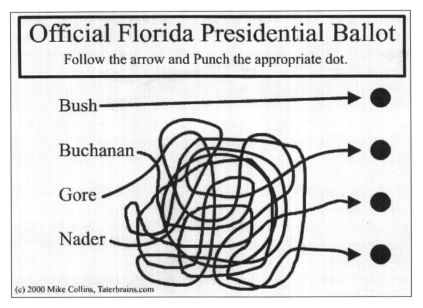

Charge – "Cédula presidencial oficial da Flórida".

8

Vingança da história

Apesar de ainda não haver certeza de quem será o próximo presidente dos Estados Unidos, as conseqüências da bagunça do pleito de 7 de novembro já garantiram que uma coisa é certa: pela primeira vez na história americana nem Al Gore nem George W. Bush vai tomar posse em 20 de janeiro de 2001 com um manto de legalidade. E para complicar ainda mais as coisas, seja qual destes homens for o próximo presidente dos EUA, ele vai encontrar grandes dificuldades de costurar alianças no Poder Legislativo já que ele enfrentará um Senado e uma Câmara implacavelmente divididos. Em cada uma destas Casas a maioria de republicanos é tão tênue que será impossível fazer com que os partidos não se encolham cada qual em seus extremos. A amargura que caracterizava o atual Congresso — que tentou e foi incapaz de conseguir o *impeachment* do presidente Clinton — vai continuar no próximo mandato, exacerbada pelas feridas profundas infligidas pela ruptura na Flórida, que vão apodrecer, porque seja quem for que perca a disputa vai querer vingança por conta do eventual resultado de uma eleição que eles acreditam que lhes foi roubada.

As conseqüências do 7 de novembro não estarão confinadas em Washington. Os altos-sacerdotes das redes de televisão, entre os quais, não há muito tempo, estava incluído "o homem mais confiável da América", o venerável Walter Cronkite, fizeram todos papel de palhaços na noite da eleição, primeiro ao declarar a vitória de Gore, depois a de Bush, então duas vezes voltando atrás de suas bênçãos confiantes. Apesar de seus gráficos sofisticados, mapas piscantes e sapiência solene, eles perderam toda a credibilidade, embora ainda não saibam até que ponto. Quanto aos responsáveis pelas pesquisas de opinião, aqueles travessos duendes da idade da informação, revelaram-se condutores do *nonsense* enganador.

O que está em jogo de mais sério na crise eleitoral, no entanto, é a credibilidade do próprio sistema constitucional, a glória deixada por aqueles que fundaram a República da América no século XVIII e o pilar que serviu bem à nação através de tempestades, desafios e até de uma guerra civil. Ele demonstrou precisar uma séria revisão em seus trechos mais arcaicos. Este, também, é um debate divisor que está fadado a vir. E, ante a incerteza sem precedentes sobre quem venceu e quem perdeu no 7 de novembro, o povo americano vê o futuro incrédulo e com cada vez mais repugnância. Antes que se resolva a questão, o triste espetáculo vai expor à luz do dia aqueles quartos escondidos da política americana onde ambição, dinheiro, poder e traição chocam-se, ombro a ombro, no escuro.

Não é à toa que aqueles frios "adultos" do governo "permanente" foram deslocados, aqueles advogados dos grandes momentos, Warren Cristopher pelos democratas, e James Baker pelos republicanos, ambos ex-secretários de Estado, epítomes dos homens que sem nenhum esforço movem-se entre altos cargos no governo, firmas de advocacia prestigiosas e painéis presidenciais, os mantenedores de inumeráveis segredos e responsáveis por inumeráveis obrigações por serviços prestados no passado. É a eles que os partidos políticos recorreram para consertar esta bagunça para os dois "principezinhos" que estes mesmos partidos políticos escolheram desta vez para encarnar suas esperanças presidenciais; apesar dos claros indícios de que o público americano tinha graves dúvidas a respeito das qualidades e caráter tanto de Bush quanto de Gore. Sem surpresa, o povo americano votou como se esperava, produzindo o resultado praticamente empatado nas urnas, o que tornou a disputa por trezentas cédulas contestadas, tiradas de 101.643.365, decisiva para definir quem irá assumir o cargo mais poderoso do mundo no ano 2001.

A raiz do problema, a criação de um sistema de "eleitores" para escolher o presidente em vez do voto popular direto, foi uma das partes menos discutida da Constituição Americana no tempo de seu rascunho. A criação deste tipo de indicação indireta do "Magistrado Chefe dos Estados Unidos", como Alexander Hamilton escreveu nos *Documentos Federalistas* (n° 68) em 14 de março de 1788, era para "permitir a menor oportunidade possível de tumulto e desordem". Não houve "tumulto" até agora no sentido que Hamilton e seus companheiros aplicaram à palavra no fim do século XVIII, mas existe um pouco mais que "desordem" como resultado do impasse na Flórida, e a contínua incerteza em relação a quem será o proximo "Comandante-Chefe", como os americanos, em deferência às preferências lingüísticas da Guerra Fria, agora gostam de chamar seu líder.

Votar nos primeiros anos da República também era um ato limitado a quem tinha propriedades. O sufrágio limitado aos proprietários de terra, argumentava Arthur Young, agrônomo "inglês", era o que marcava a grande diferença entre as revoluções Francesa e Americana, e a razão para que a primeira tenha degenerado-se em violência enquanto a última esteja em expansão contínua de riqueza e prosperidade. O famoso *Viagens na França durante os anos de 1787, 1788 e 1789* de Young é um daqueles textos clássicos que os estudantes de história devem ler na faculdade, mas que muitos, eu inclusive, provavelmente nunca leram.

Encontrei uma cópia dele num sebo bem recentemente. Não pude largá-lo tão logo comecei — era tão fascinante. Mas é nas notas de rodapé que algumas preciosidades podem ser encontradas, incluindo suas observações quanto ao papel dos eleitores do Colégio. "Na França", Young escreveu, "o povo é o eleitor, e num nível tão baixo que as exceções quase não contam [...] sem um único indício de o que vale o mérito da propriedade. Exatamente o contrário é o caso na América, não existe um único estado em que os votantes não devem ter a qualificação da propriedade. [...] Então uma explicação imediata é encontrada para aquela ordem e prosperidade, e segurança de propriedade que impressiona cada olhar na América: um contraste em relação ao espetáculo que a França exibiu, onde confusão de todo tipo é gerada."

A qualificação de proprietário foi, claro, há muito tempo abolida nos Estados Unidos. Mas o Colégio Eleitoral, construído pela mesma razão que a qualificação de proprietário foi imposta aos votantes, ainda existe. O Colégio Eleitoral na Constituição americana pretendia limitar a democracia no sentido que hoje a compreendemos — porque os fundadores da República Americana decidiram confinar a escolha do presidente, nas palavras de Alexander Hamilton, para "um pequeno número de pessoas, selecionadas por seus concidadãos da massa geral, [que] mais provavelmente terão os requisitos da informação e discernimento para objetivos tão complexos".

Que irônico então que justamente na primeira eleição presidencial do século XXI este medo das massas do século XVIII semeie agora a confusão total e provoque o que pode rapidamente transformar-se numa grande crise constitucional. Mostra, mais uma vez, que nunca é tão cedo para modernizar procedimentos arcaicos, por mais difícil que isto seja — e a mudança da Constituição dos Estados Unidos é dolorosamente difícil, assim como os fundadores pretendiam que fosse (para emendar a Constituição uma maioria de dois terços das duas Casas é precisa e as emendas que foram propostas pelo Congresso devem ser ratificadas por três quartos das Casas Legislativas estaduais ou por convenções em todos os estados).

É um fato inconveniente da história que as circunstâncias existam para tornar este acidente possível, mesmo que as chances sejam remotas e aparentemente teóricas, em algum momento o acidente acontecerá. Na Flórida, esta semana, aconteceu. A contradição entre a eleição nacional popular na qual a maioria dos americanos *achava* estar elegendo diretamente um presidente correu paralelamente com um sistema constitucional no qual *de fato* estava elegendo eleitores. O resultado foi que o voto po-

VINGANÇA DA HISTÓRIA

pular em todo o país entrou em conflito com as alocações destes votos nos estados da União onde o número de eleitores é determinado pelas exigências de um sistema federal.

No entanto, se as exigências constitucionais do século XVIII iludiram os votantes, foi o caráter século XXI (ou sua falta) de ambos os candidatos que criaram um impasse. O povo americano não estava preparado para dar um mandato limpo para Bush ou para Gore, nem para os partidos políticos no Congresso. Através do país no 7 de novembro os resultados foram tão próximos que Bush e Gore terminaram com 48% cada nacionalmente e com parcos 100 mil votos entre eles. Então a Flórida sagrou-se fazedora de rei com seus 25 votos no Colégio, essenciais para que qualquer candidato ganhe os 270 votos necessários para sagrar-se o próximo presidente.

Isto revelou uma outra peculiaridade do sistema de eleição presidencial americano. São os condados ou municípios que controlam o espetáculo eleitoral sobre regras apresentadas pelos estados. Então o formato confuso de uma cédula de papel no Condado de Palm Beach transformou-se no fulcro onde constituição, política e o responsável pelo projeto se colidiram, e onde o próximo presidente dos Estados Unidos será escolhido. Os chefes da política local sempre gostaram das coisas assim. Mas isto quer dizer que enquanto os Estados Unidos estão gastando quase 900 milhões de dólares para promover a democracia no exterior, muitos de seus próprios governos locais estão ainda usando máquinas de votar com uma capacidade tecnológica introduzida na década de 1880 e, como no Condado de Palm Beach, eram pontas de lápis que furavam os buracos. E nas extremidades isto constrói um sistema que se desvia no nível local que nos maus e velhos tempos faziam de muitos dos governos locais bastiões de apenas um partido e abriam possibilidades inumeráveis para fraude e manipulação.

Era tanta a manipulação no nível local que muitos hoje concordam que se jogou a eleição presidencial de 1960 no colo do presidente John F. Kennedy. O grande manipulador foi o prefeito Richard J. Daley de Chicago, que como todos os chefões de Chicago podia fazer levantar os mortos dos cemitérios no dia da eleição para votar no candidato democrata. Foi a Richard Nixon que se negou a vitória naquele tempo. O Partido Republicando nunca esqueceu ou perdoou isto. Então em uma das reabilitações mais peculiares de Richard Nixon, defensores de George W. Bush agora estão alegando que Nixon, o patriota, escolheu não desafiar a manipulação dos números de 1960 feita pelo prefeito Daley em nome do "interesse nacional". Isto é algo que eles obviamente esperam que Al Gore faça agora, ao reconhecer a "vitória" presidencial de George W., dando ao pai de George W., o ex-presidente Bush, a satisfação de vingar-se de sua derrota para o democrata que os republicanos mais adoram odiar: William Jefferson Clinton.

Difícil. O gerente de campanha de Gore é um político durão com ombros largos; de Chicago; filho e homônimo daquele velho arranjador que foi o nêmese dos republicanos em 1960: não menos que o William M. Daley, irmão de quem hoje é prefeito de Chicago. É um drama digno da Roma antiga! Uma história de filhos justificando as omissões de seus pais, com os profetas da mídia disputando e brigando como coro; com grandes instituições de estado trazidas abaixo por querelas esquálidas paroquiais; um conto de grandes ambições idas a pique contra as rochas de inadequações pessoais; e de uma grande República diminuída pelos estrategistas que perderam de vista seu significado.

10 de novembro de 2000.
Tradução de no.com.br.

9

Lalau e Wall Street

Sir Thomas Gresham era um agente da rainha Elizabeth I nos Países Baixos: meio espião, sempre comerciante, acabou fundando a Bolsa de Valores de Londres, em 1571. Afamou-se negociando e diminuindo as dívidas da Inglaterra com seus credores estrangeiros — manipulando diferenças cambiais. O célebre aforismo "dinheiro ruim expulsa o bom" é creditado a ele. É a lei de Gresham.

Em Wall Street, neste ano 2000, a norma é exatamente o oposto: "boas notícias expulsam as ruins". Esta é a lei de Henry Kaufman, famoso economista, investidor e gerenciador de lucros em Wall Street, resumida em seu novo livro *On Money and Markets*. Analistas da economia, afirma, minimizam riscos e evitam o isolamento, seguindo a multidão, o que encoraja possíveis investidores a maximizar seus riscos na expectativa de manterem seus altos lucros.

Na verdade, nesta época de comunicação instantânea, o grande problema com ambas as leis é que elas podem conspirar e exagerar as crises. Esta é a Lei de Maxwell. Ao evitar veicular as más notícias junto com as boas, eventos imprevistos são capazes de abalar a confiança, e podem subitamente abrir as comportas dos boatos; novidades ruins criam um clima negativo que se recusa a absorver qualquer informação contrária. Atuando como a lei de Gresham sobre o dinheiro, a notícia ruim pode, inapelavelmente, expulsar a boa.

A atual crise brasileira — que envolve acusações de corrupção entre um assessor de confiança do presidente, Eduardo Jorge, e o juiz fugitivo Nicolau (mais conhecido como Lalau), ambos às voltas com a superfaturada e inacabada obra do Tribunal Regional do Trabalho de São Paulo — pode ser um interessante teste para as leis de Gresham e Kaufman. Apimentando o caso, surgiram, misteriosamente, fitas gravadas das conversas do juiz, em um caso clássico de justaposição dos conceitos de *casa* e de *rua*, tão perfeitamente descritas pelo antropólogo Roberto DaMatta: um confronto surreal, novamente, entre a retórica oficial brasileira e conversas da sarjeta. Ao menos, à plena vista da maioria dos brasileiros.

Para nós fora do Brasil as novidades sobre o juiz ainda não acabaram de chegar. Por exemplo, na semana passada, fui a uma conferência em Wall Street para investidores na América Latina. Um real exercício da lei de Kaufman. O Brasil recebeu elogios especiais. Breve, disseram, o país receberia melhores "*bond ratings*" e avaliações em seu desempenho. O governo está "fazendo as coisas certas". Exatamente igual ao México — onde, breve, um executivo aposentado da Coca-Cola assumirá a presidência —, as expectativas para o Brasil são grandes. "Amigos" de Wall Street comandarão a economia através do Banco Central e do Ministério da Fazenda. Investimentos diretos do capital estrangeiro fluirão. A ascensão da "macroeconomia" tem sido magnífica. Os críticos e pessimistas estavam errados.

Parte da falta de interesse da turma de Wall Street no juiz Nicolau é explicada pelos fatos conhecidos. Para a ala antiga dos *experts* sobre a América Latina, a bagunça brasileira parece ser de praxe. Afinal, as vítimas do juiz Nicolau e seus amigos são os brasileiros que pagam impostos, não os investidores de Wall Street. Papo antigo: o entulho da corrupção no mundo inteiro onde o suborno e a corrupção são notórios na construção de estradas, contratos governamentais para grandes obras, aeroportos e por aí a fora. Pensando bem, não muito longe da própria Wall Street, atrás da prefeitura de Nova York, ainda existe um edifício de mármore desmoronado, tão imprestável quanto no tempo de sua construção, época em que políticos roubavam regularmente os cofres da cidade.

A notícia brasileira que abastece a curiosidade de Nova York é, também, altamente especializada e segmentada, confinada, na maior parte das vezes, às páginas financeiras dos jornais, boletins ou circulares para os investidores, distribuídos pelos bancos ou casas de corretagem — estas, recentemente, passaram a empregar respeitáveis economistas, mas eles são responsáveis por atrair investidores; não escrevem para espantá-los.

Pode esta afável imagem mudar? Parece-me que episódios recentes aumentam as chances de levar-nos da Teoria de Kaufman para a de Gresham. Por exemplo, se ficar claro que o Planalto envolveu-se diretamente no escândalo, ou se o próprio presidente esteve, por concessão ou omissão, ciente da corrupção e fechou os olhos à espera dos votos que aprovassem algumas medidas governamentais, levando à possibilidade de mais um enfraquecimento de sua influência, e como conseqüência na pretendida reforma econômica ou mesmo precipitando uma debacle ao gênero Collor. Se o escândalo alcançasse o Banco Central ou o Ministério da Fazenda, ambos seriam inquestionavelmente reconhecidos porque, na cabeça dos investidores estrangeiros, Malan e Fraga são de vital importância no sucesso da política fiscal. Nova evidência de injustiças no pagamento nos processos de privatização poderá provocar repercussão, assim como a renovação da suspeita que o governo não teria como pagar seus débitos ou honrar suas obrigações internacionais.

Mas, provavelmente, somente a combinação de duas ou três destas circunstâncias permitirá que as más notícias, em torrente poderosa, expulsem as boas. Por que isto levantaria dúvidas sobre a sustentabilidade das medidas governamentais para garantir os investidores estrangeiros, forçando-os a prestar atenção em primeiro lugar — e de uma vez só — em fatos brasileiros dos quais nunca ouviram falar antes: Movimento dos Sem Terra, superficialidade das medidas para livrar o país da dependência financeira externa, ondas de crimes, as evasivas combinações de circunstâncias melancolicamente chamadas de "custo brasileiro". É isto: prestem atenção nos múltiplos impedimentos que aumentam substancialmente o custo de fazer negócios no Brasil, tornando o país, de novo, parecer pouco confiável. Resumindo: de risco.

Não é hora, alguém poderia pensar, para outras das viagens internacionais do presidente Cardoso. Ou, talvez, seja. FHC, parece, é um homem primorosamente sintonizado com as novidades do exterior — mais do que com as de seu país. Ele é um *connoisseur* de teorias, como as Teorias de Gresham e Kaufman. O problema é que no caso do juiz Nicolau o equilíbrio das percepções internas e externas pode se aglutinar. E se, em Wall Street, movermo-nos, de repente, de Kaufman para Gresham, então o Brasil terá que se cuidar: todo inferno correrá solto — e rapidamente.

26 de julho de 2000.
Tradução de no.com.br.

10

George W. Bush, rei Canuto e o Brasil

Pois agora sabemos — no dia 20 de janeiro de 2001, é Bush Júnior que tomará posse como 43º presidente dos EUA. Nós também sabemos que o Congresso estará seriamente dividido. Mas esta divisão será provavelmente menos evidente do que a esperada, pelo menos a curto prazo. Apesar de todo o rancor, da linguagem dura e de todas as manobras legais das últimas cinco semanas, ninguém deve subestimar a capacidade dos políticos americanos de serem chatos, ou a dos analistas que os circundam de correr para o colo do presidente eleito para proclamar o triunfo da "democracia", da "palavra da lei" e do permanente bom senso do "povo americano".

De fato, apenas num piscar de olhos depois que amanheceu o dia seguinte à proclamação dos ministros da Suprema Corte, que deu a vitória ao governador texano, as redes de jornalismo econômico já estavam alegremente festejando a valorização das ações "Bush". Em outras palavras, há perspectiva de mais lucro para companhias como as de equipamentos para perfurar poços petrolíferos, ou para as fabricantes de tubulações, ou ainda para as que exploram poços em áreas de proteção ambiental como o Alasca (que o jovem Bush prometeu liberar em resposta ao aumento do preço da gasolina que aconteceu durante a campanha), ou ainda para a indústria do tabaco, sempre generosa em suas contribuições de campanha, na expectativa de alívio na Justiça. Em suma, todas as ações que numa "poderia-ter-sido" presidência de Al Gore cairiam.

A campanha eleitoral se resumiu a promessas cuidadosamente construídas para atender aos desejos dos americanos contentes e, de maneira geral, prósperos. Os dois candidatos basicamente estavam de acordo em torno de uma agenda estreita, definida por pesquisas de opinião e grupos de discussão. Foram questões como as de previdência social, remédios para os idosos, melhorias na educação — a litania de questões tão domésticas que George W. Bush sabiamente achou melhor reiterar em seu discurso de vitória perante a Assembléia Legislativa do Texas, na noite de 13 de dezembro, de pé entre a bandeira americana e a da República Independente do Texas (que durou pouco), e na frente do retrato do velho Sam Houston que surrupiou dos mexicanos este enorme e rico naco de terra para dá-lo aos norte-americanos 170 anos atrás.

Claro que essas promessas de campanha foram baseadas no *superavit* do orçamento e poderão ou não se materializar. Mas esta não foi uma eleição na qual se falou muito de sacrifícios. Ela partiu do princípio de que o mundo vive em paz e prosperidade, e qualquer discussão sobre relações internacionais foi posta de lado. De fato, durante as brigas legais e políticas sobre cédulas mal perfuradas que seguiram à campanha na Flórida, o resto do mundo praticamente desapareceu para a maioria dos americanos. Tanto a visita histórica do presidente Clinton ao Vietnã quanto a posse igualmente histórica do presidente Vicente Fox no vizinho México passaram em branco. Mesmo a crescente violência entre israelenses e palestinos foi parar nas últimas páginas dos jornais.

Mas não se enganem. Política externa será prioridade para a nova administração. Isso porque, em parte, o consenso interno, mesmo nestas questões que Bush destacou no discurso de vitória em Austin, será muito difícil de ser conquistado. Em parte, porque política externa é uma área onde o bipartidarismo tradicionalmente se sustenta mais fácil e onde um presidente americano sofre menos constrangimentos do Congresso — ou ao menos é assim que tem sido. É também a área para a qual o presidente eleito foi mais rápido a indicar nomes, e onde a longa experiência dos amigos da família vai mais ajudá-lo. Para Bush II, principalmente, há algumas questões importantes que não foram de todo resolvidas por Bush I. A mais significativa é Saddam Hussein. Dick Cheney, o vice-presidente eleito de Bush II, era secretário de defesa de Bush I. O general Colin Powell, futuro secretário de Estado, era então chefe do Estado-maior. Juntos conduziram a grande campanha militar da "Tempestade no Deserto", que conteve mas não eliminou a bem protegida velha serpente de Bagdá. E a família Bush tem um ajuste bastante pessoal a acertar com Saddam Hussein. Ele planejou, não devemos esquecer, assassinar o pai do presidente eleito George W.

Bush pai também foi criador da Área de Livre Comércio das Américas (Alca). Esse foi seu mais importante "estalo de visionário", como uma vez ele próprio definiu. George W. foi bastante explícito a respeito da América Latina em sua campanha, e sobre o livre-comércio, assim como propôs iniciativas políticas para encorajar comércio individual no hemisfério, ajuda a pequenas empresas e criação de mecanismos para trocar dívidas pela preservação de florestas tropicais.[1]

A seriedade dos compromissos de campanha assumidos por Bush perante a América Latina ganha peso diante do fato de que seu autor foi Robert B. Zoellick, um *workaholic* leal a Bush que fez pouco caso dos ideólogos que normalmente controlam a política republicana em relação à América Latina — ao menos no período de campanha para a presidência. Zoellick agora está na expectativa de um cargo no segundo escalão da administração. Para sua sorte, os ideólogos vão estar obcecados com Cuba e outras questões ultrapassadas, enquanto os jogadores do time principal como Zoellick estarão mais preocupados com assuntos sérios.

---

1. A íntegra do texto de seu discurso "O século das Américas", feito em Miami em 25 de agosto, pode ser encontrado em www.foreignpolicy2000.org.

Zoellick era *protegé* de James Baker (a cuja manobra jurídica Bush júnior deve a Presidência como a mais ninguém), trabalhando para ele quando Baker era secretário da Fazenda no governo Reagan, e depois foi conselheiro e confidente do Baker secretário de Estado do Bush pai. Zoellick foi descrito por Alan Greenspan, o reverenciado chanceler do Federal Reserve que não costuma falar bem à toa de ninguém, como "um dos homens mais eficientes em Washington".

Algumas das críticas mais pontuais de George W. Bush à administração Clinton durante a campanha foram dirigidas ao fracasso na continuidade das iniciativas de seu pai em relação às Américas, especialmente o fracasso em conseguir um regime de tramitação rápida — *fast-track* — no Congresso. Quando um acordo de comércio é submetido em regime de tramitação rápida, o Congresso americano deve aprová-lo ou vetá-lo sem emendas. Sem o regime rápido, cada uma das muitas alterações do Legislativo que compõem um acordo de comércio fica exposta ao *lobby* de grupos de interesse que querem garantir uma política tarifária especificamente predefinida para cada produto. (O Nafta, por exemplo, afetou 11 mil tarifas diferentes.)

Bush também sabe muito bem onde fica a América Latina — certamente sabe onde está o México — e ela será prioritária. Metade dos duzentos bilhões de dólares do comércio entre Estados Unidos e seu vizinho ao sul passam pelo Texas. Mas um quarto dos mais ou menos 13 bilhões de dólares do comércio americano com o Brasil passam pela Flórida, com o Brasil sendo o principal parceiro comercial do estado. A secretária de Estado da Flórida, a agora famosa Katherine Harris, que certificou os votos críticos para a eleição do em breve presidente, há muito faz *lobby* para que a Flórida seja capital do secretariado de uma possível Alca. E o novo presidente tem pela frente uma série de prazos apertados e que não podem ser evitados na agenda comercial. Tanto Brasil como os EUA são candidatos a gerenciar conjuntamente a negociação da Alca que deve ter início em novembro de 2002 e que deve estar completa em 2005. Com a Cúpula das Américas marcada para a cidade de Quebec em abril de 2001, o presidente eleito Bush terá que ter seus assessores para América Latina e comércio exterior já nomeados e, se possível, conseguir o regime de tramitação rápida bem cedo em sua administração.

Tudo isso agora confronta o Brasil com um dilema difícil. A falta de políticas ativas por parte de Clinton em relação à Alca deu a Brasília espaço suficiente para respirar e lhe permitir costurar uma política alternativa, uma série de passos que, acreditava-se, fortaleceriam o jogo do Brasil nas negociações com a América do Norte, inicialmente solidificando o Mercosul, mais tarde procurando relações de livre mercado bilaterais entre o Mercosul e outros países da América do Sul, e então buscando uma perspectiva ilusória de proteger o acordo de livre comércio com a Europa que balancearia a hegemonia do Norte.

Mas tão logo os Estados Unidos dêem prioridade à perspectiva de livre comércio no hemisfério, e depois de janeiro é certamente o que vai ser feito pelo presidente George W. Bush, o Brasil corre o risco de encontrar-se isolado à medida que seus possíveis parceiros, como o Chile, sigam atrás de seus próprios interesses nacionais. Eles correrão rápido, para agarrar a recompensa maior oferecida pelo acesso ao vasto mercado do Nafta. O Brasil precisará decidir se vai seguir seu estilo tradicional ou mover-se rápido e tirar o comércio das mãos do Itamaraty e botar um negociador astuto, agressivo e especializado em economia e negócios controlando seu time Alca. Alguém que verá a Alca como uma oportunidade para o Brasil, não uma ameaça, e que poderá mobilizar o Brasil para agir com uma confiança que os mexicanos demonstraram quando inventaram, promoveram e implementaram o Nafta como queriam que ele fosse — tudo de acordo com seu interesse nacional. O Nafta era essencial, acreditavam os mexicanos, para assegurar suas reformas políticas e econômicas. Embora seja verdade que o México tenha se beneficiado do crescimento prolongado e sustentado da economia americana na última década, embora seja vulnerável a uma queda da economia dos EUA, a história subseqüente em muito tem justificado suas aspirações e a eleição de Vicente Fox confirmou suas melhores esperanças.

A administração de Fernando Henrique Cardoso fez muito para levar o Brasil à esfera global, apesar dos muitos e óbvios empecilhos e vacilações. Quando a crise financeira chegou e ameaçou enterrar o que foi conquistado, o presidente brasileiro teve o bom senso de ir buscar uma raposa esperta de Wall Street para dirigir o Banco Central, um jogador de alto nível que sabia como manter os lobos quietos. Mas para o comércio exterior, um *front* igualmente crítico, ele ainda precisa achar um Armínio Fraga. Apesar do isolamento possibilitado por um grande mercado interno, o Brasil pode e deve competir no mercado internacional se pretende conquistar e sustentar o crescimento que lhe permitirá finalmente atender às necessidades básicas de sua população em saúde, educação e qualidade de vida. Vinte e três por cento das exportações brasileiras já vão para os Estados Unidos, e é no mercado americano, argumentam economistas como Albert Fishlow, José Scheinkman e Sidney Weintraub, que as perspectivas são mais promissoras para valorizar o Brasil num regime de livre comércio no hemisfério.

Com uma nova administração ansiosa por sucesso em Washington, e com um presidente brasileiro com apenas dois anos para garantir seu legado, este parece ser um momento propício para se repensar as relações Brasil–Estados Unidos e para Brasília agir com visão e iniciativa. Não, como muito provavelmente será o caso, como o proverbial rei Canuto, o Grande, um guerreiro *viking* do século XI que enfrentou o mar na costa norte da Inglaterra acreditando que venceria a fúria das ondas. Em conseqüência, rapidamente naufragou.

14 de dezembro de 2000.
Tradução de Pedro Dória.

11

O estranho caso de John Ashcroft: Igreja, Estado e George W. Bush

Os europeus encaram como um axioma: os Estados Unidos da América são uma nação tão conscientemente comprometida com o futuro que a memória histórica — quando existe — resume-se aos fatos da véspera. Mas essa é uma visão superficial. Os Estados Unidos são um lugar no qual uma constituição do século XVIII continua a ser o núcleo das mais intensas disputas contemporâneas. É também um lugar no qual feridas do passado profundamente enterradas podem se transformar em sombras tenebrosas sobre o presente, mais ameaçadoras ainda pelo fato de suas origens serem apenas parcialmente suspeitadas. George W. Bush caiu nessa traiçoeira zona de sombras logo em suas duas primeiras semanas na presidência, mesmo que a ocasião parecesse suficientemente inocente na superfície: a distribuição de caridade, a afirmação da fé e a melhoria da educação. O caso de John Ashcroft demonstra o quão difícil e intratável o caminho pode ser quando história, religião e constituição se chocam.

Tudo começou logo no princípio: George W. evocou Thomas Jefferson em sua posse. Mas as palavras ditas ao terceiro presidente dos EUA que o 43º escolheu citar em 20 de janeiro de 2001 não refletem as opiniões seculares do mais secular entre os primeiros líderes da América. O presidente Bush usou Jefferson para introduzir uma analogia religiosa numa cerimônia cívica aberta e fechada por dois clérigos. Cada um deles invocou explicitamente as bênçãos de Jesus Cristo, sobre cuja divindade o altamente não-ortodoxo Jefferson era bastante cético, sendo mais Unitário que Trinitário em suas opiniões religiosas pessoais. Jefferson era, acima de tudo, um homem mais da razão que da fé, e, como o servidor esclarecido que pretendia ser, acreditava que a sabedoria e autoridade herdadas deveriam ser questionadas pela experiência científica e pelo debate livre. Ele não carregava a religião no bolso do colete. Como disse a John Adams em 1817: "nada diga sobre minha religião. Ela é conhecida apenas por mim e por meu Deus. Sua prova diante do mundo deve ser buscada na minha existência". Ninguém notou, mas George W. usou palavras ditas *a* Jefferson, não palavras que o próprio Jefferson pronunciou.

Em suas declarações públicas, os Fundadores do governo da América republicana preferiam evocar "o Ser Todo-Poderoso". Esse foi o termo que George Washington usou em seu primeiro discurso à nação em 1789, em Nova York. Numa nação que incorporava uma infinidade de credos competitivos e muitas vezes incompatíveis, cada um acreditando fervorosamente ser o dono da verdade, os Fundadores estavam cientes de que uma garantia constitucional separando a Igreja do Estado era um alicerce fundamental da nova ordem cívica. Dessa maneira, os EUA, ao se institucionalizarem como uma entidade federativa, estavam fazendo uma declaração verdadeiramente revolucionária a respeito da tolerância e do pluralismo religioso num mundo no qual em quase toda parte o Estado estabelecia e aplicava as práticas religiosas.

O obelisco em Monticello, projetado por Jefferson para assinalar a própria sepultura, traz a seleção que ele mesmo fizera das três conquistas das quais mais se orgulhava; ali está listada a Declaração da Independência, mas também o Estatuto da Virgínia sobre Liberdade de Religião. O estatuto, aprovado pela Assembléia da Virgínia em 1786, declara "que nenhum homem seja obrigado a freqüentar ou apoiar qualquer credo, local ou sacerdócio religioso de qualquer espécie, nem seja forçado, preso, molestado ou violado em seu corpo ou bens". No linguajar

O ESTRANHO CASO DE JOHN ASHCROFT: IGREJA, ESTADO E GEORGE W. BUSH

moderno, em outras palavras, impostos cobrados ao cidadão pelo estado não podem ser usados para sustentar organizações religiosas em particular. Essa filosofia fez da separação entre Estado e Igreja a primeira grande manifestação de liberdades civis contida na primeira emenda da Constituição dos EUA:

> O Congresso não fará leis referentes a uma religião estabelecida ou proibirá seu livre exercício; ou restringirá a liberdade de expressão ou de imprensa; ou o direito das pessoas a se reunirem pacificamente e reivindicarem do governo a reparação de injustiças.

No entanto, é precisamente permitir que organizações "orientadas pela fé" (em outras palavras, religiões) reivindiquem repasses de impostos federais que George W. Bush propõe agora, ao instalar o novo Gabinete da Casa Branca para Iniciativas Comunitárias e Orientadas Pela Fé. E, em declarações publicadas no *Wall Street Journal* em 1º de fevereiro último, que foram ouvidas por repórteres sem que o novo presidente soubesse, George W. ligou sua iniciativa de serviço social orientado pela fé a seu objetivo de reduzir o número de abortos. "Veja, essas iniciativas orientadas pela fé realmente se ligam a uma questão cultural mais ampla na qual estamos trabalhando", disse Bush. "Elas começam a afetar a questão da vida (...). Quando você fala de permitir que pessoas de fé ajudem os desassistidos (...) o passo seguinte lógico é também aqueles bebês."

George W. deve também ter notado que Jefferson era o "presidente da educação" original. Quando Jefferson voltou para Monticello em 1809, após seu segundo mandato como presidente, dedicou muito de sua atenção à fundação de uma instituição educacional modelar, e a terceira conquista que ele quis registrada em seu obelisco em Monticello foi a fundação da Universidade da Virgínia. Mas, ao contrário de George W. Bush, que busca envolver as organizações religiosas no processo educacional, Thomas Jefferson baniu a religião da esclarecida "comunidade acadêmica" que projetou em Charlottesville, e nenhuma espécie de proselitismo foi permitida no campus. A perspectiva "de ver um seminário para a juventude americana livre das amarras da influência e do controle clerical" agradou em muito um amigo e confidente de Jefferson, o erudito embaixador do Reino Unido do Brasil, Portugal e Algarve em Washington, o abade Corrêa da Serra.

O presidente Bush propõe submeter todos os estudantes americanos da terceira à oitava séries a testes anuais; tornar as escolas responsáveis pelo desempenho; diminuir a regulamentação federal em troca de melhores resultados; e permitir a pais e alunos gastar dinheiro federal em escolas privadas e paroquiais. De fato, ele está propondo padrões mínimos nacionais. Essas são iniciativas que podem angariar um amplo apoio bipartidário tanto no Congresso quanto na opinião pública. Elas refletem uma preocupação largamente disseminada quanto à fraca *performance* dos estudantes americanos em comparações internacionais e a contínua crise nos sistemas das grandes cidades, onde bilhões de dólares não conseguiram produzir melhorias. Mas a inclusão de um mecanismo para apoiar instituições de ensino religioso com dinheiro federal, como a iniciativa "orientada pela fé" da Casa Branca, uma vez posta em prática é um assunto que certamente será contestado junto à Suprema Corte como uma violação da Primeira Emenda. A mesma Suprema Corte acentuadamente dividida e agora altamente politizada que deu a presidência a Bush por apenas um voto.

Essas questões teriam se desenvolvido lentamente nos bastidores se o novo presidente tivesse indicado o governador de Montana, Marc Racicot, para o cargo de procurador geral (equivalente a ministro da Justiça), como a maioria esperava. Racicot, um conselheiro próximo de Bush durante a campanha, encorajava-o a se candidatar desde 1997 e foi um homem-chave onipresente durante a crise pós-eleitoral dos votos da Flórida. Mas Racicot, que não é nenhum liberal, orientou o organismo estadual de Montana que trata do trabalho a incluir "orientação sexual" nas categorias a serem protegidas de discriminação. A oposição à "proteção especial" para *gays* dentro da lei é uma questão de honra para a direita religiosa, cuja mobilização foi fundamental para a derrota do principal adversário republicano

O ESTRANHO CASO DE JOHN ASHCROFT: IGREJA, ESTADO E GEORGE W. BUSH

de Bush, o senador John McCain, nas primárias da Carolina do Sul, na época e lugar da vergonhosa visita de George W. à Universidade Bob Jones — uma instituição fundamentalista protestante. Por conta desta visita ele mais tarde se desculparia ao falecido cardeal de Nova York quando estava novamente enfrentando McCain, dessa vez disputando o grande eleitorado católico novaiorquino. Racicot jamais foi convidado para o cargo. Em vez disso, George W. chamou John Ashcroft, que cumpriu um mandato como senador pelo Missouri, comandou a estridente oposição ao primeiro embaixador americano assumidamente *gay*, James Hormel, e que, como senador, barrou a nomeação de Ronnie White, um jurista negro da Suprema Corte do Missouri, para a Corte Federal de Apelações. O senador Ashcroft recebeu um título *honoris causa* da Universidade Bob James em 1999, mas, diferentemente do presidente Bush, não sentiu qualquer necessidade de repudiá-lo.

O procurador-geral dos EUA não é qualquer um. É o principal responsável pela aplicação das leis no país. Sob sua supervisão estão o FBI, a Administração de Controle de Drogas (DEA), o Serviço de Imigração e Naturalização (INS), as prisões, a Procuradoria da República e agentes federais. Ele ainda representa e supervisiona a representação do Governo federal perante a Suprema Corte. Ex-governador do Missouri, Aschroft ficou famoso em novembro quando foi derrotado na sua reeleição para o Senado por um homem morto, o governador democrata Mel Carnahan, que perdeu a vida de maneira trágica na queda de seu avião nos últimos dias da campanha. Ashcroft fez uma carreira 100% conservadora no Senado na maioria dos temas — mas não em todos. Em 1998 liderou a Casa na luta para remover sanções para exportação de comida e remédios para, entre outros países, Cuba. Pentecostal devoto, ele é mais conhecido, no entanto, por sua luta vigorosa na defesa de valores fundamentalistas cristãos em questões como aborto, direitos de homossexuais, direitos dos estados, venda de armas e outras tantas que dividem a opinião pública norte-americana ao meio, uma cisão nas políticas sociais e culturais refletida no quase empate da eleição presidencial.

MAIS MALANDROS: ENSAIOS TROPICAIS E OUTROS

Depois de um debate amargo na Comissão de Justiça do Senado e no plenário, John Ashcroft foi confirmado em 1º de fevereiro de 2001 pela Casa por 58 votos a 42, a votação mais estreita para nomeação de um membro do gabinete presidencial em mais de uma década e meia. É também o maior número de votos contrários à nomeação de um procurador geral desde que o Senado derrubou o indicado do então presidente Calvin Coolidge em 1925. Foi uma amostra de força, um "tiro de advertência" nas palavras do senador, por Nova York, Chuck Schumer, uma mostra de que os democratas no Senado têm a habilidade de obstruir caprichando no excesso de longos discursos que adiam o voto para nomear uma pessoa com idéias como as de Ashcroft para a Suprema Corte do país. São precisos 41 votos para sustentar a obstrução.

A possibilidade de que o presidente Bush possa fazer uma ou duas indicações para a Suprema Corte no futuro próximo, portanto reforçando a inclinação para a direita em muitas questões sociais, apenas enfatiza o papel decisivo da Suprema Corte no centro de questões tão sensíveis e decisivas. Não é a menor delas, claro, o aborto legal, sustentado pela Corte por uma pequena margem. Fazer oposição ao aborto legal é vital para as profundas convicções religiosas de muitos, assim como para tantos outros é assunto fundamental, da liberdade civil, sua defesa. Aborto, como religião, é questão que polariza, que afasta os dois partidos políticos do centro onde o compromisso e o bipartidarismo são possíveis em direção aos extremos, justamente porque ambos envolvem questões que não são negociáveis, como diziam nos anos 60 os estudantes radicais.

John Ashcroft também mostrou uma estranha afeição pelos velhos confederados numa entrevista para a revista *Southern Partisan* (segundo trimestre de 1998), na qual aparecia sob o título "O campeão de Missouri na defesa dos direitos dos estados e dos valores tradicionais do sul". Uma nostalgia similar pelo lado derrotado na Guerra Civil Americana foi expressa por outra indicada de Bush para seu gabinete, Gale Norton, nova Secretária do Interior. O Departamento do Interior tampouco é um posto menor, responsável pelo gerenciamento de aproximadamente

O ESTRANHO CASO DE JOHN ASHCROFT: IGREJA, ESTADO E GEORGE W. BUSH

meio milhão de acres de terras federais, principalmente a oeste do país, incluindo os Parques Nacionais e o Bureau de Questões Indígenas.

Ela será uma voz importante no delicado problema da exploração de minério, gás natural e petróleo nas regiões selvagens que sobraram e estão sob proteção federal. Norton disse ao Independence Institute de Denver, em 1996, que "nós perdemos demais" quando o Sul foi derrotado. Já que o Colorado não era um estado no tempo da Guerra (não se juntou à União até 1876), não está claro a que "nós" ela se referia. Mas completou: "perdemos o ideal de que os estados deveriam insurgir-se contra o Governo federal quando ele quisesse ter muito poder sobre nossas vidas". Só para que não esqueçamos, a questão que levou os estados do sul a "insurgirem-se" contra o Governo federal nas décadas anteriores à Guerra Civil envolviam a perpetuação e expansão da escravatura.

Missouri, o estado de John Ashcroft, não teve papel pequeno naqueles tempos de turbulência. A década de 1850 foi um período de consolidação dos Estados Unidos como nação transcontinental. Testemunhou logo antes a absorção daquele vasto terreno capturado do México em 1848 a oeste, a anexação do Texas em 1845 e a admissão da Califórnia na União em 1850. A década de 1850 também viu o grande debate sobre a escravidão ganhar força quando foi levantada a questão de se os territórios do Oeste, conforme se transformavam em estados, seriam admitidos à União como escravagistas ou livres. Foi o fracasso na resolução destas questões pelo debate pacífico dentro de uma moldura constitucional que provocou o conflito titânico da década de 1860 quando os norte-americanos lutaram uns contra os outros numa guerra civil que tirou mais de seiscentas mil vidas de uma população de 34 milhões.

O caos sem misericórdia da Guerra Civil levado às divisas do Oeste foi cenário de uma luta feroz entre abolicionistas no estado livre do Kansas e agressores confederados do estado escravagista do Missouri. Quando fui à minha primeira entrevista para trabalhar como professor na Universidade do Kansas, em 1970, hospedaram-me num velho hotel no centro de Lawrence em cujas portas dos quartos ainda estavam as marcas de balas deixadas pelo ataque guerrilheiro do ano de 1863 deflagrado por William Clarke Quantrill, que massacrou mais de 150 cidadãos. Que o novo procurador-geral dos Estados Unidos seja de Missouri e evoque a Confederação nestas circunstâncias históricas e no início do século XXI é no mínimo curioso.

Mas as raízes da profunda divisão abertas pela indicação de Ashcroft apenas enfatizam como os resultados da eleição de 7 de novembro de 2000 trouxeram de volta à baila uma destas profundas sombras do passado. Os estados onde Bush venceu formam um largo feixe de espinhas abaixo das Montanhas Rochosas e ao longo do sul, próximos demais das divisas geográficas da Confederação e nas então fronteiras dos territórios que o Sul escravagista queria incorporar à União como estados onde a escravatura era legal. Gore venceu no litoral e no Meio-Oeste industrial. Ele venceu também nas grandes cidades com maioria substancial e os eleitores negros o apoiaram de forma preponderante. Foi muito bem nas áreas onde a população de imigrantes recentes está concentrada, como a Califórnia e Nova York. Os brancos do Sul, por outro lado, votaram em Bush com uma margem de 35%. O censo americano de 2000 mostra que, de fato, na última década estados do Oeste como Nevada, Utah, Idaho, Arizona e Colorado, por conta de migrações internas, ficaram mais brancos, e que a população branca com idade para votar tem aumentado em grande parte do Sul. Eleitores de Bush e Gore se diferem em muito em sua prática religiosa. Dos americanos que vão à igreja mais de uma vez por semana, 60% apoiaram Bush. Dos americanos que nunca vão à igreja, 61% votaram em Gore. Noutra questão-chave também houve profunda divisão. Entre os eleitores de Bush, 60% têm armas em casa. A segunda emenda à Constituição americana, o direito de portar armas, é obviamente uma emenda que Ashcroft aprova.

Ao que parece, ele também é forte defensor da décima emenda à Constituição. Não é fácil encontrar exatamente o que John Ashcroft disse em sua entrevista à *Southern Partisan*. Por sorte, a Biblioteca Pública de Nova York ainda assina virtualmente tudo e pude achar uma cópia da edição lá. A parte mais impressionante da entrevista de 1998 com o então senador Ashcroft foi sua resposta para a questão dos direitos dos estados e da décima emenda. Ratificada em 1791, ela garante que "os poderes não delegados à federação pela Constituição, nem proibidos pelos estados, estão reservados respectivamente aos estados ou ao povo". Ashcroft falou como um "velho patriota". Estava particularmente orgulhoso de sua oposição a um sistema federal de testes do ensino: "para mim, educação é coisa importante demais para ceder a burocratas longínquos. (...) Ser contra o intermédio federal na educação é provavelmente uma das coisas mais importantes que você pode fazer em favor da realização de um estudante".

Os senadores democratas que se opuseram a Ashcroft não fizeram seu dever de casa. Eles deveriam ter *lido*, não apenas citado, a entrevista no *Southern Partisan*. Quanto mais eles criticavam Ashcroft na questão do embaixador Hormel, na questão dos direitos reprodutivos das mulheres, no problema do juiz Ronnie White, na discussão das armas e numa multidão de causas liberais que definam de todo sua incompatibilidade, melhor ele parecia aos principais partidários de Bush. Eles deveriam, ao invés, ter perguntado a ele como se sentia em relação à décima emenda e o papel federal no exame da Educação. Pensando bem, esta é uma pergunta que George W. Bush deveria ter feito a Ashcroft já que, junto aos serviços à comunidade "orientados pela fé" pagos com o dinheiro dos impostos, a federalização de testes para a Educação é exatamente o que George W. quer fazer agora. Como disse um assessor democrata citado pelo *New York Times*, ao escolher Ashcroft, Bush "cutucou um vespeiro com vara curta".

5 de fevereiro de 2001.
Tradução de Leonardo Pimentel e Pedro Dória.

12

Jorge Arbusto & Señorita Condoleezza Arroz

No México, houve um tempo em que um homem fazia a diferença, pelo menos durante os seis anos em que ele fosse o presidente da República. Isso mudou decisivamente em julho de 2001, quando Vicente Fox, candidato do Partido da Ação Nacional (PAN), derrotou o candidato do Partido Revolucionário Institucional (PRI), encerrando pacificamente mais de setenta anos de domínio de um único partido. O sistema político do México tem sido de todas as maneiras a "ditadura perfeita", como descreveu o escritor peruano Mario Vargas Llosa. Mas desde a revolução eleitoral do ano passado, a política mexicana se tornou infinitamente mais complicada e imprevisível, e a democratização do México tem implicações profundas na América do Norte. Os contornos dessas mudanças ainda estão por se definir, mas é certo que se tornarão uma das marcas de transformação do século XXI, inclusive para a política interna dos Estados Unidos.

Durante a segunda metade do século XX, o México foi para os EUA o perfeito vizinho latino. Diferentemente de Fidel Castro — o incômodo, incorrigível e aparentemente eterno cacique revolucionário daquela ilha grande ao sul da Flórida —, o México era retoricamente hostil aos Estados Unidos, mas discretamente contemporizador; ardente pela revolução na teoria, mas na prática extremamente cauteloso e não-intervencionista em assuntos internacionais; esquerdista e moralista na receita, mas na verdade um estado capitalista e amplamente corrupto.

Apesar de suas cruzadas por democracia, direitos humanos, eleições livres e transparências em outras partes do Hemisfério Ocidental, os EUA gostavam que fosse assim no México. Washington achou conveniente calar seus clamores wilsonianos quando se referia aos latino-americanos do outro lado de sua fronteira do sul. E há bons motivos para essa precaução: o próprio Woodrow Wilson nunca foi muito bem-sucedido em suas tentativas de impor a democracia ao México pela força das armas em meio à Revolução Mexicana. Jorge Castañeda, hoje ministro de Relações Exteriores do México mas há alguns anos um aspirante a acadêmico, concluiu uma vez, num seminário que organizei em Nova York, que para os EUA o México era "importante demais para ser democrático". Ele estava certo, ainda que naquele momento ninguém devesse dizê-lo oficialmente.

A democracia não foi tão problemática na fronteira norte. A democracia canadense é, de qualquer forma, conscientemente "não-americana"; baseada no modelo parlamentarista de Westminster e no modelo monárquico. Desde o fim da Guerra dos Sete Anos, em 1763, quando grande parte do domínio francês na América do Norte foi suplantado pelo britânico, o dilema canadense tem sido conciliar a minoria separatista de Quebec. Londres e depois Ottawa sempre buscaram mecanismos para dissuadir os canadenses francófonos de em algum momento proclamar um estado independente, ou, como disse o General De Gaulle de forma nada diplomática, estabelecer um *"Québec libre"*.

Durante o século XIX, o Canadá viu na permanência no Império Britânico uma eficiente proteção contra o expansionismo americano para o norte. Mas o México foi canibalizado, uma vez que vastos territórios na costa do Pacífico e no Oeste foram sitiados ou usurpados pelos EUA. Ao contrário do Canadá, o México não podia esperar a ajuda de um protetor europeu. Em vez disso, no cruel mundo da *realpolitik* do século XIX, o México encontrou apenas predadores europeus, entre os quais, é claro, os franceses. Entretanto, as preocupações do Canadá em relação aos EUA não são muito diferentes das dos tradicionalmente suspeitosos mexicanos. Não chega a surpreender, uma vez que ambas as nações tenham que dividir seu leito norte-americano com um imenso elefante, e tanto mexicanos quanto canadenses esperam que o elefante não os esmague ao se mexer repentinamente. Um diplomata brasileiro que serviu em Ottawa disse-me uma vez que a psicose dos canadenses anglófonos era que eles pareciam "viver perpetuamente com medo de serem anexados pela Dakota do Norte".

De qualquer forma, o Canadá se considera "Atlanticista", pelo menos até recentemente, quando em 1990 tornou-se tardiamente membro da Organização dos Estados Americanos (OEA). O Departamento de Estado americano refletia essa autopercepção canadense ao ligar o setor de Assuntos Canadenses ao Birô Europeu. O Canadá é membro fundador da Organização do Tratado do Atlântico Norte (Otan) e contribuiu com tropas na Europa na Primeira Guerra Mundial e na Ásia e na Europa na Segunda, muito antes dos EUA entrarem nos dois conflitos.

As realidades econômicas, os imperativos estratégicos e agora as mudanças demográficas, entretanto, contam uma história diferente. O Canadá e os EUA têm sido há muito tempo o principal parceiro comercial um do outro — após o Nafta, o México ultrapassou o Japão como segundo parceiro comercial dos EUA. Entre si, os parceiros norte-americanos compreendem um mercado de mais de quatrocentos milhões de pessoas, com PIB (poder de compra paritário) combinado de quase 11 trilhões de dólares. O comércio EUA–Canadá no ano 2000 chegou a cerca de 408 bilhões de dólares, enquanto o comércio EUA–México foi de quase 250 bilhões de dólares.[1]

Os processos que estão aprofundando a integração regional na América do Norte também atraem para sua órbita a América Central e o Caribe, duas áreas já fortemente ligadas à América do Norte, especialmente aos EUA, por conta de imigração, pagamentos da previdência social para aposentados, envio de dinheiro de trabalhadores para suas famílias e mercados. A co-

---

1. http://www.ita.doc.gov.

munidade caribenha consegue 8,6 bilhões de dólares no comércio inter-regional com o Nafta; a América Central movimenta 15,6 bilhões de dólares. O México está se movimentando para solidificar seu papel nessa nova constelação. O primeiro ato de Vicente Fox como presidente foi viajar até a fronteira com os EUA para dar boas-vindas aos mexicanos que voltavam dos feriados do Natal e, mais recentemente em meados de junho, enquanto o presidente George W. Bush fazia sua primeira investida como presidente na Europa, Fox viajava pela América Central promovendo uma integração da região "do Panamá a Puebla". Silenciosamente, o presidente Fox se aproxima também do terceiro parceiro do Nafta, o Canadá, com sua tradição histórica similar de preocupação com a soberania sobre recursos naturais e a experiência com setor de energia estatal, à procura de investimento e especialização para reformar o vital e ferozmente nacionalista setor energético mexicano.

Essas ligações comerciais dentro da América do Norte são fortificadas por conta de uma florescente integração "de baixo para cima", à medida que a imigração e as mudanças demográficas transformam a composição populacional dos EUA. Os resultados do novo censo americano mostram quão rápidas e notáveis essas mudanças têm acontecido ao longo da última década. O componente hispânico na população americana cresceu para 13%, ultrapassando a minoria afro-americana. A transformação é visível não só em áreas tradicionais da imigração hispânica, como o Texas e a Califórnia, onde vive a metade da população hispânica dos EUA, mas também no Sul da Flórida e em Nova York, onde, conforme percebeu e disse em editorial o *New York Times*, nem todos os latinos são portorriquenhos. De fato, na área metropolitana de Nova York há hoje mais de dois milhões de "latinos" documentados, representando todas as regiões do Hemisfério Ocidental e, sem dúvida, centenas e mais centenas (inclusive de brasileiros) "não-documentados". No ano 2000, em quatro condados — Condado de Los Angeles, Califórnia; Condado de Miami-Dade, Flórida; Condado Harris, Texas; e Condado Cook, Illinois — os latinos somaram 22% da população hispânica total. Foi verificado um crescimento de 53% no número de pessoas de origem mexicana nos EUA entre 1990 e 2000, compreendendo 13 milhões de pessoas. Os mexicanos hoje constituem 53% dos 35,5 milhões de latinos nos Estados Unidos (para detalhes, consulte o relatório "A população hispânica" na página do CENSO norte-americano).[2] A crescente atenção dedicada pelos políticos ao voto "hispânico" ou "latino" reflete as implicações políticas dessas mudanças.

George W. Bush, a despeito de uma sintaxe singularmente defeituosa, está mais consciente dessas importantes mudanças de longo prazo que muitos dos veteranos da Guerra Fria que nomeou para as áreas de política externa e segurança nacional. George P. Bush, seu bem-apessoado sobrinho meio-mexicano, filho do governador da Flórida Jeb Bush, tornou-se seu enviado especial junto à comunidade latina durante a eleição presidencial. Bush fez da "vizinhança" — como a assessora de Segurança Nacional Condoleezza Rice gosta de chamar o Hemisfério Ocidental — um item fundamental de sua agenda internacional. Isso deixou os "europeus" — como Washington gosta de agrupar os povos na península Eurasiana ao sul da fronteira russa e a oeste do Bósforo — nervosos. Como deveria mesmo. Bush não foi visitar o primeiro ministro britânico, Tony Blair, o presidente francês, Jacques Chirac, ou o chanceler alemão, Gerhard Schroeder, após tomar posse. Ele foi se encontrar com o novo presidente mexicano em seu torrão natal: o rancho de Vicente Fox no estado mexicano de Guanajuato.

Assim, a previsível choradeira européia que recepciona qualquer novo presidente americano que encontra seus principais "aliados" europeus — na "neutra" Suécia, um Estado com segurida social que é tão distante filosoficamente quanto é possível imaginar de Crawford, Texas (ou de Guanajuato) — foi logo substituída pela preocupação de que esse afável porém distante novo presidente americano seja realmente de uma outra natureza. E para agregar insulto à injúria, os manifestantes da "antiglobalização" parecem ter concluído que os EUA estão mesmo

---

2. http://www.census.gov.

MAIS MALANDROS: ENSAIOS TROPICAIS E OUTROS

saindo do bloco, e transferiram toda sua fúria para os malfadados líderes da União Européia reunidos em Gotemburgo. Àquela altura, o presidente americano já havia viajado para a Polônia, um país amigável que não esqueceu a habilidade com que George Bush pai os retirou pacificamente da Cortina de Ferro, e cujos imigrantes e seus descendentes nos EUA formam um poderoso bloco de eleitores conservadores que mudaram de lado em diversos e importantes campos de batalha política nos estados do Meio-Oeste americano.

Ronald Reagan fez dos poloneses-americanos um componente fundamental da coalizão que o elegeu e o manteve no poder por oito anos, em dois mandatos. Democrata por tradição, mas católico e conservador por suas características, esse bloco foi suscetível às mensagens culturais de presidentes republicanos amigos da Polônia. Estrategistas do Partido Republicano esperam que Bush possa fazer uma manobra semelhante e cooptar o socialmente conservador e amplamente católico voto latino emergente. Assim, a viagem de George W. à Europa foi concebida tendo em mente tanto a agenda doméstica quanto a internacional. Na Espanha, onde o avião presidencial *Air Force One* pousou primeiro, Bush pôde mostrar seu "espanglês" ao primeiro-ministro "Anzar" (na verdade, "Aznar"); na Polônia, pôde reafirmar o legado Bush; e, já que estava no caminho, na Suécia, onde os líderes da União Européia estavam reunidos, pôde mostrar-lhes de maneira afável quão diferente e apegado à sua agenda este presidente americano é.

Como o presidente Bush dissera antes, ao apresentar sua assessora de Segurança Nacional no Dia da Independência de Cuba: "outra integrante de minha equipe que está aqui e nos ajuda a ter uma política externa forte e correta é a Señorita Condoleezza *Arroz* (tradução de Rice)". E como disse o jornal *El Tiempo* de Bogotá, Colômbia, sobre o presidente George W. Bush, "quando está diante do público latino, ele mesmo diz se chamar o presidente *Jorge Arbusto*" (tradução de Bush). O grande problema com tendências de longo prazo e as estratégias baseadas nelas é que às vezes elas tropeçam em políticas de curto prazo. Com a divisão 50-50 no Senado americano, resultado das últimas eleições, a decisão do senador James M. Jeffords de Vermont, moderado senador de mente independente da Nova Inglaterra, de abandonar o Partido Republicano e votar com os democratas, mudou o balanço de poder no Senado americano, contra o partido do presidente Bush.[3]

Houve o tempo no México, não em Washington, em que um só homem fazia a diferença. Não é mais o caso. "Somos desta essência da qual sonhos são feitos", escreveu William Shakespeare em *A tempestade*. É também "desta essência", como Shakespeare poderia ter dito, de que são feitas as ironias da história.

29 de junho de 2001.
Tradução de Leonardo Pimentel.

---

3. http://www.senate.gov/~jeffords.

13

O caso C. R. Boxer: heróis, traidores e o *Manchester Guardian*

Heróis surgem de graça hoje em dia. A palavra é usada de maneira tão promíscua para bem pagos astros do esporte e celebridades de vida curta, que quando um herói de verdade aparece ele ou ela deixa as pessoas desconfortáveis. A recente eleição presidencial mostrou um herói de verdade entrando na disputa — o senador John McCain —, uma figura que não é muito popular entre seus colegas senadores, mas um homem verdadeiramente excepcional que sobreviveu a longos anos em confinamento solitário e tortura como um prisioneiro de guerra no Vietnã para emergir como o principal defensor da reconciliação com seus antigos torturadores. Charles R. Boxer era um homem assim, ao mesmo tempo vítima e admirador dos japoneses, e que, como o senador McCain, deixa alguns de seus antigos colegas ressentidos com sua magnanimidade. É aí que está o problema do atual *affaire* C. R. Boxer, uma mistura de velhos ressentimentos, fofocas e ciúmes de um mundo colonial perdido funcionando agora para violar a reputação de um indivíduo verdadeiramente complexo e notável.

"Charles Boxer foi um bom soldado e um historiador brilhante. Mas... teria ele sido também um traidor cujas informações prolongaram a Segunda Guerra Mundial?" Assim começa a manchete de um artigo no jornal inglês *The Guardian*, escrito por

Hywel Williams e publicado em 24 de fevereiro de 2001. Em seu artigo, Williams assegura que Boxer "pode" ter sido um "traidor" que entregou" seus colegas oficiais num campo de prisioneiros comandado por japoneses em Hong Kong de uma maneira que solapou todo o sistema de inteligência britânico no sudeste asiático". Boxer, prossegue Williams, era "um intelectual globalista à frente de seu tempo" cujo trabalho "forjou as pressuposições das elites pós-coloniais e antiocidentais no Brasil, na África Ocidental e no Japão, onde é lido, traduzido e celebrado".

Williams afirma que Boxer caiu "sob o encanto do estilo cultural japonês, sua combinação de refinamento estético-intelectual e políticas de força". Era como, ele continua, "a geração de Philby-Burgess-Maclean-Blunt, intelectuais ingleses (que) abraçaram o comunismo marxista no modelo soviético". Boxer, diz ele, como "outros membros de sua classe (social), encontrou um outro país e uma outra causa no Leste". Após a guerra "colaboradores saíram de cena discretamente sem grandes penas". O caso de Boxer, escreve Williams, poderia ser "um exemplo espetacular de tentação dos tempos de guerra".

Essas são acusações pesadas contra um dos maiores historiadores do século XX, vindas de um dos mais respeitados jornais britânicos. Conhecido antigamente como *Manchester Guardian*, esse jornal foi, desde sua fundação em 1821, a mais forte voz liberal na Grã-Bretanha, independente, inconformista, um intransigente defensor das causas impopulares. É o jornal britânico que tenho lido diligentemente ao longo dos anos, e tenho há muito admirado seus textos e reportagens. Seu pioneiro *Guardian Weekly* incorpora seleções do *Le Monde* e do *Washington Post*.

Charles R. Boxer morreu no ano passado aos 96 anos. Isso protege o jornal do risco de uma acusação de calúnia. Em sua edição de 10 de março, o *Guardian* publicou uma detalhada refutação das acusações de Williams contra Boxer escrita pelo historiador americano Dauril Alden. Coincidentemente, Alden acaba de concluir uma biografia de Boxer que será publicada brevemente em Lisboa pela Fundação Oriente. O professor Alden é um meticuloso erudito da velha escola para quem a documentação sólida é o núcleo da erudição histórica. Sua detalhada refu-

O CASO C. R. BOXER: HERÓIS, TRAIDORES E O MANCHESTER GUARDIAN

tação das acusações de Williams contra Boxer pode ser lida no site do *Guardian* (http://www.guardian.co.uk), o qual o jornal publicou originalmente e ainda mantém uma referência ao ataque de Williams, ainda que agora sob uma manchete modificada e menos insidiosa.

Curiosamente, entretanto, o artigo de Williams propriamente dito foi removido dos arquivos do site, tornando-o assim inacessível. Tal camuflagem no ciberespaço é desprezível — se o *Guardian* está envergonhado do que publicou, deveria dizê-lo. É difícil entender o lapso de julgamento editorial que levou o *Guardian* a emprestar suas páginas para tão obsceno ataque, cheio de insinuações, imprecisões e difamações não documentadas à honra do mais honrado dos homens. E isso de forma alguma isenta o *Guardian* da obrigação moral de pedir desculpas à família de Boxer e a seus próprios leitores por essa grotesca transgressão em seus altos padrões jornalísticos. Devemos presumir que, sob a legislação inglesa para casos de calúnia, se qualquer um dos indivíduos atacados no artigo de Hywel Williams ainda estivesse vivo, o *Guardian* estaria encarando a probabilidade de fundar diversas cadeiras acadêmicas sobre história imperial portuguesa em homenagem à memória de Boxer.

Para gerações de historiadores dos países de língua portuguesa, C. R. Boxer foi um verdadeiro colosso. Desbravadores, substanciais e altamente originais, seus livros, monografias e artigos fluem sem esforço. Os trabalhos de Boxer cobrem a história das mais antigas incursões européias no Japão e na China, durante o século XV, e narram esplendidamente a opulência e o declínio de Goa, sede do império de Portugal na Ásia. Em mais de 350 publicações, todas da mais alta erudição, Boxer escreveu sobre as guerras navais no Golfo Pérsico no século XVI, as tribulações das rotas comerciais marítimas entre a Europa e a Ásia, o reluzente panorama do Brasil do período das descobertas de ouro e das expansões das fronteiras no século XVIII, magníficas sínteses da história colonial de Portugal e Holanda, assim como muitos estudos comparativos pioneiros de instituições municipais na Ásia, na África e na América do Sul, relações raciais e sociais. Notadamente nos anos 60, no auge das guerras coloniais portuguesas na África, ele desafiou a propaganda "luso-tropicalista" da ditadura de Salazar ao revolver suas raízes na afirmação de Gilberto Freyre de que os portugueses coloniais não mantinham preconceitos raciais, sendo sistematicamente difamado pelo regime e por seus defensores.

A meu ver, a magnífica descrição de Boxer da carreira de Salvador Correia de Sá Benevides (1602-1686) é um de seus melhores livros. Esse "notável velho porfiador", como Sir Robert Southwell chamou Salvador de Sá numa carta a Lord Arlington em 1667, desempenhou um papel decisivo na luta titânica do século XVII entre as potências ibéricas e a Holanda pela hegemonia no Atlântico Sul. A inscrição em sua hoje perdida tumba no convento das Carmelitas Descalças em Lisboa louva Salvador de Sá como "Restaurador da Fé de CRISTO no Reino de Angola, Congo, Benguela, São Tomé e conquistador dos holandeses". Como Boxer demonstrou, a esse louvor, deveria ser acrescentado salvador do Brasil português.

Notavelmente, Boxer só entrou na vida acadêmica de maneira formal na meia-idade. Sem um diploma universitário, mas com a força de sua notável erudição, ele foi indicado em 1947 para a prestigiosa cadeira na King's College, em Londres, batizada em honra ao grande poeta português Luís de Camões, autor de *Os lusíadas*. Ele aceitou o trabalho na King's College, disse, porque não houve uma verdadeira competição: "é como o ornitorrinco. Sou o único da espécie".

Os dotes de Boxer eram tão intimidantes que, quando escrevi-lhe uma carta de Lisboa em 1963 para perguntar como alguém deveria se preparar para o campo em que eu pretendia entrar, ele quase me fez desistir. As qualificações básicas, ele disse, para qualquer um estudar o império português eram uma combinação de idiomas que compreendiam holandês, francês e italiano, pelo lado europeu, somado ao português e ao espanhol, assim como, ao estudar a Ásia, um mínimo de japonês e chinês e a habilidade paleográfica para ser capaz de compreender documentos de arquivos no maior número possível desses idiomas a partir de 1500. Uma forte base nos clássicos também era recomendável, assim como um vasto conhecimento da literatura religiosa e das contro-

O CASO C. R. BOXER: HERÓIS, TRAIDORES E O MANCHESTER GUARDIAN

vérsias teológicas dentro da Igreja Católica e entre católicos e protestantes após a Restauração. Ele não disse isso para se gabar: não tolerava pretensão. Apenas recitou uma parte das habilidades que ele mesmo possuía e usava tão eficientemente em seu trabalho. A despeito de sua eminência, era extraordinariamente generoso com seu tempo e conselho para os menos dotados.

Ainda que fosse sabido Boxer ter sido um soldado até os quarenta, havia um outro Boxer a respeito do qual nós — ou ao menos eu — pouco sabíamos. Havia o Boxer espião e o Boxer amante. Monsenhor Manuel Teixeira, nonagenário padre português e principal historiador de Macau, uma vez perguntou a Boxer sobre a religião deste. Era sabido que, como prisioneiro de guerra dos japoneses por quase quatro anos em Hong Kong e mais tarde em Cantão (Guangzhou para os chineses), ele rejeitara a Bíblia em favor das obras completas de Shakespeare, uma decisão que incomodava o temível velho padre, com o qual Boxer teve uma longa e amigável rivalidade. Boxer, cujo gosto por piadas desbocadas e conversa de acampamento era notório, respondeu: sou episcopal da cintura para cima e mórmon da cintura para baixo. No caso dos mórmons, ele estava pensando evidentemente na poligamia, não no Coral do Tabernáculo de Salt Lake City. O caso de Boxer em Hong Kong com a jornalista americana Emily Hahn foi um dos romances mais públicos do século xx. Por setenta anos, Hahn, conhecida por amigos e parentes como "Mickey", foi uma das mais prolíficas colaboradoras da revista *New Yorker*. Como Boxer, sua produção literária era impressionante — 52 livros e centenas de artigos, contos e poemas. Seu caso em tempo de guerra de Hong Kong foi completamente revelado no próprio best-seller de Hahn, intitulado *China to Me: A Partial Autobiography*. Ela morreu antes de Charles Boxer, em 1997, aos 92 anos.

Para muitos que acompanharam as aventuras dela ao longo dos anos, Emily Hahn era a estrela e Charles Boxer o belo militar. Os obituários dela nos Estados Unidos mal o mencionaram ou a suas conquistas como erudito. Para o público de Emily Hahn, Charles Boxer era para sempre o major britânico de Hong Kong que se tornou seu amante, pai de duas filhas e seu marido por mais de cinqüenta anos. Boxer e Hahn estabeleceram-se na casa de campo dele em Dorset no fim dos anos 40, mas Hahn não se encaixava no papel de castelã de uma fria mansão inglesa nas incômodas condições do campo britânico no pós-guerra. Seus comentários demasiado acurados sobre as maneiras e fraquezas britânicas, publicados em *England to me* em 1949, não eram muito apreciados por seus compatriotas adotivos. Após 1950, seu casamento com Boxer tornou-se uma permuta transatlântica. Hahn evitava os impostos da Grã-Bretanha com rápidas estadias, enquanto Boxer, quando estava nos EUA, após um cargo na Universidade de Yale, ficava no Clube Yale, na Avenida Vanderbilt, atrás da Grand Central Station, em Nova York.

Emily Hahn nasceu numa família de judeus alemães em Saint Louis, Missouri, em 1905. Em 1926, recebeu o primeiro diploma de engenharia de mineração dado a uma mulher pela Universidade de Wisconsin. No início dos anos 20, ela dirigiu por toda a América num Ford modelo T vestida como um menino e se estabeleceu temporariamente em Santa Fé, Novo México. Suas cartas para amigos em Chicago, para onde sua família se mudara, forneceu o material enviado mas inicialmente rejeitado pela *New Yorker*. Ela trabalhou como roteirista nos primeiros tempos de Hollywood, estudou geologia na Universidade de Columbia, em Nova York, e teve seu primeiro texto publicado pela *New Yorker* em 1929. Quando um romance na Califórnia acabou mal, em 1930, ela foi para a África, estabelecendo-se entre os pigmeus no Congo Belga e tornando-se afeiçoada aos gibões. Pelo menos um desses macacos arbóreos de corpo esguio e braços longos a acompanhava desde então a todos os lugares empoleirado em seu ombro.

Em 1935 ela fez uma parada por alguns dias em Xangai. "Ficou claro para mim no primeiro dia na China que eu ia ficar lá para sempre", escreveu depois. Na China, ela conheceu as irmãs Soong. A mais velha era casada com o doutor W. H. Kung, um rico banqueiro de Xangai e primeiro-ministro da China no fim dos anos 30. Outra irmã Soong era casada com Sun Yat-Sen, fundador da República chinesa, ainda reverenciado tanto pelos nacionalistas quanto pelos comunistas. A terceira irmã casou-se com Chaing Kai Shek, o líder nacionalista.

Hahn escreveu a história dessas mulheres notáveis em seu livro *As irmãs Soong*, publicado em 1941. Em Xangai, teve um longo romance com um dos principais poetas e intelectuais chineses, Zau Sinmay, e tornou-se viciada em ópio. Ela era amiga de luminares da cena local, como Sir Victor Sassoon e C. V. Starr, editor do *American Shanghai Evening Post and Mercury* e patrocinador da fracassada tentativa de Sinmay de criar um jornal literário bilíngüe. Ela conheceu os jovens líderes rebeldes comunistas Mao Zedong e Zhou Enlai. O tempo todo ela escreveu reportagens como correspondente da *New Yorker* na China, registrando em detalhes vividamente autobiográficos a vida na China num cenário de guerra civil, revolução e invasão japonesa.

Quando Emily Hahn tornou-se amante de Charles Boxer, em 1940, ele já era "uma velha mão asiática", como se dizia nos círculos coloniais britânicos. Boxer, que trabalhava com a inteligência militar britânica, casara-se em 1939 com Ursula Tulloch. Hywel Williams, em seu artigo no *Guardian*, afirma que Tulloch, conhecida como a "mais bela mulher" em Hong Kong, era também uma das mais promíscuas. Seu objetivo, afirma Williams, "era dormir com toda a comunidade de informação do Extremo Oriente". Um maravilhoso eufemismo inglês para a palavra "dormir" neste contexto. Dormir era presumivelmente a última coisa, sugere Williams, em que Ursula Tulloch, Boxer ou qualquer outro pensava ao ir para cama em Hong Kong. Boxer e Ursula Tulloch eram os principais *swingers* da colônia, afirma Williams.

Alf Bennett, um dos mais antigos amigos de Boxer, que chegou a Hong Kong em 1939 para se juntar ao Gabinete de Inteligência do Extremo Oriente e, após o quartel-general ter se mudado para Cingapura mais tarde no mesmo ano, permaneceu em Hong Kong e trabalhava num escritório ao lado do de Boxer, vendo-o todos os dias. Alf Bennett foi gentil o bastante para dividir comigo sua reação ao artigo no *Guardian*. Segundo ele, "o que quer que ele quis induzir com *swingers*, uma palavra que não existia naquela época, é um *nonsense* completo". Boxer era um beberrão e gostava de farrear mas, como diz Alf Bennett, "Charles voltava logo para seus livros para escrever um artigo erudito".

Ursula Tulloch também foi de Hong Kong para Cingapura. Presumia-se, erradamente como se viu, que Cingapura seria mais segura no caso de um ataque japonês e era, em todo caso, inexpugnável. No momento em que essa confiança se provou desastrosamente errada, Ursula conseguiu escapar quando Cingapura caiu diante dos japoneses, em 1942, chegando ao Ceilão (hoje Sri Lanka), onde decidiu permanecer trabalhando como criptógrafa. Em 1947, após divorciar-se de Boxer, casou-se com I. A. R. Peebles, jornalista do *Sunday Times* e conhecido esportista. Após a morte de Peebles ela se casou novamente. Ursula Tulloch, é claro, assim como Charles Boxer e Emily Hahn, não está mais por aqui para refutar as acusações de Williams. Ela morreu em 1996, aos 86 anos.

Boxer encontrou-se com Hahn primeiro em Xangai, assustando quando foi cumprimentado na redação da revista de Sinmay por "um enorme macaco (...) usando um chapéu vermelho". Este era o acompanhante de Emily Hahn, o gibão "Mr. Mills". Boxer disse a ela que também era escritor, "coisas sobre história, muito chato". Mas, como ele foi levado a entender, Emily e Sinmay "eram personagens de uma das grandes histórias de amor do mundo, então naturalmente não queria interromper". Hahn achou Boxer um "homem louco, divertido, brilhante, que insistia em conversar sobre a política de Chungking, sobre o que eu não sabia nada, enquanto duelava com a proximidade da dissolução do Império Britânico". Depois de Hahn tê-lo cumprimentado pelo casamento, ele disse "isso sempre acontece com quem mora em Hong Kong. Ou você vira um bêbado sem esperanças ou casa. Fiz ambos".

Quando Emily Hahn foi a Hong Kong com Sinmay, "o Major", como ela invariavelmente chamava Boxer, optou por uma abordagem direta. Num jantar ele entreouviu Hahn dizer que não poderia ter filhos. Bem, Boxer lhe disse: "eu não acredito nisso, vejamos, e a criança pode ser minha herdeira". O subseqüente nascimento de Carola, em novembro de 1941, aconteceu seis semanas antes do ataque surpresa dos japoneses a Pearl Harbor. O assalto japonês em Hong Kong veio logo após. Depois de terem se sustentado por 16 dias, os ingleses se renderam no

O CASO C. R. BOXER: HERÓIS, TRAIDORES E O MANCHESTER GUARDIAN

Natal daquele ano, centenário da anexação britânica de Hong Kong durante a guerra anglo-chinesa do ópio, que durou de 1839 a 1842. Boxer, que havia recusado duas demandas de rendição japonesas em nome do governador britânico, foi severamente ferido.

A missão de entregar a rendição formal de Hong Kong aos japoneses então ficou com seu amigo Alf Bennett, que falava japonês e que havia servido no Japão. Ele estava muito triste por ter recebido esta responsabilidade. Emily Hahn fez uma notável descrição de Alf Bennett em 1940:

> Alf era um oficial da Força Aérea de Sua Majestade, sempre deliberadamente engraçado e cheio de *glamour*. Tinha um bigode incrível, virado nas pontas como o personagem do pai na peça de Clarence Day. Sofria de pressão alta e sua voz era rascante; ele rugia e bebia, conhecia boa poesia, e gostava de se apresentar como uma figura pitoresca, o que de fato era. Pitoresco e privilegiado. Todos conheciam Alf, e as mulheres sonhavam com ele, apesar de sempre um tanto receosas.

Boxer não tinha dúvidas quanto ao resultado da guerra, mesmo quando gravemente enfermo no hospital conforme Hong Kong caía. "Ao fim, não podem vencer. Não vejo como podem, você vê? Contra a América, a Inglaterra, a Holanda e a China? Nós precisamos apenas sobreviver, só isso."

Boxer vinha de uma família com longa tradição militar, nascido em 1904 na Ilha de Wight. Educou-se no Wellington College, que levava o nome do Duque de Wellington, que venceu Napoleão em Waterloo. Mais tarde, estudou na Academia Real Militar de Sandhusrt, para ser comissionado então no Regimento de Lincornshire como tenente em 1923. Seu pai, que serviu no mesmo regimento, morreu na Batalha de Ypres em 1915. Foi uma morte tipicamente heróica e desnecessária, como o foram tantas outras nos campos assassinos da frente ocidental da Primeira Grande Guerra. Ele já tinha sido ferido severamente enquanto servia ao general Kitchener no Egito mas, quando veio a guerra mundial, insistiu em retornar à ativa. Em Ypres, liderou seus homens para fora das trincheiras conforme amainava o fogo cerrado das metralhadoras. Ele estava apoiado numa bengala enquanto apoiava-se no ombro de seu ajudante de ordens.

Na seqüência de seu treinamento em línguas e inteligência, Charles Boxer foi cedido ao exército japonês em 1930 por três anos como parte de um acordo de troca de oficiais japoneses e ingleses. Ele foi encaminhado à 38º Infantaria de Nara. "Nos exércitos, normalmente o pessoal inteligente vai para a cavalaria, mas no Japão ela é considerada como muito mais estúpida e aristocrática e nem um pouco próxima da infantaria", disse em 1989 numa entrevista que gravamos no Centro Camões da Universidade de Columbia. Boxer gostava do Japão: "quando se é jovem, tem dinheiro e procura a luxúria como águia, sempre gosta". Lá aprendeu a esgrima japonesa do *kendo* — "hoje todos lutam, mas em 1930 os estrangeiros aprendiam *jiujitsu*. Fui o primeiro a aprender *kendo*". Conforme explicava, "eu era bastante pró-japonês de qualquer jeito e a geração mais velha era um bocado pró-britânica (...) aquele era um país para homens e se você sabia japonês, e eu sabia, você estava bem". Não que as mulheres estivessem ausentes da vida de Boxer no Japão. Sua governanta-concubina era do norte, de Kakoadati na Ilha de Kakkaido. "Não havia segredo sobre isso. Ela havia sido concubina de outro antes e era muito confiável".

Foi no Japão que expandiu seu interesse pela história imperial portuguesa, concentrando sua atenção no primeiro experimento desastroso de incursão européia no país e seu fim catastrófico quando Tokugawa fechou o Japão à influência exterior na década de 1640. Os japoneses literalmente crucificaram centenas de missionários e cristãos convertidos e por segurança executaram a delegação de enviados portugueses ansiosos expulsos do enclave português na China, Macau. Queriam deixar claro a todos os europeus o que queriam dizer. Este foi o assunto de seu livro *The Christian century of Japan* (*O século cristão japonês*).

Boxer voltou ao Japão por dois anos para um posto na seção de inteligência militar do Gabinete de Guerra entre 1935 e 1936. Lá, disse-nos em 1989, "eu tinha algo a ver com Anthony Blunt ou Anthony Burgess — um daqueles traidores que estavam no

Gabinete de Relações Exteriores, pois tínhamos que combinar coisas pelo telefone". Fico feliz que Hywel Williams não tenha encontrado esta referência sobre os notórios agentes duplos soviéticos no governo inglês — sem dúvida teria provido mais fermento à corrente conspiratória. Em meados do inverno de 1937, Boxer foi enviado a Hong Kong, viajando pela estrada de ferro Transiberiana, Manchúria, Coréia, Japão e Xangai. Em Hong Kong, trabalhou com o Escritório Combinado do Extremo Oriente, uma unidade de inteligência militar que viajava por toda a China em missões de espionagem assim como retornava diversas vezes ao Japão.

No centro das acusações de colaboração feitas por Hywel Williams contra Boxer está o período da ocupação japonesa em Hong Kong. Ele envolve transmissões secretas dos prisioneiros de guerra que se deram no campo da rua Argyle em Kowloon entre oficiais britânicos e o grupo de ajuda ao exército (British Army Aid, BAAG), que operava em Chongqing, outrora capital da província de Sichuan e a base do exército nacionalista de Chiang Kaishek. A descoberta deste "transmissor" pelos japoneses em julho de 1943, Hywel Williams indica, foi resultado da traição de Boxer. Apenas alguns poucos oficiais sabiam do transmissor naquele tempo, ele conta, e todos menos Boxer foram executados.

O professor Alden desmonta estas acusações sistematicamente em sua refutação de 10 de março do artigo de Hywel Williams. Como Alden prova, longe de ser responsável pelo "prolongamento" da Segunda Guerra, foi Boxer que disse que "não poderia haver erro maior que partir do princípio, conforme tanto se fez, que os militares japoneses estavam enfurnados demais na China para voltarem-se contra nós". Foi o Gabinete de Guerra Britânico e o Gabinete de Relações Exteriores que ignoraram e subavaliaram o risco. Como Alden também assinala, Boxer foi atingido nas costas por um atirador de elite tentando levantar tropas acéfalas contra a invasão. No campo da rua Argyle em Kowloon, o controle de informação foi fundamental para sustentar a moral até que a guerra se voltasse contra os japoneses. Por um tempo, estas notícias estavam disponíveis por um receptor de ondas-curtas secreto (não um transmissor). Depois que os japoneses o encontraram, Boxer e outros foram presos, interrogados e condenados a trabalhos forçados. Alden cita Ralph Goodwin, que escapou do campo e escreveu que os companheiros de Boxer na prisão "nunca deixavam de maravilhar-se com sua incrível força e calma de espírito".

Depois da guerra Boxer recusou uma condecoração do governo Britânico (um MBE, Membro do Império Britânico), já que ele "não havia feito nada para merecer tal honra". Mais tarde, em 1975, recusou uma honraria pela segunda vez, o título de Comandante do Império Britânico (CBE). Não havia, disse, nenhum império restante para ser comandante dele. Boxer raramente falava sobre o período da prisão — se é que tenha falado uma única vez. Também recusou-se a escrever uma autobiografia. Ter sido torturado, disse a um colega, era "dividir a experiência de muitos dos desesperados do passado". Colegas que foram procurar seus documentos pessoais encontraram as pastas vazias. "Sempre o oficial da inteligência" foi a reação por um bom tempo no King's College. Quando pressionado a falar sobre este período na entrevista do Centro Camões, em 1989, e perguntado se tinha ficado surpreso ou apreensivo quando Hong Kong caiu, disse:

> Não, eu sabia que os japoneses, como eu, viam claramente o que aconteceria conosco. Sabia muito bem que se eles tratavam mal os seus não havia motivo para nos tratar melhor. A disciplina do exército japonês era muito severa ao menor erro. Tínhamos visto tudo isso no Japão e não tinha ilusões.

Emily Hahn foi menos reticente a respeito dos eventos em Hong Kong durante a ocupação japonesa. Seus escritos volumosos e correspondência formavam uma narrativa rica e detalhada sobre estes anos. Seu livro, *China to me* (*China para mim*), publicado em 1944 enquanto Boxer ainda era prisioneiro de guerra em Hong Kong, lidava explicitamente com todos os personagens — japoneses, ingleses, chineses e americanos — com os quais ela havia convivido. Suas atividades e subterfúgios, negociações e dificuldades, e também seu relacionamento com Boxer foram

O CASO C. R. BCXER: HERÓIS, TRAIDORES E O MANCHESTER GUARDIAN

divididos com setecentos mil leitores que compraram o *best-seller*. A "colaboração" que Hywel Williams imputa a Boxer e Hahn não era mistério nenhum, e nem envolvia traição por qualquer margem. De fato, foram os documentos de Hahn, mostrando que tinha marido chinês, Sinmay, que a salvaram, com a conivência do cônsul japonês em Hong Kong, Shiroshici Kimura, que conhecia Boxer e Hahn desde antes da guerra. Hahn registrou isso em *China to me*:

> "Você sabe que sou americana. Todos sabem. Tenho um passaporte americano, você também sabe disso."
>
> "Sei."
>
> "De acordo com a legislação americana, este casamento chinês não faz de mim chinesa."
>
> "De acordo com a legislação japonesa", ele disse, "faz."
>
> "Você também sabe que a criança é de Boxer, não?"
>
> "Claro. Sua — hmm — vida particular não altera a lei. Você não será confinada, Senhora Hahn. Aliás, nem pode ser confinada. Estamos expulsando todos os chineses dos campos de concentração."

Uma das imprecisões mais bizarras de Williams em sua "acusação" é a de que Hahn era "feminista e simpatizante comunista", indubitavelmente com o objetivo de reforçar a idéia de que Boxer era como os agentes duplos soviéticos dentro do governo britânico, um homem com tendência à traição por conta de seu relacionamento com tal mulher. Ironicamente este libelo macartista, e logo no *Guardian*, tem paralelo com as suspeitas da inteligência militar americana quando Hahn eventualmente voltou para Nova York com Carola, em dezembro de 1943. Ela foi interrogada por oito painéis de oficiais da inteligência militar e pelo FBI. Por que não tinha sido confinada? Teria sido espiã japonesa? Por que confraternizava com oficiais japoneses de alta patente? Por que recebeu "favores" dos japoneses?

Hahn respondia apenas que, "comparando, a liberdade que tinha ganho de uma mentira foi importante. Não apenas porque a própria idéia de ser confinada atrás de arame farpado era revoltante. Fora, fui capaz de levar comida e remédios para o campo onde o pai de Carola estava encarcerado. Todas fazíamos isso, um bando de mulheres cujos maridos estavam presos. Chinesas, suíças, francesas, dinamarquesas, euroasiáticas, russas e eu".

Hahn era sem dúvida uma mulher à frente de seu tempo em muitas, muitas maneiras, mas fazia graça das feministas: "feministas pertencem a clubes. Elas recolhem dinheiro para causas. Desejo o melhor às feministas, mas nunca gostaria de ser uma". Ela era por demais individualista para tais causas coletivas e, como o falecido William Maxwell da *New Yorker* dizia, apesar disso dificilmente precisar de ênfase para qualquer um que tivesse lido o que ela escreveu durante os anos, ela gostava de homens. Também não era de esquerda, longe disso: durante a divisão cada vez mais amarga dos Estados Unidos a respeito da China ao longo dos últimos anos da década de 1940, ela falava em nome dos nacionalistas de Chiang Kaishek e criticava a propaganda comunista pela qual muitos americanos haviam, como dizia, "se apaixonado". Dispensava chamando de "especialistas que ficam em casa", aqueles americanos de esquerda e liberais que apoiavam os comunistas chineses. De fato, é precisamente porque ela não era nem feminista nem de esquerda à moda de Nova York que até hoje Emily Hahn não é reconhecida como a americana incrível e muito original que sem dúvida foi.

Boxer, é claro, ia além das ligações estreitas da etiqueta colonial britânica e do racismo enraizado. Como Hahn escreveu sobre Xangai,

> Os ingleses não viam os chineses como pessoas. Não quero dizer que eles não viam os chineses. Claro que viam. Falavam deles como camponeses, habitantes das vilas pitorescas pelas quais passávamos quando íamos passear de barco ou caçar. Falavam deles como empregados, dóceis, amáveis... A comunidade britânica, no entanto, reservava sua vida social para eles próprios e aqueles entre os grupos caucasianos que poderiam ser considerados aceitáveis às classes altas.

O CASO C. R. BOXER: HERÓIS, TRAIDORES E O MANCHESTER GUARDIAN

Boxer e Hahn eram, claro, justamente o oposto. Moviam-se por círculos multirraciais. Hahn tinha um amante chinês. E era americana. Todos estes elementos obcecavam, incomodavam e enojavam os britânicos em Hong Kong. E estes ressentimentos evidentemente não diminuíram ao longo dos anos. Sem dúvida é desta raiz envenenada que a fofoca nasceu para acabar chegando às páginas do *Guardian*. Como notava Hahn em trecho de *China in me*, "nenhum inglês pensava em convidar chineses para 'festas informais'". Boxer não tolerava racismo, português ou britânico. Um interrogador japonês durante a queda de Hong Kong lhe fez um tributo quando disse a Hahn: "Todos dizem britânicos maus; Boxer *ok*. Sem orgulho".

Perguntei a Boxer em 1989 sobre como o exército britânico reagia a seu interesse intelectual. "Desde que você caçasse e tivesse um cavalo e esse tipo de coisa você era visto como mais ou menos legal", respondeu. "Se você se interessasse por história isso não importava. Se se interessasse por portugueses ou holandeses, isso era visto como razoavelmente excêntrico, mas se você caçasse e tivesse um cavalo, essas eram as coisas mais importantes." Em Hong Kong, caçar não era o suficiente. Suas ligações japonesas também não eram mistério: era precisamente por essa razão que foi colocado num cargo de inteligência em Hong Kong desde o início. Seu regimento japonês tinha sido justamente um dos que conquistou Hong Kong dos ingleses em 1941. Os japoneses conheciam Boxer e ele os conhecia. E usou esta compreensão para ajudar seus companheiros de prisão a sobreviverem.

Diferente de Blunt, Burgess e os agentes duplos soviéticos, Boxer não era cínico. Seus amigos mais próximos o viam como um estóico. Em sua cópia pessoal das *Meditações* de Marco Aurélio, marcou a passagem sobre o que é morrer, como "ele pode compreender isso, não o contrário, ver como um trabalho da natureza, e aquele que teme o trabalho da natureza é uma criança". E este estoicismo o sustentou através de tudo o que passou naqueles mais de três anos de cativo, tortura e solidão. Será que tinha medo, perguntamos em 1989. "Não, não havia motivo para ter medo. Era parte da vida. Sinto pena de que muitos que morreram não puderam ver o fim da guerra. Meus amigos não viveram o bastante para ver isso, porque atiraram neles, porque os mataram. Fui um dos que teve sorte." Boxer não era nenhum traidor, nem em sua própria mente foi um herói. Ele foi, como seu amigo, o professor Peter Marshall do King's College chamou-o, uma pessoa com "integridade feita de granito". Quando lhe ofereceram condecorações, rejeitou-as. Mas um título que Boxer poderia ter aceito foi aquele que gostava de citar quando falando de Salvador Corrêa de Sá. Por tudo aquilo que Boxer pode ter ou não ter sido, era sem dúvida como seu herói luso-brasileiro do século XVII: "um velho porfiador". Porfiador é definido em meu dicionário como tenaz e persistente, alguém em busca da verdade. Isso é algo que, houve um tempo, também o *Manchester Guardian* fazia.

18 de março de 2001.
Tradução de no.com.br.

Charles Boxer no regimento Lincolnshire, c. 1923.

Emily Hahn em Hong Kong com gibão "Mr. Mills", c. 1935.

14

Yale nua: uma história de escravidão, sexo e avareza

A escolha do momento certo faz muita diferença no mundo da informação, e foi perfeito o senso de oportunidade de três alunos de pós-graduação da Universidade de Yale. 2001 é o ano em que Yale, a terceira universidade mais antiga dos Estados Unidos, está festejando o seu tricentenário. Em 21 de maio o atual ocupante da Casa Branca, George W. Bush, da turma de 1968 de Yale, foi convidado a voltar a New Haven no estado de Connecticut para a cerimônia de formatura, onde ele exaltou os méritos de alunos com notas baixas, semelhantes as que ele mesmo havia tido. E de 31 de agosto a 7 de setembro deste ano estará sendo realizada na África do Sul a previsivelmente controvertida Conferência Mundial das Nações Unidas contra Racismo, Discriminação Racial, Xenofobia e Intolerância Relacionada.

Neste cenário, em meados deste mês Anthony Dugdale, J. J. Fueser e José Celso de Castro Alves divulgaram trabalho extraordinariamente polêmico intitulado *Yale, escravidão e abolição*. Eles também lançaram um *site*.[1] Aqui seu trabalho se tornou acessível a público mais amplo. Com prosa convincente e sólida documentação, eles chamaram a atenção para fatos desa-

---

1. www.yaleslavery.org.

MAIS MALANDROS: ENSAIOS TROPICAIS E OUTROS

gradáveis a respeito da universidade: como podem os prédios das agremiações residencias de Yale, o centro da vida estudantil universitária norte-americana, ter os nomes de alunos que não apenas eram donos de escravos, mas também ardentes defensores da escravidão? E como Yale pode ter decidido homenageá-los não durante o período da escravidão mas na década de 1960, no auge da luta pelos direitos civis nos Estados Unidos? Poucos dias depois da divulgação do trabalho, Dugdale, Fueser e Castro Alves receberam um artigo, um editorial e uma coluna de opinião de aprovação no *New York Times*, extensas notas da *Associated Press* (AP) e da CNN, e um editorial repreensivo na seção "Review and Outlook" do *Wall Street Journal* do fim de semana lamentando que eles tivessem "apresentado Yale com algo que é mais parecido com uma causa jurídica que um inquérito acadêmico".

A brochura que Yale divulgou em seu terceiro centenário resumia a visão oficial da universidade sobre sua relação com a escravidão. Diplomados em Yale, diz o texto, "têm longa história de ativismo diante da escravidão e uma história moderna de erudição sobre o assunto. Hoje o Centro Gilder Lehrman para o Estudo da Escravidão, Resistência e Abolição, localizado em Yale, é o primeiro do gênero no mundo". Isso é verdade até certo ponto, mas, como indicam Dugdale, Fueser e Castro Alves, Yale também ajudou em 1831 a interromper o esforço para levar a educação superior a afro-americanos em New Haven, e no século XX decidiu dar à maioria de suas agremiações residencias nomes de donos de escravos e líderes escravagistas.

Os três autores são participantes ativos da GESO de Yale, a Organização de Diplomados Empregados e Alunos (Dugdale era o recente líder do grupo), filiada à federação do sindicato de empregados de hospital e da universidade (HERE local 34). O GESO esteve envolvido em áspera disputa com Yale sobre o reconhecimento do direito de sindicalização dos estudantes de pós-graduação que trabalham como instrutores. Seu trabalho foi publicado com patrocínio do Comitê Amistad de New Haven, sucessor do original Comitê Amistad sediado em New Haven. Em fevereiro de 1839, negreiros portugueses levaram para Havana

YALE NUA: UMA HISTÓRIA DE ESCRAVIDÃO, SEXO E AVAREZA

grande grupo de africanos de Serra Leoa, violando os tratados em vigor contra o tráfico negreiro. Cinqüenta e três africanos foram comprados e embarcados na escuna cubana *Amistad*. Em 1º de julho de 1839 eles tomaram posse do comando do navio, mataram o capitão e tentaram velejar de volta à África, chegando em vez disso às costas de Long Island, onde a escuna foi capturada por navio de guerra dos Estados Unidos. Os africanos foram aprisionados em New Haven e acusados de assassinato. A causa foi assumida por abolicionistas e a ação chegou à Suprema Corte dos Estados Unidos. Em 1841 o ex-presidente John Quincy Adams sustentou os argumentos da defesa e a decisão foi a favor dos africanos. Trinta e cinco eventualmente voltaram à África. O Comitê Amistad, criado em 1839 e apoiado por alunos e professores de Yale, liderou a campanha para soltar os presos do Amistad. A história foi tema de recente filme de Steven Spielberg.

O desafio proposto a Yale não é apenas de memória histórica. Os autores de *Yale, escravidão e abolição*, além de escolher cuidadosamente o momento de divulgação, foram igualmente seletivos em relação às instituições com que desejam associar suas descobertas. No processo eles reabriram feridas em algumas das mais sensíveis evasões que repousam no seio da visão complacente que a América — não apenas a Universidade de Yale — tem de sua história.

Também há alguma coisa heróica no que estes três alunos de pós-graduação fizeram em momento tão decisivo de suas carreiras. Por causa da estrutura incestuosa do sistema de educação universitária superior nos Estados Unidos, eles dependem, agora mais do que em qualquer época, da boa ou má vontade de seus principais orientadores acadêmicos. Por isso, são vulneráveis às múltiplas e sutis retribuições que podem ser exigidas no futuro pelos muito paparicados professores cuja hipocrisia eles expuseram em sua pesquisa e cujos confortáveis privilégios seu sindicato contesta. Como todos os bons peritos, eles foram bem-sucedidos em virar uma pedra enterrada há tempos; e até mesmo eles próprios subestimam todas as pegajosas criaturas que podem surgir de lugares obscuros quando expostas à luz.

O que exatamente Dugdale, Fueser e Castro Alves desvendaram? Primeiro, eles acabaram com o conceito estabelecido de que a escravidão americana era fenômeno unicamente sulista. Na realidade, a escravidão sustentava muitas facetas da economia no Norte e na Nova Inglaterra colonial, "da família ao campo, do sistema legal à educação religiosa". Pessoas importantes da Nova Inglaterra tinham escravos e muitas transações em alguns aspectos financeiras dependiam da escravidão. A emancipação no Norte aconteceu em etapas. A lei de emancipação em Connecticut, aprovada em 1784, previa uma gradual eliminação da escravidão, o que permitiria seu lento desaparecimento. Nenhum escravo foi libertado em 1784. A lei determinou que as crianças nascidas escravas ganhassem a liberdade ao completar 21 anos (inicialmente, era aos 25 anos). Em 1774 eram 6.562 escravos em Connecticut, mas em 1790 o número tinha caído para 2.759 e para 97 em 1820. Não havia mais nenhum em 1850. Mesmo quando a escravidão perdeu a força na Nova Inglaterra, muitos em Yale continuaram a defendê-la. Yale diplomou duas vezes mais clérigos favoráveis à escravidão do que instituições semelhantes.

Em segundo lugar, os pesquisadores revelaram que algumas das mais importantes doações financeiras que ajudaram a consolidar a Universidade de Yale como proeminente instituição nacional de ensino superior eram originárias da escravidão. A primeira cátedra de Yale estabelecida como resultado de mecenato, a Cátedra Livingstoniana de Teologia, foi batizada em homenagem a seu benfeitor, o coronel Philip Livingston de Nova York, um dos mais importantes traficantes de escravos na metade do século XVIII. A primeira bolsa de estudos recebeu o nome do bispo George Berkeley, e foi mantida com a renda de sua fazenda de Newport, em Rhode Island, cultivada por escravos. Ao primeiro fundo criado para a compra de livros para a biblioteca de Yale foi dado o nome do reverendo Jared Eliot, de Killingworth, um agricultor modernizador para quem o trabalho escravo era fundamental.

Além disso, quando Yale teve a opção de escolher entre diplomados que alcançaram altos postos na política nacional e os

YALE NUA: UMA HISTÓRIA DE ESCRAVIDÃO, SEXO E AVAREZA

que se opuseram à escravidão, optou por homenagear o dono de escravos e defensor da escravidão. James Hillhouse, por exemplo, tesoureiro de Yale durante cinqüenta anos, foi proeminente líder abolicionista como senador dos Estados Unidos. Hillhouse, como muitos outros no Norte, esperava que a escravidão no Sul poderia definhar como em Connecticut. De fato isso não aconteceu, em grande parte por causa da expansão das plantações de algodão, baseada na invenção da máquina descaroçadora por outro diplomado em Yale, Eli Whitney (turma de 1792). Mas Yale de forma nenhuma homenageia o abolicionista Hillhouse da maneira como homenageia o John C. Calhoun da Carolina do Sul, turma de 1804, que se beneficiou muito com a expansão do mercado mundial de algodão. Eleito para o Congresso em 1811, Calhoun foi ministro da Guerra de 1817 a 1825, elegeu-se vice-presidente dos Estados Unidos, ocupando o cargo com dois presidentes até 1832, tornou-se senador, em seguida secretário de Estado e, mais tarde, foi eleito senador novamente. Calhoun foi um dos mais vociferantes e bem-sucedidos defensores da escravidão americana durante sua longa e turbulenta carreira política. No Senado, Calhoun liderou a aprovação da lei da mordaça que impediu o debate sobre a escravidão e planejou a anexação do Texas como estado escravocrata. A defesa da escravidão o levou inclusive a rejeitar a democracia em si. Em famoso discurso no Senado dos Estados Unidos, em 1837, Calhoun sustentou que "concessão ou compromisso" em relação à escravidão "seria fatal". E prosseguiu: "que eu não seja entendido como admitindo, mesmo por insinuação, que as relações existentes entre as duas raças nos estados escravocratas sejam um mal — muito pelo contrário; acho que [a escravidão] é para o bem". Em 1930 Yale deu seu nome a uma de suas agremiações residencias.

Em 1961, Yale novamente decidiu homenagear outro diplomado com uma agremiação residencial: Samuel F. B. Morse, o inventor do telégrafo, mas também o mais virulento defensor da escravidão no Norte. A escravidão, ele escreveu, era divinamente determinada: "o maior objetivo declarado da missão do Salvador na Terra". Morse considerou a Declaração de Independência "uma mistura de verdades, verdades qualificadas e máximas falaciosas". A edição especial do tricentenário da revista dos alunos de Yale inclui Morse entre os melhores diplomados em seus trezentos anos de história. A invenção do telégrafo foi uma façanha que sem dúvida lhe dá direito de constar lá, mas, como apontam Dugdale, Fueser e Castro Alves, a revista dos alunos não se refere em nenhum lugar às posições escravistas de Morse ou à sua liderança em sociedades a favor da escravidão durante a Guerra Civil, muito menos ao fato de ter chamado o presidente Abraham Lincoln de "o Fanático no Trono". Dez das doze agremiações residencias de Yale são batizadas em homenagem a homens importantes da história de Yale; oito tinham escravos ou defendiam a escravidão.

A terceira história que Dugdale, Fueser e Castro Alves trouxeram à luz foi a tentativa de fundar uma "faculdade para negros" em New Haven em 1831. O projeto de uma instituição educacional multirracial foi idealizado por dois brancos: Simeon Jocelyn, pastor fundador da Congregação Afro-Americana em New Haven, e Arthur Tappan, que conseguiu terra para o prédio e doou mil dólares para iniciar o levantamento de fundos. Eles eram apoiados pelo famoso abolicionista William L. Garrison. A proposta esbarrou num muro de resistência da cidade e da Universidade de Yale, liderada pelo prefeito de New Haven e importantes membros do corpo docente de Yale, incluindo o único professor de Direito da universidade na época, quatro dos cinco advogados que exerciam em New Haven, três juízes e o representante no Congreso dos Estados Unidos. Como uma das resoluções aprovada pela Assembléia de cidadões de New Haven declarou brutalmente:

> (...) a Universidade de Yale, as instituições educacionais para moças e as outras escolas existentes na cidade são importantes para a comunidade e os interesses gerais da ciência, e como tal têm sido merecidamente protegidos pela população. A criação de uma Faculdade no mesmo lugar para educar a população de cor é incompatível com a prosperidade, se não a existência das atuais instituições de ensino, e será destrutiva para os melhores interesses da cidade.

YALE NUA: UMA HISTÓRIA DE ESCRAVIDÃO, SEXO E AVAREZA

Em New Haven, onde a cidade e a universidade raramente concordaram em alguma coisa ao longo dos séculos, na questão da criação de uma "faculdade para negros" houve sentimento de quase unanimidade. Na Assembléia de cidadãos a proposta foi rejeitada por setecentos votos a quatro. A segunda resolução aprovada naquele dia não era menos reveladora. Ela dizia:

(...) a propagação de sentimentos favoráveis à imediata emancipação dos escravos, em desrespeito às instituições civis dos estados a que eles pertencem, e como um auxiliar neste objetivo à criação de Faculdades para educar pessoas de cor, é injustificável e perigosa interferência nos assuntos internos dos outros estados e precisa ser desencorajada.

No dia seguinte à aprovação da resolução, uma multidão atacou a casa de Arthur Tappan. A casa de Simon Jocelyn também foi saqueada e ele foi obrigado a abandonar a liderança da igreja afro-americana. Mas alguns anos depois os dois foram fundadores do Comitê Amistad de New Haven e importantes promotores de justiça para os africanos encarcerados pelo caso *Amistad*. Sem dúvida, Yale se preocupou com o impacto negativo da proposta "faculdade para negros" em suas expectativas de levantamento de fundos, preocupação que continua claramente existente no século xx. Como o *Boston Courier* afirmou em 1831: "A real objeção à Faculdade [para negros] parece ter sido a apreensão de ofender os patronos sulistas de Yale". Mas prospectos de mecenato não era tudo o que estava em jogo aqui.

Os editoriais e comentários publicados nos jornais de Connecticut em 1831 deixaram evidente que os cidadãos de New Haven e os professores de Yale estavam tão interessados em sexo quanto em raça ou, mais explosivamente para seu modo de pensar, eles estavam preocupados especificamente com sexo interracial. Um editorial no *Connecticut Journal*, de New Haven, sustentou:

111

MAIS MALANDROS: ENSAIOS TROPICAIS E OUTROS

A instalação aqui de uma faculdade para negros seria totalmente prejudicial para a cidade (...) cujo efeito certamente será o rebaixamento moral da cidade, a saída de nossa cidade das escolas femininas, suas multidões de visitantes de verão e a interrupção do fluxo vital para a cidade, a afluência de jovens para a Universidade de Yale.

A *Middletown Gazette* de Connecticut acrescentou:

(...) a manutenção da Universidade de Yale e os numerosos internatos para moças dependem em grau considerável do caráter dos habitantes. Até agora, New Haven foi eminente. (...) Mas agora, se as jovens irão ser cotoveladas em qualquer esquina por estudantes negros, e os alunos de Yale irão ter que lidar com a soberba de suposta igualdade, o interesse da cidade, identificado como ele é com a prosperidade das instituições, sofrerá prejuízo material.

Dugdale, Fueser e Castro Alves citam estes textos, mas não o desenvolvem, o que é uma pena, porque lá se encontra um complemento fascinante e revelador para sua história. O jornal de New Haven do dia da Assembléia de cidadãos fez uma recomendação:

Se é necessário ter um colégio africano em Connecticut, possam os idealizadores, depois de madura reflexão, decidir localizá-lo na cidade de Cornwall (...). Cornwall oferece muitas vantagens a uma instituição como esta em relação a outros lugares; e não está entre as menores que as moças daquela cidade rapidamente dão a si próprias, para melhor ou pior, aos cavalheiros de cor.

Fiquei surpreso com a referência a Cornwall, em Connecticut. É lugar remoto e deve ter sido muito mais no início do século XIX. O município de Cornwall se espalha pelas mais altas elevações das colinas Litchfield e o profundo vale onde o Rio Housatonic atravessa o noroeste de Connecticut. É planalto formado por três vales paralelos com bosques elevados entre eles. Os montes, não os vales, foram habitados primeiro. É uma re-

YALE NUA: UMA HISTÓRIA DE ESCRAVIDÃO, SEXO E AVAREZA

gião áspera e dispersa, com rios claros e pequenos picos. Hoje em dia a pequena população fixa é aumentada pelos moradores de fim de semana vindos de Nova York, incluindo várias celebridades — mais recentemente Whoopi Goldberg, o âncora de telejornal da NBC Tom Brokaw e o grande tenista Ivan Lendl, entre outros. Tenho na minha biblioteca uma *História de Cornwall*, volume encadernado em couro publicado para assinantes particulares em 1926 pelo reverendo Edward Comfort Starr, que tinha sido pastor da Igreja Congregacional de Cornwall por 24 anos e era diplomado da Universidade de Yale e seu seminário teológico. Eu lembrei ter lido alguma coisa da história da escola missionária de Cornwall e suas desventuras, a evidente origem das calúnias sobre as inclinações das moças de Cornwall, sobre as quais a impresa de New Haven e os poderosos da Universidade de Yale se referiram depreciativamente em 1831.

O relato do reverendo Starr fornece a essência da história da Escola de Missionárias Estrangeiras, que abriu em Cornwall em 1817 e fechou as portas em 1827. As origens da escola remontam a 1810, quando Edwin Dwight encontrou "um jovem de pele escura nos degraus da Universidade de Yale chorando porque não tinha meios de conseguir educação". Edwin levou o jovem, um havaiano que marinheiros da Nova Inglaterra tinham trazido para a América e chamado de Henry Obookiah, a seu pai, Timothy Dwight, o presidente de Yale. Parcialmente inspirado por Henry Obookiah, o clero de Connecticut sugeriu ao Conselho Americano de Comissários de Missões Estrangeiras a criação de uma escola para treinar Obookiah e outros havaianos como missionários para as ilhas do Pacífico. Cornwall foi escolhida porque estava "afastada das tentações e distrações das cidades maiores".

Obookiah teve uma história marcante. Nascido em 1792 em Ka'u em Ninole perto de Punalu'u, na grande ilha, sobreviveu à morte de seus pais, vítimas da guerra na ilha. Ele foi iniciado nos rituais do sacerdócio por seu tio em Hiki'au Heiau, onde o capitão Cook fora morto duas décadas antes, em 1779. Levados a bordo de um navio da Nova Inglaterra na Baía Kealakakukua, ele e um jovem amigo, Hopo'o, viajaram ao Pacífico Norte, depois a Macau, contornando o Cabo da Boa Esperança, até Nova

York. Os dois jovens havaianos foram então para New Haven viver com o capitão do navio que os tinha trazido do Havaí, onde conheceram Edwin Dwight.

Em 1814 Henry Obookiah estava falando em público, traduzindo a Bíblia e iniciando um dicionário do idioma havaiano. Henry Obookiah (ou Opukaha'ia, como é atualmente conhecido no Havaí) se tornou famoso depois de sua morte prematura em 1818, vítima de tifo, aos 26 anos quando Edwin Dwight publicou um pequeno livro intitulado *Autobiografia de Henry Obookiah, um nativo das Ilhas Sandwich, que morreu em Cornwall, no Connecticut.* Esta autobiografia, incluindo o relato de Obookiah sobre sua vida, sentimentos e filosofias, inspirou 14 missionários americanos a se apresentar como voluntários para evangelizar as ilhas havaianas (ou Ilhas Sandwich, como eram conhecidas então). Obookiah foi enterrado em Cornwall, onde permanece seu túmulo, mas não seu corpo. Ele era, diz o epitáfio, "um conceituado integrante [da Escola Missionária], fora idólatra e foi preparado para ser Sacerdote Pagão; mas, pela graça de Deus e pelas orações de amigos piedosos, tornou-se Cristão". Em 1993 um grupo de seus descendentes reclamou o corpo, que foi levado de volta à grande ilha do Havaí e reenterrado.

Começando com 12 alunos, o número de estudantes na Escola Missionária de Cornwall triplicou ao longo dos seus nove anos e meio de existência. Os alunos eram de várias raças, incluindo muitos indígenas americanos nativos, de forma que a escola, diz o reverendo Starr, às vezes era chamada de "escola indígena". Mas Starr também relata que "dois casamentos de índios, que tinham estado na escola, com meninas brancas do lugar, causaram grande agitação e são popularmente apontados como a causa do colapso da escola (...) isso também provocou muitos boatos desagradáveis sobre a população de Cornwall". Na verdade, Starr nos diz, em nota de pé de página, que o editor do jornal *Litchfield Eagle* declarara que as moças de Cornwall eram deixadas sozinhas em horas inapropriadas com os rapazes da missão e eram vistas passeando de braços dados com eles.

A história real é mais complicada e trágica. Entre os alunos "índios" na Cornwall Mission School estavam dois *cherokees*:

John Ridge e "Buck" Oowatie (mais tarde conhecido como Elias Boudinot). John era filho do major Ridge e o pai de Buck era meio-irmão de Ridge. O major Ridge comandara um grupo de índios *cherokees* em aliança com os Estados Unidos e lutou sob o comando do general Andrew Jackson contra outros nativos americanos durante a Guerra Creek e a primeira Guerra Seminole, quando ele ganhou o título militar. O nome *cherokee* de Ridge era "kah-nung-da-tle-ghe", o homem que anda no topo da montanha. Ele era um dos líderes da nação cherokee estabelecida em Pine Log, atualmente Bartow County, na Geórgia, sob as ordens do presidente George Washington. Aqui os *cherokees* desenvolveram uma experiência de aculturação, fundindo as tradições *cherokees* e as dos Estados Unidos e prosperando como fazendeiros estabelecidos. John, filho do major Ridge, foi educado por missionários moravianos antes de ser mandado pelo major para a Escola Missionária de Cornwall como estudante pagante. Major Ridge era um homem de substancial riqueza; suas propriedades abrangiam 240 acres cultivados, 1.142 pessegueiros, 418 macieiras, uma balsa e uma loja. Ele também tinha trinta escravos negros.

Na Escola Missionária tanto John Ridge quanto Buck Oowatie se apaixonaram por moças do local. John conheceu Sarah Bird Northrupt, a filha do administrador da escola, John P. Northrupt. Diante da forte oposição tanto do major Ridge quanto dos pais de Sarah, eles eventualmente se casaram em 1824. O major Ridge perguntara a missionários moravianos se "havia alguma coisa na sua Bíblia para evitar tal casamento". Eles asseguraram que não havia.

Na viagem entre a nação *cherokee*, na Geórgia, e a Escola de Cornwall, Buck Oowatie, primo de John Ridge, visitara o expresidente Thomas Jefferson, em sua casa na Virginia, "Monticello", bem como James Madison, em sua casa de campo "Montpelier". Em Washington, Oowatie encontrara o doutor Elias Boudinot, brevemente presidente dos Estados Unidos durante a Confederação, filantropo, e um dos primeiros abolicionistas que acreditava que os índios americanos eram descendentes de uma das tribos perdidas de Israel. Em agradecimento ao seu apoio à nação *cherokee*, Buck assumiu daí em diante o nome de Boudinot como o seu. Em Cornwall, o recém-chamado Elias Boudinot se apaixonou por Harriet Gold, filha do coronel Benjamin Gold, de uma das mais importantes famílias de Cornwall. Elias e Harriet se casaram em 1826, apesar da recusa do pastor, reverendo Timothy Stove (mestrando honorário de Yale em 1804), a oficiar a cerimônia na Igreja Congregacional de Cornwall, temendo que a congregação o expulsasse. Uma efígie de Elias foi queimada na cidade. Estes dois casamentos inter-raciais levaram ao fechamento da Escola Missionária de Cornwall em 1827.

Tanto John Ridge quanto Elias Boudinot estavam destinados a desempenhar papel fundamental em um dos mais sombrios capítulos da história americana. Em 1830 o Ato de Remoção dos Índios, vigorosamente defendido pelo presidente Andrew Jackson, forçou a expulsão dos *cherokees* de suas terras férteis na Geórgia. Sob escolta militar, milhares de *cherokees* foram removidos a força para uma área improdutiva no atual estado de Oklahoma. Mais de um terço não sobreviveu ao trajeto. Essa vergonhosa evacuação de 1838-1839 coincidiu ironicamente com o caso *Amistad*. O estado da Geórgia distribuiu as terras dos *cherokees* por meio de uma loteria. A desastrosa trilha para o Oklahoma tornou-se conhecida na história como "a rota das lágrimas". O major Ridge, seu filho John, assim como o Elias Boudinot, tinham os três assinado o Tratado de New Echota em 1835 aderindo à remoção contra a opinião majoritária dos *cherokees*.

O presidente Andrew Jackson foi o grande responsável pela traição da experiência de coexistência pacífica, aliança e respeito mútuo entre os Estados Unidos da América e a nação *cherokee*, uma causa que o major Ridge havia defendido por toda sua vida. Pateticamente, a caminho do Oklahoma ele visitou o seu ex-comandante em sua casa no Tennessee. Mas o major Ridge no fundo sabia que ao assinar o Tratado de New Echota ele havia assinado o seu próprio atestado de óbito. Em questão de dias ele foi assassinado por *cherokees* que consideraram sua confiança no homem branco como traição nefasta. Em menos de seis meses depois da chegada dos *cherokees* a Oklahoma, o John Ridge e o Elias Boudinot também foram assassinados brutalmente pelos *cherokees.* A mulher de John Ridge, Harriet, morreu em 1836, na véspera da remoção para Oklahoma e está enterrada em Calhoun, na Geórgia. A mulher de Elias Boudinot, Sarah, sobreviveu ao assassinato do marido, mudando-se com suas crianças para Fayetteville, no Arkansas. O filho mais velho foi para a Califórnia, onde se tornou editor de jornal e político.

Que triste, porém revelador, o fato de que ao se opor à faculdade para negros em 1831, os bons cidadãos de New Haven, com apoio do distinto corpo docente de Yale, transformaram esta história de dois casamentos, aparentemente felizes, em fofoca sobre "as moças daquela cidade [Cornwall, que] rapidamente dão a si próprias, para melhor ou pior, aos cavalheiros de cor". E que banal foi a redução da tragédia que aconteceu aos alunos mais brilhantes da Escola Missionária de Cornwall a uma declaração racista sobre o perigo das pessoas de cor nas ruas de New Haven "cotovelarem" as moças e causarem desconforto aos estudantes da Universidade de Yale que teriam que se defrontar com esta afirmação de "suposta igualdade".

É uma excursão penosa no lado escuro da história americana que sem dúvida teria atraído Antônio de Castro Alves, xará de um dos autores do trabalho *Yale, escravidão e abolição*. Castro Alves, o poeta romântico do século XIX nascido na Bahia, a vibrante capital da cultura afro-brasileira, também teve vida trágica, frustrada no amor, e morreu de tuberculose aos 24 anos com apenas um livro de poesias publicado. Postumamente ele tornou-se, e continua, uma das mais poderosas vozes brasileiras contra a escravidão, autor de "Os escravos" (1883), de uma oração da África implorando a justiça divina chamada "Vozes d'África" (1880) e, especialmente, de "O navio negreiro" (1880), poderoso retrato dos horrores da passagem. Discípulo de Victor Hugo, foi um modelo para o falecido Jorge Amado, que elogiava Castro Alves como um poeta que viu o Brasil nu com todas as suas contradições e cheio de preconceitos raciais e sociais. Em 2001 Dugdale, Fueser e Castro Alves viram Yale nua, e isto é melhor para todos nós.

24 de agosto de 2001.
Tradução de Maurício Schleder e Tomás Amorim.

*Andrew Jackson
recebendo cacique Cherokee.*

15

O ecletismo de Pombal

É particularmente surpreendente a falta de atenção ao Império nas percepções sobre as ações gerais do Marquês de Pombal, especialmente se se lembra de que o século XVIII presenciou a primeira corrida ao ouro da história moderna, no interior da América portuguesa. Essa idade de ouro portuguesa teve repercussões profundas no desenvolvimento do Estado absolutista em Portugal, entre outras, ao aliviar a monarquia da inconveniência de ter que recorrer às antigas instituições representativas (e fornecedoras de impostos) da nação. Parte da justificativa para meu livro sobre o Marquês foi remediar esse desequilíbrio na historiografia recente, oferecendo uma perspectiva que levasse em consideração as dimensões imperiais das preocupações de Pombal para poder esclarecer alguns elementos de suas ações.[1] Afinal o século XVIII foi um dos momentos mais grandiosos e de maior criatividade colonial para Portugal e portanto merece seu lugar próprio na história das experiências ultramarinas portuguesas na Ásia durante a Renascença e na África em tempos mais recentes. A ênfase que eu dei ao Brasil no meu livro sobre o Marquês surpreendeu leitores portugueses, mas

---

1. Ver Kennet Maxwell, Marquês de Pombal: Paradoxo do Iluminismo (São Paulo: Paz e Terra, 1996).

espero haver demonstrado, porém, porque é importante reconhecer quão vital o Brasil foi para Portugal nesse período e, acima de tudo, quão central a América portuguesa foi para a estratégia de Pombal de reafirmar o controle português sobre seus próprios negócios.

Um segundo tema é a dimensão européia da experiência portuguesa do século XVIII, tanto em termos diplomáticos quanto econômicos — e também em questões de influências intelectuais e filosóficas. Meu livro argumenta que os parâmetros das ações de Pombal — suas opções, não intenções — foram determinados pela posição de Portugal no sistema de Estado do século XVIII. Limitações foram impostas pela inevitável necessidade de ter aliados e alianças. Como Pombal bem sabia, os interesses próprios de aliados em Portugal não eram particularmente altruísticos. O problema que Portugal enfrentava era tentar escapar dos efeitos negativos da dependência militar, política e econômica enquanto ao mesmo tempo buscava manter os seus proveitos em um mundo perigoso.

A terceira dimensão em meu livro é uma análise do lugar da experiência portuguesa dentro do padrão europeu do despotismo iluminado do século XVIII, algo que envolve tanto a evolução do Estado quanto o impacto de idéias. O período pombalino é de grande importância no contexto europeu, mesmo que a maioria dos historiadores europeus o continue ignorando. E é nesse aspecto da atuação de Pombal que é fundamental vermos as ações do poderoso ministro dentro do contexto de reformas em outros palcos da Europa, especialmente na Europa Central e na Oriental, e também como parte do largo movimento de reformismo na Igreja Católica da época. O papel da construção intelectual é, portanto, uma coisa que tem de se tomar em consideração se quisermos compreender a época de Pombal. A justaposição das idéias de progresso e de atraso com as de iluminismo e despotismo é o núcleo do problema complexo na interpretação do período pombalino.

A peculiaridade de Portugal no século XVIII é, desse ponto de vista, extremamente interessante. É a coincidência do iluminis-

O ECLETISMO DE POMBAL

mo com a luta de uma velha potência para voltar a ser grande, adaptando-se contrafeita às técnicas que crê ter sido utilizadas pelos seus rivais para ultrapassá-la.

Contudo a idéia do progresso era principalmente a do próprio século das Luzes. O problema com a idéia de progresso, especialmente para aqueles que acreditavam não terem progredido, era que ela implicava o estigma do atraso, fornecendo assim uma justificativa para ações, ações "progressivas", naturalmente, que a tradição, o direito ou a moral tinham previamente reprimido, abrindo o caminho para o despotismo do Estado. A ação recíproca dessas duas noções — progresso e atraso — com as realidades sociais, políticas e econômicas do século XVIII é extremamente complexa e se encontra inextricavelmente entrelaçada, conscientemente ou não, em qualquer interpretação da época.

Pombal era, se mais não fosse, também um homem eclético e pragmático. O poder e a riqueza, dele próprio e da sua nação, eram as suas preocupações permanentes. Era um homem obcecado pelo pormenor e que anotava o mais ínfimo relatório com a sua caligrafia garranchada. E a sua visão estava envolvida numa pequena dose de paranóia, particularmente nos últimos anos de seu ministério. As palavras de Pombal, um diplomata até ascender ao poder com a idade de cinqüenta anos, são semelhantes às de qualquer diplomata do século XVIII, cheias de subterfúgios. Não é por conseguinte difícil encontrar, no que ele escreveu ou nos relatórios diplomáticos dos embaixadores estrangeiros acreditados em Lisboa, frases para provar qualquer hipótese. Visto que esse é o jogo do historiador, é improvável que os historiadores deixem de encontrar provas que demonstrem as teorias convenientes a seus pontos de vista. Meu livro trata também do choque de imagens internas e externas sobre um homem tão importante para a compreensão da história de Portugal em geral — e tão central para o século XVIII em particular.

Mas é importante salientar que, se nos limitarmos a olhar de Paris e de Londres para Lisboa, então a nossa análise dos acontecimentos, para já não falar da nossa explicação de causalidade, corre o risco de atingir um ponto de absurdo. Deixem-me dar um exemplo. Os historiadores europeus, quando se ocupam da

121

supressão dos jesuítas na Europa e na América no século XVIII, começam quase invariavelmente por se ocuparem da França, continuam com a Espanha e acabam por se ocupar sumariamente de Portugal, como se o país fosse um mero apêndice. Será que nunca olham as datas? Foi afinal de contas Pombal quem, em 3 de setembro de 1759, iniciou o processo; nada menos do que no Amazonas, durante o século XVIII, um lugar tão periférico quanto posso imaginar. E a expulsão dos jesuítas de Portugal e dos seus domínios em 1759, se refletirmos por alguns momentos, decerto merece mais do que uma menção tardia.

"Sua Majestade Fidelíssima", pois tal era o título do monarca português obtido por D. João V, em Roma, com a distribuição de grandes subsídios de ouro brasileiro a obras culturais e religiosas, estava afinal de contas arrancando pela raiz uma ordem que tinha transportado a própria bandeira da Contra-Reforma; que quase sozinha tinha cristianizado as fronteiras mais longínquas do vasto interior do Brasil; cujos maiores santos e mártires tinham labutado sob a bandeira de Portugal. Mas, se quisermos extrair qualquer sentido desses pontos controversos numa perspectiva comparativa, é essencial, se me for permitido citar o que a Academia Francesa definiu em 1694 como a tarefa dos filósofos, "procurar conhecer os efeitos pelas suas causas e pelos seus princípios". Causas, princípios, efeitos; é preciso lembrar Pombal e a sua época com tais categorias na mente, não para evitar controvérsia, porque a controvérsia está no núcleo da experiência pombalina, mas para tentar explicar o sentido dessas controvérsias dentro do rico contexto do Portugal do século XVIII.

A combinação particular de métodos que Pombal utilizou, contudo, refletia as peculiaridades da posição de Portugal. Havia, é claro, um contraponto entre oportunidades e necessidade em todas as atividades de Pombal. Muitas de suas intervenções mais importantes eram tanto de reação quanto de criação. A reconstrução de Lisboa, talvez a realização mais visível e duradoura de Pombal, foi possível pela catástrofe do terremoto de 1755. A reforma da área militar seguiu-se à invasão espanhola de 1762. Sua reforma do sistema educacional era o resultado inevitável da expulsão dos jesuítas. O rompimento com o papado forçou

O ECLETISMO DE POMBAL

uma reavaliação do relacionamento Estado–Igreja. A crescente ênfase nas manufaturas acompanhou a criação de um ambiente econômico favorável à substituição das importações. Mas enumerar oportunidades não implica que elas tenham sido de fato aproveitadas. Muitas vezes as oportunidades são desperdiçadas, perdidas ou passam despercebidas.

Na verdade, penso que de modo algum Pombal fica diminuído quando se considera a relação íntima entre oportunidade e reação. Com efeito, foi a sua hábil manipulação das circunstâncias que lhe garantiu o sucesso desfrutado nos âmbitos econômico e social. Em essência, o ministro todo-poderoso colocou o poder do Estado decididamente do lado do conflito que se havia desenvolvido entre os empresários portugueses como conseqüência da explosão do ouro. Escolheu os grandes comerciantes estabelecidos em lugar dos pequenos concorrentes porque viu que os pequenos mercadores eram meras criaturas ou agentes comissionados dos estrangeiros, os quais ele esperava que os grandes comerciantes portugueses, com a assistência do Estado, fossem capazes de desafiar. O fato é que Pombal era um adaptador pragmático e sutil, que quase sempre pressionava contra as barreiras do que era possível — e o que era possível era devido menos às intenções do que aos limites dentro dos quais ele devia trabalhar — as limitações do longo século XVIII e do sistema Atlântico.

Dentro desses parâmetros Pombal não hesitou em agir. Na verdade, nas suas ações está o seu monumento, para melhor ou para pior. E, se era melhor ou pior, dependia naturalmente de quem era. Para os maiorais das grandes casas mercantis que ele ajudou a criar, ele foi um herói. Para os pequenos mercadores que ele suprimiu, ele foi um tirano. Para os produtores de vinho do Porto que ele protegeu, foi um patrono; para os donos dos vinhedos cujas videiras ele mandou arrancar, foi uma calamidade.

Entretanto, diferentemente da maior parte dos governantes do Iluminismo, mais preocupados com a teoria do que com a prática, Pombal geralmente atingiu seus objetivos. E não menos pela reforma educacional, por meio da qual abriu as portas a um florescimento da ciência e da filosofia portuguesas em fins do século XVIII. É, porém, com Pombal que falamos basicamente de poder, e poder com todas as forças do Estado — e às vezes de forma despótica — para atingir o progresso. Esse é o verdadeiro paradoxo do Iluminismo pombalino.

A história da administração pombalina é, portanto, um bom antídoto contra a visão obsessivamente linear e progressista do papel que o Iluminismo do século XVIII desempenhou na Europa e das relações entre o Iluminismo e o exercício do poder do Estado. E a história dos paradoxos do governo de Pombal tem o mérito de nos ajudar a entender os paradoxos mais complexos que estão por trás da coexistência de tradições do autoritarismo e reformismo no Sul e no Leste da Europa.

29 de julho de 2001.

Tradução de *Folha de S. Paulo* — Mais!.

*Retrato do Marquês de Pombal atribuído
a Joana de Salitre, c. 1769 (Museo da Cidade de Lisboa).*

16

A Amazônia
e o fim dos jesuítas

Nas duas últimas décadas, os historiadores, ou muitos deles, têm depreciado o papel de eventos e personalidades. Também houve uma tendência a rejeitar a história das idéias ou ao menos uma fácil interação de causa e efeito entre idéias e a implementação de políticas. Do lado positivo, contudo, presenciamos o crescimento de uma história mais internacional, menos eurocêntrica.

Digo isso logo de saída, por óbvio que seja, porque me parece que estarei às voltas aqui com um evento (a expulsão dos jesuítas de Portugal e de seu império em 1759); com uma personalidade dominante, para não dizer dominadora (o Marquês de Pombal, que, para todos os efeitos, governou Portugal de 1750 a 1777); com idéias (sobretudo, no caso das monarquias ibéricas, uma reflexão revigorada e sistemática sobre o papel do Estado em promover o desenvolvimento econômico e assegurar para si o monopólio da coerção, dos orçamentos, da administração e da Justiça); e com a história internacional (pelo que focalizarei uma remota periferia do mundo setecentista: a bacia amazônica).

Esse evento (a expulsão portuguesa), essa personalidade (Pombal) e essa periferia (a bacia amazônica) foram no entanto a centelha que pôs em marcha o processo, pela Europa católica afora, que deitou por terra a Companhia de Jesus. Como saldo, em Portugal, foi o Iluminismo que forneceu um fundamento, uma justificativa, bem como os meios com que remediar os estragos deixados pela retirada forçada dos jesuítas. Talvez seja importante ressaltar que aqui é onde e quando teve início a expulsão. Ainda tendemos a olhar do centro para as margens, porém nessas margens mais distantes do mundo europeu, onde os jesuítas sempre haviam sido mais ativos, que os primeiros decretos para suprimir a Companhia de Jesus foram efetivados. Por que uma ação no Brasil teve tamanha repercussão alhures é um assunto à parte. No espaço que ora me cabe, interessa-me a centelha. Por que a Amazônia? Por que Pombal?

Havia dois aspectos distintos, mas relacionados, do ambiente intelectual de Portugal setecentista que influenciaram o modo de Pombal pensar sobre os problemas com que se deparou ao assumir o cargo em 1750; um e outro, cada qual a seu modo, tiveram impacto na disputa com os jesuítas. Primeiro, havia o aceso debate sobre questões fundamentais a respeito de filosofia e educação. Segundo, existia um considerável corpo de pensamentos sobre vários aspectos da economia política de Portugal.

O estímulo para aquele em Portugal, tal como noutras partes da Europa, foi a conquista intelectual de Descartes, Newton e Locke. As mais importantes obras que emergiram dessa escola intelectual em Portugal incluíam as de Martinho de Mendonça Pina e Proença (1693-1743), que tentou adaptar a Portugal algumas das teorias de Locke, especialmente sobre educação; os escritos do cristão-novo dr. Jacob de Castro Sarmento (1692-1762), que introduziu idéias newtonianas em Portugal; e as obras do dr. Antônio Nunes Ribeiro Sanches (1699-1783), ouro cristão-novo que deixara Portugal em 1726, trabalhando a partir de então na Inglaterra, Holanda, Rússia e finalmente na França, onde (de 1747 até sua morte, em 1783) foi colaborador dos enciclopedistas e escreveu sobre medicina, pedagogia e economia.

O mais influente de todos eles foi o oratoriano Luís Antônio Verney (1713-1792), autor de *O verdadeiro método de estudar*, publicado em 1746. Luís Antônio Verney passou o mais de sua vida

A AMAZÔNIA E O FIM DOS JESUITAS

adulta em Nápoles e Roma, onde estudou com Antonio Genovesi (1712-1769) e travou amizade com Ludovico Antonio Muratori (1672-1750). Em Roma, tornou-se membro da Arcádia e por um tempo atuou como secretário do enviado português ao Vaticano, Francisco de Almada e Mendonça, que era sobrinho de Pombal.

A congregação do Oratório de São Felipe de Nery, à qual pertencia Verney, tomara a dianteira em Portugal, assim como em outras partes da Europa católica, na introdução de experimentos científicos e no conflito com os jesuítas acerca de modelos pedagógicos. Os oratorianos eram ativos promotores das ciências naturais e destacavam também a importância da língua, gramática e ortografia portuguesas, que acreditavam devessem ser estudadas diretamente e não pelo desvio do latim. A razão de serem os jesuítas o alvo dessa crítica era óbvia: eles detinham o monopólio da educação superior em Portugal e da educação secundária no Brasil.

A par desse debate filosófico, parte de um amplo fenômeno europeu, existia uma importante segunda corrente de pensamento, mais específica em relação a Portugal. Era um corpo de idéias e discussão sobre governo, economia e diplomacia, que emergira na primeira metade do século XVIII em meio a um pequeno, mas influente, grupo de conselheiros ultramarinos e ministros de governo, um grupo dentro do qual Pombal era uma figura-chave. D. Luís da Cunha, sucessivamente embaixador português na República holandesa e na França, era o mais formidável desses pensadores e autor de uma análise abrangente das fraquezas de Portugal e dos meios de remediá-las. D. Luís foi em muitos aspectos o mentor de Pombal.

Esse debate centrou-se na posição de Portugal dentro do sistema internacional e enfrentou às claras tanto os embaraços quanto as opções com que um pequeno país como Portugal, parte da Península Ibérica, mas independente da Espanha, tinha de conviver. O fulcro dessas discussões era o problema de reter e explorar o considerável ativo ultramarino que Portugal controlava na Ásia, na África e sobretudo no Brasil; e desenvolver ao mesmo tempo um mecanismo para desafiar o domínio econômico inglês sobre Portugal e sua vasta colônia americana sem debilitar a aliança política e militar com a Grã-Bretanha, a que Portugal se via obrigado para conter a Espanha.

D. Luís da Cunha, em particular, situara os problemas de Portugal no contexto de sua relação com a Espanha, sua dependência da — e exploração econômica pela — Inglaterra e o que ele reputava serem as fraquezas endógenas de Portugal em termos de carência de população e de espírito empresarial. Essa triste condição econômica e espiritual ele atribuía ao número excessivo de padres, à atividade da Inquisição e à expulsão e perseguição dos judeus. Ele propôs a criação de companhias comerciais monopolistas, baseadas no modelo holandês e inglês.

Pombal também traçou modelos a partir de sua interpretação da experiência de outros países europeus. De 1739 a 1744, ele representara o rei português em Londres. Para Pombal, a ameaça imposta pelos ingleses aos vastos e ricos domínios no Brasil virou uma preocupação maior. Era essencial, acreditava ele, compreender as origens da superioridade comercial e militar britânica e da fraqueza econômica e política de Portugal e de sua dependência militar.

Em Londres, Pombal, que se tornara membro da Sociedade Real em 1740, passou a investigar as causas, técnicas e mecanismos do poder comercial e naval britânico. Mas a Inglaterra não foi sua única experiência externa. De Londres, Pombal mudouse para Viena. Ali não foi menos observador e se envolveu numa longa, árdua e frustrante negociação com o papado em favor do governo austríaco, no curso da qual se tornou bastante íntimo de Manuel Teles da Silva, um emigrante português de linhagem aristocrática que ascendera alto no Estado austríaco. Manuel Teles da Silva, que fora intitulado Duque Silva Tarouca pelo sacro imperador romano Carlos VI em 1732, foi presidente do Conselho dos Países Baixos e da Itália e era um confidente da imperatriz Maria Theresa.

Pombal casara-se pela segunda vez quando em Viena, um casamento de sucesso e altamente vantajoso com Maria Leonor Ernestina Daun, de quem teve cinco filhos. A condessa Daun era sobrinha do marechal Heinrich Richard Graf von Daun, coman-

A AMAZÔNIA E O FIM DOS JESUÍTAS

dante-em-chefe do Exército austríaco. A imperatriz Maria Theresa mostrou especial interesse na união. O enviado português em Roma observou azedo que foi esse matrimônio que garantiu a Pombal a posição de secretário de Estado em Lisboa. E foi de fato a mulher austríaca de D. João V, Maria Ana da Áustria, rainha regente durante a doença terminal de D. João V, que chamou Pombal de Viena em 1749 para que se juntasse ao ministério em Lisboa.

Possuímos uma correspondência privada extraordinariamente franca e íntima entre o Duque Silva Tarouca e Pombal, cobrindo a primeira década depois que Pombal assumiu o cargo em Lisboa, a qual fornece uma discussão única e reveladora dos objetivos e medidas governamentais de Pombal. Silva Tarouca, empolgado com a ascensão ao poder de Pombal em Lisboa, escreveu em 1750 para cumprimentar seu amigo e lembrá-lo de suas conversas e expectativas em relação ao futuro. "Não somos escravos da moda e de práticas estrangeiras", disse Silva Tarouca a Pombal, "mas menos ainda somos escravos de antigos hábitos e preocupações". Ele falava das "grandes e novas disposições" que haviam discutido juntos.

O reinado de D. João V vira, sem dúvida, um fortalecimento das prerrogativas régias, em boa parte resultado das vastas riquezas que afluíam do Brasil após a descoberta do ouro. A monarquia bragantina não precisou lançar mão da antiga instituição representativa de Portugal, as Cortes, para angariar impostos durante todo o século XVIII, e D. João V usou sua opulência colonial para realçar seu prestígio e persuadir Roma a lhe outorgar o título de "fidelíssimo". Bem mais do que metade de todas as receitas do Estado provinha direta ou indiretamente dos domínios ultramarinos de Portugal, sobretudo do Brasil.

Mas como essa atmosfera difusa de idéias e preocupações afetou a política? Quais eram essas "grandes e novas disposições" de Pombal? Por que elas o puseram tão vivamente em conflito com os jesuítas, uma vez que não há prova, em particular, a sugerir hostilidades para com os jesuítas da parte de Pombal antes de 1750, sendo mesmo provável que os jesuítas lhe tenham amparado a subida ao poder?

131

Em parte, ela resultou do fato de ter sido a situação colonial que primeiro chamou a atenção da nova administração em Lisboa. O Tratado de Madri entre Espanha e Portugal fora assinado em janeiro de 1750. O tratado foi o primeiro acordo negociado entre os poderes ibéricos a traçar os limites terrestres do conjunto de seus territórios na América do Sul. Os portugueses reivindicaram a Amazônia, sobretudo o limite fluvial interior formado pelos rios Guaporé-Mamoré-Madeira. Quando assumiu como secretário de Estado para Assuntos Estrangeiros em julho de 1750, Pombal herdava um *fait accompli*, algumas partes do qual ele não aplaudia.

Essas demarcações de fronteira interna eram de grande sensibilidade para as ordens missionárias, de vez que as missões — e as jesuíticas em particular — mergulhavam estrategicamente no interior continental, situadas entre territórios espanhóis e portugueses bem como ao longo dos principais sistemas fluviais. Os jesuítas tinham cooperado com a Espanha nos anos 1740, e o uso dos neófitos indígenas convertidos pelos jesuítas como tropas e mão-de-obra foi uma parte indispensável dos planos espanhóis para conter a expansão das fronteiras portuguesas, fundindo-se a estratégia espanhola, nesse ponto, com o tradicional objetivo dos jesuítas de criar uma cadeia de missões unida, bem guarnecida, sertão adentro do subcontinente sul-americano. Os temores de Portugal quanto à lealdade dos jesuítas não eram, pois, infundados.

Com o Tratado de Madri, os portugueses cederam à Espanha a Colônia de Sacramento e as terras imediatamente ao norte do rio da Prata em troca do reconhecimento espanhol das fronteiras fluviais ocidentais do Brasil. Estas incluíam o rio Uruguai, o que punha as sete missões jesuíticas da região, havia tempos sob a soberania espanhola, sob a de Portugal. Os acordos de Madri prescreviam a evacuação dos jesuítas e seus neófitos indígenas das missões uruguaias bem como mais de um milhão de cabeças de gado e previam um levantamento da linha demarcatória entre a América espanhola e portuguesa por duas comissões mistas. O governador-geral do Brasil, Gomes Freire de Andrade, foi designado comissário português para o Sul. Para a região amazônica, ao norte, Pombal enviou seu próprio irmão, Francisco Xavier de Mendonça Furtado.

A "carta secretíssima" a Gomes Freire, complementando suas instruções gerais, revelam toda a magnitude dos objetivos e expectativas de Pombal para a América portuguesa e demonstram como pesaram para Pombal a experiência vienense e suas discussões com Silva Tarouca. "Como o poder e a riqueza de todos os países consistem principalmente no número e multiplicação do povo que o habita", escreveu ele, "esse número e multiplicação do povo é mais indispensável agora nas fronteiras do Brasil para sua defesa". Como não era "humanamente possível" fornecer o povo necessário da metrópole e das ilhas adjacentes sem convertê-las "inteiramente em desertos", era essencial abolir "todas as diferenças entre índios e portugueses" para atrair os índios das missões do Uruguai e estimular-lhes o casamento com europeus. As instruções a Mendonça Furtado refletem objetivos semelhantes. A fim de promover o aumento da população e intensificar seu compromisso com Portugal, Pombal recomendou ao irmão que emancipasse os índios do controle dos missionários, estimulasse a migração e estabelecimento de casais dos Açores e avivasse o quanto possível o comércio de escravos africanos na região.

Na prática, a implementação dessas idéias, no que tocava aos índios, significava a remoção da tutela dos jesuítas e visava a sua assimilação, em vez de sua separação da sociedade portuguesa no Brasil. Essas idéias receberam calorosa acolhida de Viena: o Duque Silva Tarouca escreveu a Pombal em 1752 que os "reis de Portugal podem chegar a ter um império como a China no Brasil". Grande cuidado, escreveu ele, havia de ser tomado para povoar o Brasil. "Mouro, branco, negro, mulato ou mestiço, todos hão de servir, todos são homens e são bons se forem bem governados." Acima de tudo, a vasta bacia amazônica deveria ser protegida. "População é tudo, muitos milhares de léguas de desertos de nada servem."

Definidos assim, os interesses do Estado colidiam, é claro, com o mais básico princípio filosófico da política de proteção aos índios dos jesuítas, e de fato se lançava a política estatal ao encontro dos colonizadores, com quem sempre haviam lutado os jesuítas em seus esforços para resguardar os índios da exploração.

Valendo-se das idéias de Luís da Cunha e de Pombal sobre companhias monopolistas, o irmão de Pombal, logo após chegar a Belém, a capital paraense à boca do Rio Amazonas, recomendou que fosse estabelecida uma companhia comercial para facilitar a provisão de escravos africanos à região amazônica; ele acreditava que a importação de escravos africanos aliviaria a pressão sobre os colonizadores para escravizar e maltratar a população indígena nativa. Ele queria também ver crescer o investimento na economia amazônica, coisa que resultaria, segundo ele, da ação de uma companhia monopolista, para lhe incrementar as potenciais exportações.

Em 1755, em resposta a esse conselho, Pombal estabeleceu a Companhia do Grão-Pará e Maranhão. À companhia foi concedido o direito exclusivo de comércio e navegação entre Portugal, África e essas capitanias amazônicas por um período de vinte anos. Ao mesmo tempo, Pombal expediu decretos em 6 e 7 de junho de 1755 suprimindo a autoridade secular dos jesuítas sobre os índios, declarando-os "homens livres". Além disso, ele ordenou a expulsão do Brasil daqueles comissários volantes que atuavam como agentes comissionados de casas mercantis estrangeiras, sobretudo britânicas, estabelecidas em Londres.

Essas três medidas decisivas estavam ligadas. O objetivo oculto da Companhia do Grão-Pará e Maranhão era de fato mais amplo do que talvez indique seu foco regional. Com efeito, Pombal começou seus esforços de "nacionalizar" setores do comércio colonial nos quais os negociantes estrangeiros eram menos ativos para camuflar suas intenções mais largas.

Pombal esperava que, concedendo privilégios especiais e proteção para estimular a emissão de créditos mais longos por negociantes portugueses, as casas mercantis em Portugal seriam capazes de acumular capital suficiente para competir com mais eficácia com os negociantes britânicos no comércio colonial como um todo e, por extensão, também em Portugal.

Desse modo, o Estado pombalino conteria e limitaria o papel da participação estrangeira no comércio luso-atlântico. E, gol-

A AMAZÔNIA E O FIM DOS JESUÍTAS

peando os comissários volantes, ele esperava suprimir um elo decisivo entre os negociantes estrangeiros em Portugal e os produtores brasileiros — e, no caso da Amazônia, os jesuítas, cujo comércio em produtos amazônicos ele via como uma concorrência desleal com o de empresários brasileiros e portugueses a quem ele queria estimular.

Pombal disse ao Duque Silva Tarouca que seu objetivo ao estabelecer a Companhia do Grão-Pará e Maranhão era "restabelecer às praças mercantis de Portugal e do Brasil as comissões de que foram privadas e que são a principal substância do comércio e o meio pelo qual poderiam ser estabelecidas as grandes casas mercantis que têm faltado em Portugal". Pombal também insistiu com seu irmão, em correspondência privada, para "usar todo pretexto possível para separar os jesuítas da fronteira e cortar todas as comunicações entre eles e os jesuítas dos domínios espanhóis".

A companhia monopolista de Pombal servia assim a objetivos em vários níveis, nem todos eles explícitos. O principal objetivo no comércio colonial era tentar diminuir a influência dos britânicos, mas os métodos empregados para alcançar tal fim eram sutis, pragmáticos e envoltos em subterfúgios. O inevitável problema na relação entre britânicos e portugueses era que ela estava circunscrita a tratados que, por razões políticas e de segurança, os portugueses queriam manter. Um modo de agir contra a influência britânica, não obstante, enquanto evitava o confronto aberto sobre os termos dos tratados entre os dois países era usar uma variedade de técnicas em Portugal e dentro do cenário colonial para transpor as vantagens econômicas das concessões estrangeiras para os grupos mercantis portugueses. Nesse respeito, a escolha da Amazônia para dar início ao processo foi um subterfúgio bastante sagaz. Os britânicos não perceberam a ameaça a seus interesses senão ao final da década. Em Viena, Silva Tarouca, quando informado das ações de Pombal, muito apreciou a idéia. Esse era precisamente o tipo de grandes e novas disposições que aplaudia — cercadas pela camuflagem com que ele recomendava sempre disfarçá-las. Isso não quer dizer que a intervenção de Pombal não tenha encontrado resistência. Longe disso. A promulgação dos privilégios da Companhia do Grão-Pará e Maranhão e a emancipação indígena da tutela missionária provocaram pronta resposta dos comerciantes espoliados e dos jesuítas.

Ambos encontraram um órgão para agitação na Mesa do Bem Comum, uma rudimentar associação comercial lisboeta estabelecida no final dos anos 1720. Em face dessas provocações, Pombal não tardou a agir. Dissolveu a confraria comercial do Espírito Santo como prejudicial ao serviço real, ao interesse comum e ao comércio, e os deputados ofensores foram condenados ao desterro. Os papéis confiscados da Mesa revelaram o alcance do envolvimento jesuíta, e Pombal interpretou e lidou com o protesto como se fosse um levante conspirador contra o poder real.

A criação da Companhia do Grão-Pará e Maranhão acarretou assim várias conseqüências importantes e provavelmente involuntárias. Primeiro, uniu as tentativas de fazer valer o controle nacional sobre setores do comércio colonial a questões geoestratégicas mais amplas, nascidas da implementação do Tratado de Madri. Segundo, lançou Pombal, e não menos gravemente seu irmão, em aberto conflito com os jesuítas, porque o Grão-Pará e o Maranhão eram um baluarte das atividades missionárias jesuíticas e uma região com uma história de amargas disputas entre jesuítas e colonizadores.

Enquanto isso, as missões indígenas dos jesuítas na fronteira meridional haviam pego em armas para defender-se e opor-se à implementação do Tratado de Madri, provocando contra elas uma campanha conjunta hispano-portuguesa. A imagem dos índios militarizados sob o controle jesuíta insurgindo-se unilateralmente contra as ordens dos monarcas ibéricos causou expressivo efeito no espírito europeu. Voltaire, em seu *Cândido*, retrata um jesuíta brandindo uma espada montado a cavalo.

E o que é mais, os eventos envolvendo a implementação do Tratado de Madri fortaleceram a convicção de Pombal de que a presença dos jesuítas em terras portuguesas, estrategicamente situadas como eram as missões ao longo da região fronteiriça, era um empecilho à realização de seus propósitos de restabelecer o poder e a prosperidade a Portugal e à proteção de suas fronteiras pelo estímulo ao crescimento populacional mediante

A AMAZÔNIA E O FIM DOS JESUÍTAS

a incorporação dos índios — pela miscigenação e secularização — à sociedade colonial portuguesa.

De Viena, o Duque Silva Tarouca, revendo sua antiga opinião sobre a conveniência da cooperação jesuítica, observou em fevereiro de 1758: "Não foi espírito evangélico que armou de mosquetes oitenta ou cem mil índios e erigiu um poder intermediário do Rio da Prata ao Amazonas que um dia poderá ser fatal às potências dominantes da América do Sul".

Os anos 1750, portanto, marcando a primeira década da preeminência de Pombal, viram Portugal embarcar num ambicioso projeto para restabelecer alguma medida de controle nacional sobre as riquezas que afluíam a Lisboa procedentes dos domínios ultramarinos portugueses, o Brasil à frente. Para fazê-lo, ele adaptou às peculiaridades da posição portuguesa muitas das técnicas de desenvolvimento econômico que vira em ação em Londres e Viena, sobretudo o uso do poder estatal para dar relevo aos dotes empresariais nacionais e a imposição de monopólios estatais para proteger a nascente indústria e comércio nacionais. Também lhe coubera implementar o Tratado de Madri, envolvendo um esforço superlativo de traçar e levantar as vastas fronteiras do Brasil. Em ambos os casos, os jesuítas interpuseram grandes obstáculos a seus planos. Na fronteira meridional, uma campanha militar fora necessária para derrotar as forças conduzidas a campo pelas missões jesuíticas. No norte do Brasil, as missões amazônicas se precipitaram em conflito aberto com o irmão de Pombal.

Em meio ao acúmulo dessas batalhas, o terremoto de 1755 atingiu Lisboa, elevando Pombal a um poder praticamente supremo e abrindo caminho para uma radical reconstrução da cidade. Porém o desencanto da antiga nobreza com as políticas de Pombal também crescia. A Companhia do Grão-Pará e Maranhão usara o engodo do enobrecimento como um incentivo para investir. Os estatutos da companhia ofereciam a investidores não-nobres certas isenções e privilégios que antes haviam sido prerrogativa exclusiva da nobreza e da magistratura, admitindo-os como membros de ordens militares. A aristocracia exclusivista indispôs-se com a exclusão da mercê e com os favores cumulados a comerciantes e homens de negócios.

137

Além disso, pequenos comerciantes e taberneiros não se resignavam por terem sido excluídos pela nova companhia monopolista de Pombal, criada para proteger os produtores de vinho do vale do alto Douro, e essas reações conspiraram para produzir uma série de revoltas violentas e tentativas de assassinato, a que Pombal reagiu ferozmente, não apenas contra as classes populares mas também contra a alta nobreza e a ordem jesuíta.

O caso da Mesa do Bem Comum, o ataque ao contrabando e a regulação do comércio colonial forjaram assim uma identidade de interesses entre comissários volantes espoliados, seus credores ingleses e os jesuítas, e os favores outorgados aos colaboradores de Pombal criaram uma identidade de interesses entre esses grupos e os nobres descontentes.

Para a velha aristocracia, os colaboradores mercantis de Pombal representavam um sério desafio ao privilégio aristocrático dentro da estrutura social portuguesa, e a reação a essa engenharia social promovida pelo Estado não tardou a surgir.

A crise chegou ao auge com a tentativa de regicídio em 1758. O rei D. José I retornava ao palácio de Belém depois de uma visita noturna a sua amante, a jovem mulher do marquês de Távora, quando sua carruagem foi alvejada a tiros. O rei feriu-se seriamente, o suficiente para que a rainha, Dona Mariana Vitória (1718-1781), assumisse a regência (7 de setembro de 1758) durante sua convalescença. O incidente foi mantido em silêncio oficial até o começo de dezembro, quando um número substancial de pessoas foi preso numa vasta operação pente-fino, incluindo um grupo de aristocratas de prol. Os prisioneiros mais eminentes eram os cabeças da família Távora, o conde de Atouguia e o duque de Aveiro. O duque D. José Mascarenhas, o mais poderoso nobre de Portugal, excetuando a família real, era presidente da Suprema Corte. O marquês de Távora era ex-vice-rei da Índia e comandante da cavalaria. O conde de Atouguia chefiava a guarda palaciana.

O rei instaurou uma Suprema Junta de Inconfidência (9 de dezembro de 1758), presidida por três secretários de Estado e sete juízes, mas dominada de fato por Pombal. O tribunal, munido de amplos poderes que negavam aos réus as usuais salvaguardas da lei portuguesa, agiu com presteza. Em 12 de janeiro de 1759, os prisioneiros foram julgados culpados de tentativa de regicídio e condenados. O duque de Aveiro seria esquartejado, seus membros e braços esmagados e expostos numa roda para que todos vissem, suas cinzas lançadas ao mar. O marquês de Távora seguiria a mesma sina. Os membros do restante da família seriam quebrados na roda, mas primeiro haveriam de ser estrangulados. A sentença grotesca, cuja violência contra os aristocratas chocou boa parte da Europa, foi executada no dia seguinte em Belém.

No dia anterior, oito jesuítas foram presos por suposta cumplicidade, entre eles Gabriel Malagrida, um missionário e místico de ascendência italiana que partira para o Brasil em 1721, onde eles haviam trabalhado, no Maranhão. Após uma breve passagem em Lisboa entre 1749 e 1751, ele retornou ao Brasil, onde cedo se meteu em dificuldades com o irmão de Pombal. Malagrida publicara um panfleto sobre o terremoto de Lisboa, atribuindo o desastre à cólera divina. Pombal suara para explicar o terremoto como um fenômeno natural e pessoalmente denunciou Malagrida à Inquisição, no comando da qual instalara seu outro irmão, Paulo de Carvalho.

Um alvará real de 3 de setembro de 1759 declarou estarem os jesuítas em rebelião contra a coroa, ratificando o decreto real de 21 de julho do mesmo ano, que ordenava o encarceramento e prisão dos jesuítas no Brasil. Até março e abril de 1760, 119 jesuítas haviam sido banidos do Rio de Janeiro, 117 da Bahia e 119 do Recife. As imensas propriedades da ordem no Brasil, em Portugal e no remanescente do antes vasto império português na Ásia, foram expropriadas.

Em 21 de setembro de 1761, após um auto-de-fé em Lisboa, Malagrida foi garroteado e queimado, e suas cinzas lançadas ao vento. Sobre o caso Malagrida, Voltaire escreveu, *"l'excès du ridicule et de l'absurdité fut joint à l'excès d'horreur"* (o excesso de ridículo e de absurdo uniu-se ao excesso de horror). A reação em outras partes da Europa foi forte o bastante para sugerir a Pombal imprimir a sentença contra Malagrida com uma justificativa em francês. Que o último indivíduo queimado vivo pelas autoridades portuguesas sob instâncias da Inquisição fosse um padre, membro de uma ordem que representara a ponta-de-lança mesma da Contra-Reforma, era algo carregado de simbolismo e serviu de trampolim para que Pombal promovesse sua formidável propaganda de Estado na cruzada antijesuítica. Dali em diante, a administração pombalina instigou e subsidiou pela Europa afora uma virulenta campanha contra a ordem.

O próprio Pombal esteve intimamente envolvido na redação e formulação da notável peça de propaganda conhecida como *Dedução cronológica e analítica*. O texto dividia a história de Portugal entre o útil e o desastroso, essencialmente ligados à influência dos jesuítas. Sustentava uma rigorosa visão regalista no tocante à Igreja de Portugal. O professor Samuel Miller descreve a obra, não sem razão, como "uma monótona repetição de todas as acusações já assacadas contra os jesuítas por qualquer um em qualquer época". A história do assalto, pelas coroas portuguesa e espanhola, às missões jesuíticas ao longo do rio Uruguai na América do Sul durante o final dos anos 1750 também foi resumida e durante muitos anos definida por outra peça de propaganda financiada e promovida pelo Estado, a *Relação abreviada*.

Publicada em português, italiano, francês, inglês e alemão em Amsterdã, a *Relação* era um relato da campanha conjunta de portugueses e espanhóis contra as missões jesuíticas no que hoje são as terras fronteiriças do Sul brasileiro. Estima-se que cerca de vinte mil cópias foram distribuídas. Foi uma poderosa arma na batalha européia que conduziu à supressão dos jesuítas pelo papa Clemente XIV em 1773. Como mostrou Franco Venturi, sobretudo Veneza e Roma especializaram-se em imprimir vivos relatos das idas e vindas que ocorriam em Lisboa.

A expulsão dos jesuítas deixou Portugal praticamente despido de professores de nível secundário e universitário. Não admira que a criação de um sistema escolar de educação secundária e a reforma da Universidade de Coimbra tenham seguido à risca as recomendações dos antigos inimigos dos jesuítas, os oratorianos e Luís Antônio Verney, o último consultor pago do governo português a essa altura. Essas duas reformas forneceriam munição a Pombal para que sustentasse ser um paladino de um governo ilustrado. Ambas as reformas foram financiadas em parte pelas propriedades expropriadas dos jesuítas e aristocratas condenados por regicídio.

Finalmente, tornemos à pergunta que formulamos antes: por que Pombal e por que a Amazônia? A resposta está em cinco pontos de conflito cruciais. O primeiro era o plano de Pombal para a regeneração econômica por intermédio da exploração racional das colônias. Segundo, havia o conflito geopolítico em torno das fronteiras e da segurança do império, no qual as missões guaranis, em particular, se opunham às decisões de Portugal pela força das armas. Terceiro, a tentativa de regicídio. Quarto, havia o eterno conflito dentro da Igreja sobre educação e regalismo; esse importante cisma permitiu atacar os jesuítas sob o manto da tradição católica, na qual se irmanavam os principais porta-vozes antijesuítas.

Quinto e último, a situação armou um conflito direto entre a ordem e um ministro poderoso e inclemente que não tolerava divergências, para quem a *raison d'état* era a política suprema — e que não hesitava em agir quando provocado.

Que essas cinco causas servissem de catalisador para a expulsão dos jesuítas de Portugal muito deveu, é claro, à receptividade da opinião ilustrada européia, à política eclesiástica e à aquiescência diplomática de outras monarquias católicas da Europa. Mas a opinião européia sozinha não teria sido necessariamente suficiente para ocasionar um ato de expulsão — e muito menos para conduzir à momentosa decisão do papa Clemente XIV, em 1773, de suprimir a ordem jesuíta por inteiro. Os monarcas católicos europeus na Espanha, depois na França e na Áustria, apressaram-se a seguir o exemplo de Portugal em expulsar os jesuítas, mas é muito questionável que algum deles o tivesse feito se Portugal não agisse primeiro.

É nesse ponto, claro, que as correntes do pensamento ilustrado que esbocei no começo forneceram justificação propícia para ações que, no fundo, como vimos, tinham motivações mais prosaicas.

26 de agosto de 2001.
Tradução de José Marcos Macedo.

Gabriel Malagrida e outros jesuítas acusados de regicídio em um volante contemporâneo, 1758.

17

Uma dupla incomum

A amizade entre o abade José Corrêa da Serra (1750-1823) e Thomas Jefferson (1743-1826) envolve um enigma, um mistério e uma notável coincidência histórica. Quando se visita Monticello, a mansão de Jefferson no alto de uma colina na Virgínia (EUA), vê-se o túmulo de Jefferson encimado pelo obelisco desenhado por ele. Na inscrição, o epitáfio que ele próprio escreveu. Jefferson não quis ser lembrado como presidente dos Estados Unidos, como secretário de Estado ou embaixador em Paris à véspera da Revolução Francesa.

As três coisas que ele desejou ver gravadas em seu obelisco são: primeiro, que ele foi o autor da Declaração de Independência; segundo, que ele escreveu o Estatuto de Liberdade Religiosa da Virgínia; e, terceiro, que foi o fundador da Universidade da Virgínia. Os três elementos de que Jefferson mais se orgulhava em sua carreira são uma chave para o enigma, o mistério e a coincidência envolvidos no relacionamento entre esses dois homens.

Mas quem foi o abade Corrêa da Serra? Corrêa da Serra nasceu em Portugal em 1750. Seu pai foi um médico obrigado a fugir com a família diante de uma ação iminente da Inquisição. O jovem José Corrêa da Serra tinha seis anos quando a família se mudou para Nápoles, onde mais tarde ele estudou com duas figuras muito importantes do Iluminismo italiano, o português

Luís Antonio Verney, autor de um conhecido tratado sobre reforma educacional, *O verdadeiro método de estudar* (Nápoles, 1746), e o abade Antonio Genovesi, um *"philosophe"* italiano que se interessava por economia política e pela reforma da Igreja. Ambos foram discípulos das três figuras imponentes que Jefferson considerava seus progenitores intelectuais — Locke, Newton e Bacon — e cujos retratos exibia com destaque em Monticello. Nápoles era um centro do Iluminismo europeu meridional nessa época, governada por Carlos de Bourbon, o futuro Carlos III da Espanha, e o grande ministro reformista Bernard Tanucci.

Na década de 1770 Corrêa da Serra mudou-se para Roma para completar seus estudos, tornou-se padre e recebeu as ordens sagradas. Em Roma fez amizade com o viajado D. João Carlos de Bragança, segundo duque de Lafões, neto do rei Pedro II de Portugal com sua amante francesa, madame Laverger. Essa relação com a família real portuguesa, reconhecida pelo rei, deixava o duque de Lafões próximo demais da legítima linhagem dos Bragança para sentir-se confortável, e foi o principal motivo que o levou, prudentemente, a viajar. Mas Lafões, que conhecera o pai de Corrêa da Serra na Universidade de Coimbra, era um aristocrata instruído e de mentalidade científica, membro da Real Sociedade de Londres.

O período que o jovem Corrêa da Serra passou em Roma foi crítico. Em 1773 o papa aboliu a Companhia de Jesus; foi um divisor de águas no século XVIII para as monarquias católicas européias. A supressão dos jesuítas tornou-se possível por meio da agressiva campanha contra a sociedade, instigada principalmente pelo governante de fato de Portugal entre 1750 e 1777, o Marquês de Pombal. Luiz António Verney, o antigo mentor de Corrêa da Serra em Nápoles, tornou-se secretário da embaixada portuguesa no Vaticano, o centro nervoso da campanha contra os jesuítas em toda a Europa. O abade Corrêa da Serra voltou a Portugal em 1778 e, sob o patrocínio do duque de Lafões, um ano depois tornou-se um dos membros fundadores na categoria de Ciências Naturais da nova Academia de Ciências de Lisboa, criada pela rainha Maria I em 1779 e inaugurada em julho de 1780.

UMA DUPLA INCOMUM

Nessa época Lisboa ainda era um dos maiores portos da Europa e beneficiava-se do fluxo de riquezas do Brasil, a mais importante colônia portuguesa no século XVIII. No período imediatamente após o governo do Marquês de Pombal, depois da morte de D. José I em 1777, porém, persistia uma intensa disputa entre os reformistas e os tradicionalistas em Portugal, e a ascensão e queda das facções anti e pró-pombalinas na corte tiveram um impacto imediato em indivíduos como o abade Corrêa da Serra, que eram reformistas esclarecidos. Assim, em 1786, as condições desfavoráveis em Lisboa novamente o obrigaram a deixar Portugal.

Mas em 1790 ele estava de volta a Lisboa, onde serviu como secretário da Academia de Ciências durante seis anos. Nessa época Corrêa da Serra publicou uma série de trabalhos críticos sobre bibliografia e historiografia, desenvolveu uma vasta correspondência com importantes cientistas e filósofos europeus e exercitou sua paixão pela experimentação científica e botânica. Em 1790 o abade Corrêa da Serra, como secretário da Academia de Ciências de Lisboa, traçou o itinerário para três jovens acadêmicos promissores, dois jovens brasileiros e um colega português, que fizeram uma excursão científica pela Europa patrocinada pelo governo, começando por Paris. É uma iniciativa notável, se pensarmos que Portugal nesse período era um país reacionário e retrógrado, o bastião do obscurantismo, que o governo português enviasse dois jovens brasileiros à França no auge da Revolução Francesa, um dos quais, o doutor Manuel Ferreira da Câmara Bethencourt, era parente de um jovem cientista envolvido num complô republicano para derrubar a dominação portuguesa no Brasil um ano antes, em Minas Gerais, e outro, o doutor José Bonifácio de Andrada e Silva, que sucedeu Corrêa da Serra como secretário da Academia de Ciências de Lisboa, depois se tornou famoso na história como o patriarca da Independência brasileira. Mas em 1795, diante da reação contra a Revolução Francesa, a situação novamente se deteriorou em Portugal, em detrimento de reformistas como Corrêa da Serra. Dessa vez ele fugiu para a Inglaterra via Gibraltar e ficou em Londres por vários anos. Em 1796 tornou-se membro da Real

145

Sociedade, assim como da Sociedade Linnaeus. Nessa época ele era um botânico conhecido internacionalmente e mantinha boas relações com os principais cientistas da Inglaterra, notadamente Sir Joseph Banks, presidente da Real Sociedade, com quem Corrêa da Serra realizou uma importante expedição botânica à costa de Lincolnshire, na Inglaterra. Sir Joseph Banks havia visitado Lisboa na juventude, em meados da década de 1760, assim como o Rio de Janeiro em 1769, quando acompanhou James Cook em sua circunavegação do mundo.

Foi a pedido de Banks que Corrêa da Serra ajudou a esconder em Portugal um cientista francês, Peter Marie Auguste Broussonet, um girondino que estava fugindo do terror da Revolução Francesa. E parece que isso o fez perder temporariamente o mecenato de seu antigo protetor, o duque de Lafões, que fora indicado para a improvável posição de comandante-em-chefe do Exército português, embora seus interesses residissem mais nas minúcias dos uniformes dos soldados e na organização de seus acampamentos do que em batalhas reais. Lafões gostava de se passar por "duque de Bragança" quando viajava fora de Portugal, mas William Beckford, o cáustico esteta inglês então em Lisboa, disse que "duquesa de Bragança" seria um título mais apropriado. Beckford escreveu em seu diário: "Ele parece uma velha dama camareira, de tão supérfluo, coquete e fofoqueiro. Usa ruge e pintas, e, embora tenha setenta anos de idade, faz questão de rodopiar nos calcanhares e afastar-se deslizando com agilidade juvenil. Depois de falar em francês com sotaque muito refinado e queixar-se do vento, das estradas e do estado da arquitetura, partiu para marcar o local do acampamento da cavalaria".

Em 1801, porém, a situação em Portugal mudou novamente a favor dos elementos mais liberais, e um amigo íntimo de Corrêa da Serra, D. Rodrigo de Sousa Coutinho, afilhado de Pombal, tornou-se ministro das Relações Exteriores e lhe deu um cargo consular em Londres, com a intenção de ajudar financeiramente Corrêa da Serra, já que o abade estava sempre precisando de emolumentos. Em Londres, Corrêa da Serra adquiriu micrômetros, teodolitos, telescópios acromáticos, máquinas agrícolas e "motores" para regar jardins nas famosas oficinas de

James Ramsden. Thomas Jefferson, outro experimentador científico, estava comprando seus instrumentos científicos de Ramsden na mesma época.

Muitos dos instrumentos que Corrêa da Serra comprou fazem parte da excelente coleção de instrumentos científicos do século XVIII que está na Universidade de Coimbra. Alguns instrumentos que Jefferson comprou nesse mesmo período são hoje exibidos em Monticello.

Infelizmente, o embaixador português em Londres vinha de uma família da aristocracia, os Ponte de Lima, que se opunha totalmente à facção reformista em Portugal, e ele tornou a vida de Corrêa da Serra miserável, apesar do apoio de D. Rodrigo. Considerando intolerável sua situação em Londres, Corrêa da Serra partiu para Paris, onde viveu de 1801 a 1811. Em Paris, o abade Corrêa da Serra associou-se intimamente aos enciclopedistas. Entre seus amigos próximos e colegas em Paris estavam Antoine Laurent de Jussieu, professor de botânica no Museu de História Natural, o barão Alexander von Humboldt e o barão Cuvier (Georges Léopold Chrétien Frédéric Dagobert), professor de história natural no Collège de France e professor titular no Jardin des Plantes. Assim como Thomas Jefferson que, antes dele como embaixador americano foi conquistado pela linda Marie Cosway, o abade se apaixonou. O objeto de sua atenção amorosa foi uma jovem francesa, Esther Delavigne, com quem ele teve um filho, Eduardo José, em 1803.

Mas Corrêa da Serra novamente enfrentou problemas. Durante a segunda invasão francesa de Portugal, em 1811, Napoleão pediu que Corrêa da Serra escrevesse uma justificativa da ação francesa. Ele recusou e, como de hábito, se viu mais uma vez na estrada. Dessa vez deixou a Europa, embarcando numa fragata americana, a famosa USS Constitution (que ainda existe, ancorada no porto de Boston). Chegou a Norfolk, Virgínia, no ano fatal de 1812, quando irromperam as hostilidades entre a jovem república norte-americana e a Grã-Bretanha, que teve entre suas conseqüências a humilhante captura pelos britânicos da nova capital federal, Washington, e o incêndio da mansão presidencial, a Casa Branca.

O abade Corrêa da Serra chegou aos Estados Unidos munido de cartas de apresentação ao presidente James Madison e ao ex-presidente Thomas Jefferson, assim como para membros importantes da Sociedade Filosófica Americana em Filadélfia. Essas cartas eram de algumas das principais figuras do Iluminismo europeu, entre as quais André Thouin, o conservador do Jardin des Plantes em Paris, seu amigo Sir Joseph Banks, o marquês de Lafayette, Pierre Samuel du Pont, Alexander von Humboldt e Joel Barlow, o enviado americano a Paris.

A chegada de Corrêa da Serra a Washington pouco depois de os britânicos queimarem a jovem capital federal não foi auspiciosa. Na primeira semana seu coche tombou em um lamaçal. Depois disso ele teve pouco de bom a dizer sobre Washington. Mas em Filadélfia encontrou um ambiente extremamente congênere e logo se tornou um favorito da Sociedade Filosófica Americana e de seus membros eruditos. Benjamin Franklin havia presidido a sociedade de 1769 até sua morte, em 1790, e fora elogiado por Corrêa da Serra diante da Academia de Ciências de Lisboa em 1791. A sociedade era "dedicada ao aperfeiçoamento de conhecimento útil, mais particularmente o que se relaciona a este novo mundo. Ela abrange todo o círculo das artes, ciências e descobertas, especialmente no mundo natural". Esses eram, é claro, os mesmos objetivos da Academia de Ciências de Lisboa, cujas atividades enfocavam igualmente a história natural, com forte interesse pelo Brasil. Thomas Jefferson tinha sido eleito um dos três vice-presidentes da sociedade em 1791 e se instalou na Filadélfia como presidente da Sociedade Filosófica Americana em 1797, na noite anterior a sua posse como vice-presidente dos Estados Unidos. John Bartram, da Sociedade Filosófica, havia criado o primeiro jardim botânico da América do Norte.

A primeira visita do abade Corrêa da Serra a Jefferson foi tão satisfatória para ambos que ele se tornou um hóspede anual em Monticello entre 1813 e 1816. No primeiro andar em Monticello, em frente à suíte do próprio Jefferson, há dois quartos: um é o quarto Madison e o outro, o quarto Abade Corrêa da Serra.

Esse quarto foi reservado para Corrêa da Serra, e meio século depois a neta de Jefferson ainda o chamava de quarto Abade Corrêa. Era lá que o abade Corrêa da Serra ficava quando visitava Jefferson. Alguns amigos de Jefferson deixaram registros de suas reações ao abade nessa época. Um dos mais interessantes é o de Francis Gilmore, companheiro de Corrêa numa extensa expedição à fronteira do Oeste para coletar espécimes botânicos, além de informação social e de história natural. Gilmore viajou com o abade Corrêa da Serra de Monticello a Filadélfia, em 1813, e disse sobre Corrêa: "Ele é o homem mais extraordinário que vive hoje. Ele leu, viu, compreende e se lembra de tudo o que obteve dos livros ou aprendeu em viagens, observações e conversas com homens cultos. Ele é membro de todas as sociedades filosóficas do mundo e conhece todos os homens notáveis vivos". O próprio Jefferson teve uma reação muito semelhante a ele, e sua descrição é igualmente lisonjeira: "O senhor Corrêa era um cavalheiro de Portugal, de primeira ordem na ciência, sendo sem exceção o homem mais culto que conheci em qualquer país. Modesto, bem-humorado, familiar, simples como um agricultor, tornou-se o favorito de todos com quem travou conhecimento. Ele fala inglês com fluência". Mas como foi que um sacerdote católico do final do século XVIII se tornou um dos amigos mais íntimos do sábio de Monticello, um deísta e unitarista que tinha pouco apreço pela religião organizada? Esse é o enigma, é claro.

Então permita-me tentar desvendar esse enigma até certo ponto. Primeiro, deve-se perceber que havia uma importante corrente na vida intelectual, nas políticas governamentais e na ação portuguesas no século XVIII que as tornavam parte do fervor por mudanças na Europa meridional, exemplificado por Genovese e Verney. Três pessoas se destacam nessa corrente intelectual: Jacob de Castro Sarmento, Antonio Nunes Ribeiro Sanches e, é claro, o próprio Luís António Verney. Essas pessoas eram altamente cosmopolitas; dois deles eram cristãos-novos no contexto português, os descendentes de judeus que haviam se convertido à força ou afirmavam ter-se convertido imediatamente após a expulsão da população judia da Espanha no final do século XV.

No século XVIII eles formavam uma comunidade que existia num mundo muito conflituoso entre seu passado judaico, sua aceitação cristã e, em vários casos, seu futuro judaico. Eles permaneciam ameaçados pela Inquisição e sujeitos pela lei a muitas inconveniências devido a sua chamada "impureza de sangue".

Os cristãos-novos eram portanto pessoas que tinham uma mistura de passados religiosos e foram altamente perseguidas, com freqüência sendo obrigadas a deixar seu país, quando conseguiam, por meio de bons contatos familiares ou da sorte, escapar às câmaras de tortura da Inquisição e às fogueiras dos autos-de-fé. No entanto eles permaneceram séculos em Portugal, destacando-se em duas áreas-chave — negócios e medicina —, e eram extraordinariamente internacionais em seu pensamento e em suas conexões familiares. Jacob de Castro Sarmento e António Nunes Ribeiro Sanches tornaram-se importantes *philosophes* do século XVIII.

No entanto, assim como o abade Corrêa da Serra, seus nomes raramente são mencionados quando se discute a enciclopédia de Diderot, embora Ribeiro Sanches fosse um dos colaboradores da enciclopédia sobre medicina, particularmente em questões de higiene, e o abade Corrêa da Serra tenha sido incumbido de escrever um relato do terremoto de Lisboa e da reconstrução da cidade, que chegou tarde demais para ser incluído.

Ribeiro Sanches, assim como mais tarde a família do abade Corrêa da Serra, foi obrigado pela Inquisição a deixar Portugal na década de 1730. Tendo fugido para Londres, na década de 1740 ele serviu como médico pessoal de José Sebastião Carvalho e Melo, que mais tarde se tornaria o Marquês de Pombal. Ribeiro Sanches estudou na Holanda, na Universidade de Leiden, com um dos inovadores da medicina e das ciências naturais do século XVIII, Hermann Boerhaave. Castro Sarmento e Gerhard van Swieten também foram alunos de Boerhaave assim como vários professores do novo Colégio de Medicina de Filadélfia. Van Swieten, um holandês católico, seria o reformador dos sistemas educacional e médico da monarquia austríaca. Van Swieten foi o médico pessoal do futuro Marquês de Pombal quando ele serviu como enviado português a Viena e também médico pessoal da imperatriz Maria Teresa.

Ribeiro Sanches havia trocado Londres por Viena por sugestão de Van Swieten. Da Áustria ele viajou para Moscou, onde foi responsável pela saúde do Exército russo, que combatia os turcos e os tártaros. Ele escreveu uma série de tratados importantes nessa época, um sobre doenças venéreas, em que afirmou que a doença venérea não vinha da América, mas tinha origem asiática (o filho francês de Corrêa da Serra, Eduardo José, também se tornou médico e escreveu sua tese para a Faculdade de Medicina de Paris sobre doença venérea). Mas o trabalho mais importante de Ribeiro Sanches foi sobre saunas e higiene. Ele acreditava que os soldados deveriam banhar-se, ficou impressionado com a sauna russa e quis que fosse introduzida na Europa ocidental. Seu livro sobre a sauna e o uso de vapores para limpar o corpo foi um dos mais vendidos no século XVIII.

No final da década de 1770 Ribeiro Sanches mudou-se para Paris e colaborou com os *"philosophes"*, e muitas de suas idéias entraram na grande enciclopédia. Portanto, não estamos falando aqui de alguém que foi marginal ao Iluminismo no século XVIII; Ribeiro Sanches foi central a ele, e foi central como exilado português cristão-novo, com um passado fraturado de perseguição e de experiência cultural e religiosa.

O que surgiu dessa experiência foi a ênfase na reforma educacional e a tolerância religiosa, o desejo de abolir a categorização forçada das pessoas. Quando Pombal, seu ex-paciente em Londres, assumiu o poder em Lisboa, Ribeiro Sanches pôde exercer considerável influência sobre a reforma educacional. Na verdade, Castro Sarmento e Ribeiro Sanches serviram como consultores do governo português no final da década de 1760 e na seguinte e se envolveram em todas as reformas educacionais que ocorreram nesse período, particularmente a fundação do Colégio dos Nobres e a reforma da Universidade de Coimbra. Para o Colégio dos Nobres em Portugal, Ribeiro Sanches forneceu opiniões documentadas sobre como deveria ser o currículo, com base em sua experiência na Rússia com o corpo de cadetes da

Rússia imperial. O colégio teria palestras sobre higiene. Também possuía um laboratório de física.

Em suas *Cartas sobre a educação da mocidade* (Paris, 1759), Ribeiro Sanches recomendou o valor da física no currículo educacional assim como de aparelhos científicos para que os professores pudessem demonstrar "por meio do uso desses instrumentos que seus resultados eram causados não por milagres, mas por meio dos efeitos da natureza (...) [e para que] os alunos vissem as provas do que lhes era ensinado". O professor de física experimental do Colégio dos Nobres, Giovanni António dalla Bella, havia chegado da Itália em 1766 e foi responsável pela aquisição dos instrumentos, em parte na Inglaterra e em parte construídos sob encomenda em Portugal. O jovem D. José, príncipe herdeiro, tinha seu próprio laboratório de física no Palácio Real da Ajuda, em Lisboa. William Beckford, que conheceu o príncipe um ano antes de ele sucumbir tragicamente à varíola, observou que a primeira coisa que o príncipe disse foi sobre seu laboratório de física. O mentor de Corrêa da Serra, Antonio Genovesi, era o autor de *La noblesse commerçant*, e suas obras foram citadas nos estatutos do colégio. O colégio incluía entre seus primeiros alunos os filhos de mercadores recentemente enobrecidos, alguns dos quais eram considerados cristãos-novos.

Mais tarde, em 1772, quando ocorreu a reforma da Universidade de Coimbra, os principais elementos dessa reforma incluíam a criação de um currículo de ciências naturais, anatomia e higiene, a formação de laboratórios de química e física e um observatório.

A reforma destinava-se a modernizar as faculdades de teologia e lei canônica, a incorporar o estudo de fontes portuguesas no currículo da Faculdade de Direito, atualizar completamente a Faculdade de Medicina, com o retorno do estudo de anatomia por meio da dissecação de cadáveres (anteriormente proibida em Portugal por motivos religiosos), o estudo de higiene, "porque é mais fácil conservar a saúde do que recuperá-la depois de perdida", assim como a adoção das descobertas de William Harvey referentes à circulação do sangue, as teorias de Bernard Siegfried Albinus sobre anatomia, de Hermann Boerhaave em patologia e de Gerhard van Swieten em farmacologia. Para a Universidade de Coimbra, Castro Sarmento traçou planos para o jardim botânico.

Pombal também tentou eliminar as distinções odiosas entre cristãos "velhos" e "novos" e gerar uma atitude mais tolerante no país, com sucesso. Ribeiro Sanches, então em Paris, foi consultado por Pombal sobre essa legislação. Ribeiro Sanches mantinha um diário que contém suas reações pessoais às reformas efetuadas em Portugal.

Em particular ele era cético a respeito de que a legislação pudesse anular os preconceitos de séculos. Os preconceitos que as pessoas guardam em seus corações, ele escreveu, são aprendidos na infância, com os padres nos confessionários; isso pode ser mudado pela legislação do Estado? Ele tinha dúvidas quanto aos resultados. Não obstante fez-se a tentativa de remover os obstáculos legais; a distinção odiosa entre cristãos "novos" e "velhos" foi formalmente abolida por Pombal na década de 1770.

Deve-se notar que durante todos esses processos de reforma os brasileiros tiveram um papel muito importante; 65% dos brasileiros que foram para a Universidade de Coimbra reformada trabalhavam nas novas faculdades de ciências naturais, adquirindo títulos e doutorados em ciências naturais pela primeira vez, e muitos deles vieram a ser figuras muito importantes no movimento de independência do Brasil: homens como José Bonifácio de Andrada e Silva, um dos estudantes cuja educação científica na Europa foi patrocinada pelo abade Corrêa da Serra em 1790. Francisco de Lemos, um brasileiro, foi o reitor reformista da universidade, colocado no cargo por Pombal. O papel dos brasileiros nesses desenvolvimentos é interessante porque a reforma nas relações imperiais pareciam importantes para todos esses pensadores, e eles tendiam, Ribeiro Sanches, Corrêa da Serra e seu grande mecenas em Portugal, D. Rodrigo de Sousa Coutinho, a afirmar que o Brasil eventualmente seria o centro do império português. Assim, não é mera coincidência que em 1816, quando o Reino Unido de Portugal, Brasil e Algarves foi proclamado no Rio de Janeiro, o abade Corrêa da Serra, então na Filadélfia, tenha sido escolhido o primeiro embaixador nos Estados Unidos para representar a nova monarquia sul-americana.

Contra esse pano de fundo podemos começar, acredito, a desvendar nosso enigma e começar a ver algumas das experiências intelectuais que Jefferson acharia tão interessantes em Corrêa da Serra. Jefferson considerava as oportunidades educacionais amplamente disseminadas como a função mais importante do Estado e em Paris ele escreveu para George Wythe, com quem havia estudado direito no Colégio William and Mary, na Virgínia: "Penso que de longe a lei mais importante em nosso código é a que provê a difusão do conhecimento entre as pessoas. Nenhuma outra base segura pode ser imaginada para a preservação da liberdade e da felicidade".

Como vemos pelo obelisco de Jefferson em Monticello e pela correspondência entre Jefferson e Corrêa da Serra, um dos principais interesses que os uniu foi a fundação da Universidade da Virgínia, seu currículo, como o corpo docente deveria ser recrutado e como seria organizado o jardim botânico. Em 1821 Jefferson escreveu: "A aprovação pelo senhor Corrêa do plano de princípios de nossa universidade me lisonjeia mais que a de todos os outros, porque ninguém pode ser comparado a ele em ciência e em mentalidade abrangente". Esse interesse apaixonado pela reforma educacional claramente fornece uma parte da explicação para nosso enigma: os interesses mútuos de Corrêa da Serra e Jefferson, enfocados na criação da Universidade da Virgínia, um dos três elementos de que o próprio Jefferson mais se orgulhava na obra de sua vida e a terceira de suas realizações que mandou gravar no obelisco em sua tumba em Monticello.

Mas qual é o mistério? O mistério é não termos conhecimento dessa história notável. Por que são tão pouco conhecidos essa amizade tão importante e os interesses mútuos que ligavam Corrêa da Serra e Jefferson, em discussões sobre temas que foram vitais para a autopercepção de Jefferson e do que ele conquistou na vida? Acredito que há várias explicações possíveis; vou dar algumas. A primeira decorre de nossas noções sobre o

Iluminismo, especialmente no contexto norte-americano e do noroeste da Europa. Tendemos a pensar, e interpretações recentes nos levaram a acreditar, que o Iluminismo foi um fenômeno exclusivo do noroeste da Europa, ou, se houve uma influência da Europa meridional na América do Norte no século XVIII, foi decorrente de um período muito anterior.

Mas isso curiosamente nega a importância de influências contemporâneas em Jefferson, que vieram diretamente de seu envolvimento pessoal com homens como o abade Corrêa da Serra. Assim, sabemos muito pela literatura histórica sobre o papel do Iluminismo escocês ou tendemos a ver a revolução científica como um desenvolvimento confinado à Europa protestante, pelo menos em seus aspectos científicos e experimentais; mas não temos nenhuma discussão ou nenhuma consciência de que o Iluminismo foi um movimento muito mais amplo, que sacudiu a Europa católica assim como a Europa protestante. Creio que o primeiro bloqueio, portanto, é a névoa de preconceitos que permanecem sobre o que aconteceu na Europa meridional em geral no fim do século XVIII.

Mas por que os historiadores católicos não abordaram isso? Creio que existe um motivo muito interessante. O abade Corrêa da Serra era anticlerical e antijesuíta; ele se opôs às pretensões da cúria papal; era um velho abade português que aconselhou a Jefferson ser absolutamente essencial preservar a separação entre Igreja e Estado na Virgínia, especialmente em sua nova universidade estatal. Para compreender essa posição, temos de recuar e ler o que Antonio Genovese e Ribeiro Sanches escreveram. Ambos se opunham veementemente ao conceito monárquico do papado e favoreciam um controle episcopal e não papal da Igreja Católica. E se opunham fervorosamente aos jesuítas. Como sabemos, os jesuítas, depois de sua supressão pelo papa em 1773, restabeleceram-se no início do século XIX e recuperaram um papel predominante na educação católica. Essa é parte da explicação, eu suspeito, de por que muito poucos historiadores católicos abordaram o fervor iluminista dentro da Igreja Católica no século XVIII, com sua forte tendência anti-romana.

Outro motivo repousa no curso da história dos Estados Unidos, especialmente a história do sul depois da Guerra Civil. A universidade estatal foi uma invenção sulina; as universidades do Norte ainda eram no século XVIII, e o foram por muito tempo, dominadas por denominações religiosas, exclusivamente em alguns casos, e, como o abade Corrêa da Serra disse a Jefferson, não passavam de "seminários", no seu entender. Mais tarde, é claro, foram essas universidades privadas do Norte que se tornaram as mais prestigiosas no sistema americano de educação superior, e não as universidades públicas. A própria Universidade da Virgínia no século XIX não cumpriu os elevados objetivos definidos por Jefferson, embora tenha conseguido fazê-lo de muitas maneiras no século XX.

Por isso a originalidade da reforma educacional de Jefferson não foi muito reconhecida ou apreciada até recentemente, já que a maioria dos historiadores do Norte depois da Guerra Civil não podia conceber que existisse no Sul um estabelecimento educacional avançado, fundado no pensamento iluminista.

O importante papel dos cristãos-novos também não foi abordado adequadamente por historiadores judeus, e aqui novamente a história é complicada. Ribeiro Sanches, por exemplo, passou por um envolvimento pessoal muito complicado com sua própria identidade religiosa. Ele foi batizado e criado como cristão. Somente quando foi a Lisboa, com 13 ou 14 anos, ele se conscientizou de que vinha de uma família cristã-nova; e foi só então que muito lentamente compreendeu o que isso significava em termos de legado judaico. Sendo um jovem brilhante, leu tudo o que pôde encontrar sobre judaísmo e decidiu que realmente queria ser judeu. Quando estava em Londres, foi circuncidado e se uniu à comunidade judaica; mas em apenas três anos ele passou a rejeitar a comunidade judaica de Londres e foi para Paris se tornar novamente cristão. Há extensas observações em seu diário pessoal quanto aos méritos e deméritos das duas religiões.

Nisso, Ribeiro Sanches foi um verdadeiro filho do Iluminismo, é claro, mas como conseqüência ele não se enquadra com facilidade nem na historiografia portuguesa, que o considera ju-

UMA DUPLA INCOMUM

deu, nem na historiografia judaica, que não aceita facilmente sua ambigüidade religiosa. A história de Castro Sarmento não é muito diferente: ele deixou a comunidade judaica para se casar com uma evangélica.

Finalmente, qual é a coincidência? Ela se refere ao segundo epitáfio na tumba de Jefferson, seu orgulho pelo estatuto de tolerância religiosa da Virgínia. Uma das mais importantes famílias sefarditas dos Estados Unidos era a família Levy, de Filadélfia e Nova York, que durante a maior parte de um século possuiu a propriedade Monticello de Jefferson. Em 1834 o comodoro Uriah Phillips Levy, da Marinha americana, comprou Monticello, então gravemente danificada, e realmente a salvou da desintegração e do desabamento. Jefferson morrera na bancarrota em 1826. Monticello foi primeiramente comprada por um indivíduo particular, mas a casa foi vandalizada.

O comodoro Levy, um dos mais polêmicos e extravagantes membros da Marinha dos Estados Unidos, foi o primeiro judeu a ter uma alta patente no serviço. Nascido em 1792, ainda rapaz ele lutou na guerra de 1812 contra os britânicos e depois foi capturado e preso durante oito meses na famosa prisão de Dartmoor, na Inglaterra. Apesar de seis cortes marciais, ele chegou ao comando da frota americana no Mediterrâneo. Levy foi um reformista que defendeu a abolição dos castigos físicos na Marinha. Ele doou Monticello ao governo americano em 1862, mas durante a Guerra Civil os confederados tomaram a propriedade e a venderam. Depois da guerra houve anos de litígio até que o sobrinho de Uriah Levy recuperou sua posse em 1879. A família foi proprietária de Monticello até que a Fundação Memorial Thomas Jefferson a comprou em 1923.

Revendo as origens genealógicas da família Levy, encontra-se o nome do doutor António Nunes Ribeiro Sanches. O tio de Ribeiro Sanches, um médico conhecido, havia emigrado para Savannah, Geórgia, em 1733, deixando Portugal como um cristão batizado, mas fugindo da Inquisição. Na América do Norte ele voltou a se casar como judeu e então ajudou a colônia da Geórgia a superar uma epidemia de febre amarela. Seu genro, David Mendez Machado, mudou-se de Savannah para Nova York e tornou-se *hazan* (ministro) da congregação Shearih Israel, a famosa sinagoga espanhola e portuguesa que foi fundada em 1654 por judeus portugueses fugidos do Recife após a queda do Brasil holandês. Sua neta, Rebecca, casou-se com Michael Levy, cujo filho foi o comodoro Uriah Phillips Levy, que comprou e preservou Monticello. Rachel Phillips Levy, neta do tio de Ribeiro Sanches, está enterrada em Monticello e portanto era parente por casamento de Ribeiro Sanches, o reformista educacional e mentor do abade Corrêa da Serra, amigo de Thomas Jefferson.

Portanto, temos aqui uma notável coincidência histórica. Ribeiro Sanches, um dos grandes acadêmicos do Iluminismo europeu, um cristão-novo português cujas idéias foram usadas para reformar a Universidade de Coimbra e uma das pessoas que promoveu a idéia de tolerância religiosa por meio da abolição da discriminação legal contra pessoas de origem judaica, foi mentor de Corrêa da Serra, que por sua vez se uniu a Jefferson em Monticello em discussões sobre a criação da Universidade da Virgínia. E dessa maneira histórica circular, esse mesmo notável português cristão-novo também estava ligado à família que mais tarde salvou e preservou a casa de Jefferson para as futuras gerações.

O estatuto de liberdade religiosa da Virgínia é a segunda conquista que Thomas Jefferson quis ver lembrada e inscrita em seu obelisco em Monticello. É uma das grandes expressões do Iluminismo na América. O estatuto diz: "Nenhum homem deverá ser obrigado a freqüentar ou apoiar nenhum culto ou ministério religioso ou de alguma forma sofrerá devido a suas opiniões ou crenças religiosas, mas todos os homens devem ser livres para professar e por meio de argumentos manter suas opiniões em questão de religião".

O comodoro Uriah Phillips Levy admirava Jefferson precisamente pelo que ele fez "para moldar nossa república de uma forma em que a religião de um homem não o torna inelegível para a vida política ou governamental". Foi por esse motivo, acima de qualquer outro, que ele desejou que Jefferson fosse lembrado e sua mansão Monticello no alto da colina, preservada para a nação americana.

Eu chamei de coincidência essa ligação entre Corrêa da Serra e Levy. Mas há uma última pergunta a fazer: por que o abade Corrêa da Serra foi tão odiado pela antiga aristocracia, os chamados "puritanos" da velha nobreza de Portugal, que definiam seu "puritanismo" como a ausência de sangue judeu, mouro ou herege? Existe uma nota estranha na biografia de Corrêa da Serra que deve ser mencionada aqui: ele adotou o nome de sua mãe, e não o de seu pai. O processo número 1.911 da Inquisição, mantido na Torre do Tombo nos Arquivos Nacionais de Lisboa, é uma investigação para determinar se a família de Corrêa da Serra era de cristãos-novos e a provável causa da fuga de seu pai para Nápoles.

Portanto não é impossível que o velho abade fizesse mais parte dessa complexa história clandestina do que sabemos. Mas esse é um mistério que aguarda ser desvendado.

7 de outubro de 2001.
Tradução de Luiz Roberto Mendes Gonçalves.

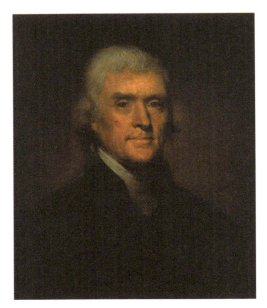

Thomas Jefferson, por Rembrandt Peale (1778-1860) (Associação Histórica da Casa Branca).

José Correia da Serra, por Rembrandt Peale (1778-1860) (Sociedade Histórica da Pensilvânia).

18

Por que o Brasil foi diferente? Os contextos da independência

"A preservação da monarquia em uma parte da América é de vital importância para o Velho Mundo."

George Canning, 1824.

Ao longo das últimas décadas, foram surpreendentemente raros os trabalhos acadêmicos a respeito da independência do Brasil. E menor atenção ainda se devotou ao impacto causado em Portugal, durante a década de 1820, pela descolonização do vasto império português na América do Sul. Historiadores portugueses às vezes ainda escrevem como se o Brasil jamais houvesse existido — a mais recente e prestigiosa história de Portugal sobre o século XVIII, por exemplo, praticamente não menciona o Brasil, muito embora, durante quase todo esse período, 60% da receita do Estado derivasse do Brasil — e os historiadores brasileiros freqüentemente ignoram as importantes dimensões transatlânticas dos conflitos políticos internos e das limitações econômicas do Brasil.[1] O período que abrange o final de 1807 no momento em

---

1. Ver António Manuel Hespanha (ed.), *O Antigo Regime, vol. 4, História de Portugal* (8 vols.), ed. José Mattoso, Lisboa: Editorial Estampa, 1997.

que a invasão de Portugal levada a cabo pelo general Junot forçou a corte portuguesa a se refugiar no Brasil, até 1825, quando Portugal e as mais importâncias potências da Europa reconheceram a independência do Brasil —, carece até mesmo da mais rudimentar estrutura interpretativa. No entanto, os acontecimentos em ambos os lados do Atlântico estavam intimamente ligados e não podem ser explicados sem uma compreensão de sua vinculação. De fato, entre 1815 e 1821, Portugal e Brasil faziam parte, formal e institucionalmente, de um "Reino Unido". O entrelaçamento da política e da economia do Brasil e Portugal era extenso e assim permaneceu até meados do século XIX.

Meu objetivo, de modo bem preliminar, é reavaliar os acontecimentos nesses anos críticos em um contexto atlântico comparativo; indicar alguns problemas teóricos e práticos relativos ao estudo da independência do Brasil e delinear alguns aspectos-chave do contexto internacional da independência brasileira. Por fim, abordarei a história social e econômica desse período, sobre o qual a literatura atual atribui ao Brasil as maiores continuidades entre os períodos colonial e nacional e, a Portugal, as maiores descontinuidades.

I

Quando nos voltamos ao estudo do surgimento de novas nações criadas a partir de velhos impérios, sempre há certas expectativas e idéias preconcebidas. Basicamente, pensamos na emancipação política da condição de colônia; também estão envolvidos pressupostos acerca da democratização de políticas internas, ou pelo menos de sua liberalização; por conseguinte, espera-se a derrota do despotismo e o surgimento de algum tipo de fórmula institucional para expressar a vontade do povo, essencial para a legitimidade de qualquer novo Estado. Legitimidade, no entanto, não depende apenas de fatores internos ou domésticos: o reconhecimento externo do novo *status* nacional é essencial, como também o será a reconciliação com o antigo colonizador (ou ao menos uma aceitação formal de

POR QUE O BRASIL FOI DIFERENTE? OS CONTEXTOS DA INDEPENDÊNCIA

separação) normalmente por meio de um tratado internacional. Por conseguinte, é inevitável o envolvimento de questões geopolíticas assim como o de políticas das grandes potências. A constelação de forças externas, sua determinação em intervir ou não dependendo do caso, talvez seja mais importante do que em qualquer outro período da história da nação. A nova nação precisa também cumprir obrigações no âmbito internacional: contratar empréstimos, participar do comércio e financiá-lo; organizar sua vida econômica e financeira; algumas vezes pagar indenizações ou assumir obrigações para quitar débitos da colônia.

Portanto, no momento da independência, como em raras épocas na história de uma nação, são necessárias decisões fundamentais de natureza *fundadora*. Tais decisões podem envolver importantes questões sobre a organização da esfera econômica e social; a manutenção de reivindicações e direitos de propriedade; talvez decisões sobre a relação entre Igreja e Estado; bem como decisões institucionais sobre estruturas constitucionais, tribunais e administração pública, questões organizacionais sobre como criar bancos e instituições de crédito, questões sobre como impor tarifas ou negociar tratados comercias, e como criar uma moeda confiável.

É a natureza *explícita* desses desafios que torna esses momentos um tópico fascinante para as investigações históricas; uma vez que não estamos especulando acerca das relações entre percepções, idéias e ações, mas sim observando idéias traduzidas em organizações institucionais ou sociais e em estruturas constitucionais. E em meio a isso tudo, quando voltamos o olhar em retrospecto 175 anos depois, precisamos também penetrar o emaranhado da tradição nacional "inventada" que é componente inevitável de toda consciência nacional.

Temos a tendência a presumir que todas as mudanças são para melhor. Menciono isso apenas para indicar como nossa visão sobre a independência nacional e sobre a descolonização pode ser subjetiva. Raramente consideramos, por exemplo, a independência como "algo ruim", como um retrocesso, um triunfo do "despotismo" sobre a "liberdade", ou da "escravidão" sobre a "liberdade", ou de um regime "imposto" sobre um regime "representativo", da oligarquia sobre a democracia, da reação sobre o liberalismo. E, mesmo assim, no caso da independência do Brasil, quase todas essas acusações contra o novo regime podem ser feitas; e de fato o foram na época.

O Brasil, obviamente, não era o único a confrontar tais dilemas. À medida que nações independentes emergiam na América Latina após três séculos de dominação ibérica, a persistência de sua herança colonial era questão proeminente. O Brasil, por exemplo, já tinha 322 anos à época de sua independência de Portugal, e sua experiência hoje como nação livre da dominação formal européia é ainda bem menor que sua vida como colônia. No entanto, na América Latina, essa "persistência colonial" era diferente daquela herdada por muitos dos Estados pós-coloniais que emergiram dos impérios europeus na Ásia e África em meados do século XX. O impacto da Espanha e Portugal nas Américas foi mais demolidor e, por conseguinte, mais permanente do que o impacto dos europeus que temporariamente se impuseram sobre outras antigas sociedades do Oriente Médio até a China; ali, padrões de comportamento, estruturas sociais, populações e religiões jamais foram erradicados e destruídos, como catastroficamente ocorreu com as antigas civilizações da América pré-colombiana. Após a Segunda Guerra Mundial, especialmente onde não havia populações de colonos brancos em grande escala para complicar a transição, africanos e asiáticos alcançaram a independência ao negociar a retirada de um punhado de soldados, supervisores e administradores brancos ou então ao expulsá-los à força. Na América Latina, foram *justamente* os soldados, supervisores e administradores brancos que expulsaram os representantes das coroas espanhola e portuguesa, enquanto mantinham, ou usurpavam, o domínio sobre grandes populações não brancas, ou indígenas, ou de escravos africanos.

Parece-me, portanto, que a América Latina não pode ser completamente compreendida se for considerada apenas dentro do contexto de "Terceiro Mundo" das novas nações que emergiram com o colapso dos impérios holandês, britânico e francês entre 1945 e 1965. Nesse sentido, o Brasil foi de fato um "Novo

POR QUE O BRASIL FOI DIFERENTE? OS CONTEXTOS DA INDEPENDÊNCIA

Mundo nos trópicos", como disse certa vez Gilberto Freyre; uma sociedade de colonizadores que ficara enraizada no Novo Mundo, e onde a população — fosse ela de origem européia, africana ou indígena — estava miscigenada o bastante para não ser facilmente segregada outra vez. A extraordinária profundidade do impacto da colonização espanhola e portuguesa no hemisfério ocidental foi tal que a construção da nação pós-colônia se tornou intrinsecamente um caso incestuoso.

II

Com efeito, na década de 1820, o Brasil estava negociando sua relação com o mundo externo dentro dos severos limites a ele impostos pela história, pela geografia e pela experiência colonial. Até recentemente, a interpretação desse período crítico foi fortemente influenciada pela teoria da dependência. Mas essa teoria tendia a homogeneizar a experiência latino-americana em um modelo explicativo extensivo ao mundo inteiro. Tal abordagem, fortemente influenciada pelos movimentos africanos e asiáticos de descolonização do século XX, freqüentemente negava autonomia às forças econômicas, políticas e sociais que atuavam nas assim chamadas regiões "periféricas". Desencorajava, acima de tudo, uma investigação do processo, das causas e da dinâmica da mudança e, praticamente, ignorava idéias ou inovações institucionais. Tal abordagem criou enorme obstáculo à compreensão do caso da América Latina colonial, cujo controle fora, mais que tudo, componente essencial da construção da dominação européia mundial, como John H. Parry, em seu esplêndido livro *The Establishment of the European hegemony, 1415-1715*, demonstrou de modo tão habilidoso e sucinto.[2] A teoria da dependência, por outro lado, tendia a sublimar qualquer inves-

---

2. John H. Parry, *The establishment of the European hegemony, 1415-1715; trade and exploration in the age of the Renaissance*, New York: Harper & Row, 1961.

tigação sobre como a supremacia européia fora alcançada, e confinava as explicações sobre as mais importantes mudanças sistêmicas (o fim do feudalismo, o surgimento do capitalismo e assim por diante) à dinâmica *interna* de sociedades européias, um eurocentrismo inconsciente que, devo dizer, ainda parece, na minha opinião, dominar, até os dias de hoje, muitos dos trabalhos escritos sobre história econômica.

Os estudiosos brasileiros apaixonaram-se por essa construção teórica e desempenharam importante papel em sua evolução. Tanto Emília Viotti da Costa quanto Fernando Novais, por exemplo, situaram a emergência do Brasil como nação independente no contexto da mudança de capitalismo comercial para industrial na Europa e nas conseqüentes mudanças no sistema internacional. Os historiadores que não pertenciam à tradição marxista também assumiram ponto de vista similar: Robinson e Gallagher, por exemplo, consideravam a independência das nações latino-americanas, exemplo clássico de uma mudança do imperialismo formal ao informal.[3]

No entanto, os interesses britânicos em Portugal e no Brasil não eram monolíticos; dois *lobbies* distintos na Grã-Bretanha haviam se engajado em relações econômicas com Portugal no século anterior à independência brasileira: os mercadores de vinhos importados e os exportadores de tecidos. Ambos tinham forte interesse em *manter*, em Portugal, os antigos regimes tarifários favoráveis e direitos extraterritoriais privilegiados que protegiam seus setores e remontavam a meados do século XVII. Por outro lado, as novas manufaturas de tecidos de algodão agressivamente expansionistas de Lancashire estavam interessadas no mercado livre e, até 1818, obtinham grande parte de sua matéria-prima do nordeste do Brasil, especialmente de Pernambuco. Elas não tinham nenhum interesse em perpetuar o domínio político e econômico de Portugal sobre o Brasil, uma vez que Portugal havia desenvolvido suas próprias fiações de algodão e mantivera o Brasil como mercado fechado e privilegiado.

---

3. R. H. Robinson e J. Gallagher, The Imperialism of Free Trade, *Economic History Review*, 1, second series 1953, pp. 1-15.

POR QUE O BRASIL FOI DIFERENTE? OS CONTEXTOS DA INDEPENDÊNCIA

É importante, por conseguinte, não enfatizar excessivamente o poder das forças puramente econômicas, nem pressupor a inevitabilidade de mudanças mais amplas. O setor têxtil na Grã-Bretanha e seus lobistas no Parlamento certamente acreditavam que sua vantagem comparativa permitiria que seus produtos rompessem as antigas barreiras tarifárias mercantilistas das potências ibéricas, mas eles também ansiavam por ver essas barreiras retiradas por intervenção governamental. Nesse aspecto, é notável a continuidade nos laços de mútuo apoio da pressão comercial, militar e diplomática exercida pela Grã-Bretanha sobre Portugal e sobre suas possessões de além-mar. Em meados do século XVII, na década de 1640, a nova monarquia de Bragança havia se mostrado extremamente relutante em concordar com o Tratado de Cromwell, o qual concedia o reconhecimento britânico a um país recentemente emancipado da dominação espanhola em troca de importantes concessões comerciais. Foi a ameaça das armas do almirante Blake no estuário do Tejo que acabou persuadindo o rei de Portugal a ratificar o acordo em 1º de maio de 1656. A armada britânica que havia escoltado o príncipe regente D. João, sua mãe, Dona Maria, a Louca, e a corte ao Brasil em 1807, também estava ancorada ao largo do porto de Lisboa, com o intuito tanto de intimidar quanto de prestar ajuda. Se a corte portuguesa *não* houvesse partido para o Brasil como planejado e, em vez disso, houvesse cedido às exigências francesas para que a família real permanecesse em Lisboa, não há dúvida de que os britânicos teriam bombardeado Lisboa, como o haviam feito recentemente em Copenhague, e teriam destruído ou apreendido os navios portugueses no porto. O almirante Sir Sidney Smith recebera instruções claras de Londres para que, sob *nenhuma* hipótese, a armada portuguesa caísse nas mãos dos franceses.

A precocidade desses tratados desiguais entre a Grã-Bretanha e Portugal trouxe à lembrança de C. R. Boxer, o extraordinário historiador e profundo conhecedor de Portugal e da China, os tratados desiguais de Nanquim do final da década de 1840, o apogeu, da assim chamada era do "imperialismo do comércio livre" e do império "informal". Portugal havia sido, sob esse aspecto, o precursor de uma relação que impunha duras condicionalidades à soberania de outra nação, sem o exercício direto do poder soberano. Como ocorreu com a China em meados do século, os britânicos nem sempre produziam o que o mercado internacional desejava e, nessas circunstâncias, eles raramente hesitavam em impor o comércio pela força política e militar, ou em buscar concessões especiais, mesmo que isso os tornasse, como no caso da China, fornecedores de narcóticos.

A abertura dos portos do Brasil em 1808 a "todas as nações amigas" foi o primeiro ato da recém-chegada Corte portuguesa, após sua fuga de Lisboa. Era um ato que punha fim a três séculos de prática mercantilista em que Lisboa fora o entreposto obrigatório para os produtos brasileiros da colônia. Embora o ato tivesse sem dúvida motivações ideológicas, ou seja, justificava-se em termos da superioridade do livre comércio em relação ao protecionismo, foi também uma medida pragmática, tornada inevitável pela determinação dos franceses em incorporar os portos de Portugal ao bloqueio continental contra a Grã-Bretanha. No tocante aos comerciantes britânicos no Brasil, a potencial concorrência dos europeus, dos franceses inclusive, estava temporariamente descartada. Nessas circunstâncias favoráveis, os mercadores britânicos saturaram rapidamente o mercado consumidor no Brasil, onde a maioria da população compunha-se de escravos e não de consumidores livres de classe média.

Apenas dois anos mais tarde, o que não é de surpreender, os britânicos estavam novamente movimentando-se em busca de privilégios especiais. O tratado anglo-brasileiro de 1810 impôs aos portugueses tarifas mais altas do que aos britânicos, imposição essa que desferiu um golpe severo às chances já frágeis de reconciliar Portugal ao novo *status* do Brasil como centro da monarquia. É irônico notar que a primeira e segunda edições parciais da obra *A riqueza das nações*, de Adam Smith, publicadas no Brasil, surgiram em 1811 e 1812 no Rio de Janeiro e na Bahia, respectivamente, como se para lembrar aos britânicos (e certamente aos brasileiros) que poderes hegemônicos nem sempre praticam o que pregam. Na verdade, em meados do século XVII, Portugal e, mais tarde o Brasil, foram obrigados a contrabalançar a necessi-

POR QUE O BRASIL FOI DIFERENTE? OS CONTEXTOS DA INDEPENDÊNCIA

dade por autonomia com a necessidade de apoio político e militar, especialmente em suas relações com a Grã-Bretanha, o poder naval e econômico dominante.

Mas até que ponto tais circunstâncias levaram o Brasil a sacrificar suas próprias perspectivas econômicas e cair em uma relação neocolonialista, como argumentam os *dependentistas*? E, tendo em vista a experiência subseqüente, estariam certos ou errados aqueles que promoveram a transferência da sede do governo português ao Brasil em 1807, sob a alegação de que assim o regime de Bragança estaria menos suscetível à pressão européia?

A pressão comercial dos britânicos era por vezes contraproducente no tocante a seus interesses políticos mais amplos, especialmente se estes colidissem com interesses próprios, aliados a fortes sentimentos nacionalistas. E disso os britânicos se aperceberam amargamente em 1806 em Buenos Aires, quando sua força de intervenção foi derrotada de forma ignominiosa. Tal lição também *deveria* ter servido à Revolução Americana. E foi uma lição para a França napoleônica na intervenção no Haiti, com conseqüências catastróficas. No Brasil, deu-se exatamente o mesmo na questão do tráfico de escravos. Apesar dos compromissos assumidos entre o Brasil e a Grã-Bretanha para abolir o tráfico em tratados firmados a partir de 1810, a influência dos proprietários de terras e dos traficantes de escravos no Brasil era forte o suficiente para se contrapor a mais de quarenta anos de diplomacia britânica à base da força, durante a primeira metade do século XIX.[4]

Aqui, uma vez mais, a influência econômica da Grã-Bretanha se chocava com as iniciativas filantrópicas, diplomáticas e políticas do país. Como argumentou Sidney Mintz, a revolução industrial na Grã-Bretanha (e também nos estados do norte da

---

4. "Treaty of amity, commerce, and navigation, between His Britannic Majesty and His Royal Highness the Prince Regent of Portugal; signed at Rio de Janeiro, the 19th of February, 1810," em A. R. Walford, *The British Factory in Lisbon & its Closing Stages Ensuing Upon the Treaty of 1810*, Lisbon: Instituto Britânico em Portugal, 1940, pp. 163-84.

América do Norte) ensejou o reflorescimento da escravidão em todas as Américas ao criar um novo e vasto mercado urbano de consumidores para produtos como o café e o açúcar, bem como ao criar imensa demanda para o algodão cru a fim de suprir as fiações tanto da nova quanto da velha Inglaterra. E não eram apenas os comerciantes no Rio de Janeiro ou na Bahia que financiavam o tráfico ilegal de escravos ou o comércio legal de algodão, café e açúcar, que dependiam do trabalho escravo. Eram também os comerciantes de Nova York e Baltimore, e de Londres e Liverpool. E pertenciam aos americanos os navios que transportavam uma grande porcentagem dos escravos ilegalmente importados para o império do Brasil até a década de 1850.[5] Henry Wise, enviado dos Estados Unidos no Brasil, disse ao secretário de Estado John C. Calhoun em 1843: "sem a ajuda de nossos cidadãos e de nossa bandeira, o tráfico negreiro não poderia jamais ter sido posto em prática com êxito [no Brasil].[6]

Ironicamente, a resistência aos argumentos abolicionistas e contra o tráfico no Brasil foi provavelmente mais fraca no período da independência do que em qualquer outro período, anterior ou posterior. No sul do país, especialmente em São Paulo, uma região crítica em termos de oposição política organizada a Lisboa na década de 1820, a produção de café em larga escala só se desenvolveu depois da independência nacional. No período entre 1821-30 o café era responsável por apenas 19% de toda a exportação brasileira, porém, nas duas décadas seguintes, essa participação cresceu para bem mais de 60%. A expansão do mercado do café na Europa, e mais especialmente na América do Norte, levou a uma renovação maciça da importação de escravos no Rio de Janeiro, e à expansão da escravidão para o Vale do Paraíba chegando até São Paulo. Especialistas em história econômica têm argumentado que a principal razão para o

---

5. Ver Sidney W. Mintz, Sweetness and Power: *The Place of Sugar in Modern History* (New York: Penguin Books, 1985).

6. Robert H. Holden e Eric Zolov. (ed.), *Latin America and the United States: A Documentary History*, (New York: Oxford University Press, 2000), p. 30.

POR QUE O BRASIL FOI DIFERENTE? OS CONTEXTOS DA INDEPENDÊNCIA

lento desenvolvimento econômico no século 19 recai exatamente no setor agrícola do país, onde baixa renda e demanda inelástica, intrínsecas à escravidão, limitaram o ritmo de desenvolvimento no restante da economia.[7]

Foi exatamente isso que José Bonifácio de Andrada e Silva, figura exponencial na formação do recém-independente Estado brasileiro na década de 1820, havia previsto quando alertou seus contemporâneos sobre os efeitos negativos, de longo prazo, para o futuro bem-estar do Brasil, caso se negligenciasse a questão da escravidão, da reforma agrária ou da integração da população indígena nos primeiros estágios da independência nacional. Assim, lançou apelos corajosos, de resto inúteis, aos seus compatriotas no manifesto em prol da abolição da escravidão, nas propostas para a reforma agrária e para, conforme dizia, "civilizar" os índios brasileiros, todos escritos no decorrer de 1822: "Experiência e razão demonstram que a riqueza impera onde há liberdade e justiça, e não onde haja cativeiro e corrupção". José Bonifácio argumentou que "Se este mal persistir, nós não progrediremos. Senhores, nossos inimigos internos continuam a aumentar, e eles não têm nada a perder; a não ser desejar, sobremaneira, uma revolução como a de Santo Domingo." Em outras palavras, desejar uma nova revolução haitiana no Brasil.[8]

---

7. Leff, Nathaniel H., Underdevelopment and Development in Brazil. (2 Vols., London and Boston: Allen and Unwin, 1982), e Stephen Haber e Herbert S. Klein, "The Economic Consequences of Brazilian Independence," em How Latin America Fell Behind: Essays in the Economic Histories of Brazil and Mexico, 1800-1914, ed. Stephen Haber (Stanford: Stanford University Press, 1997), pp. 243-259.

8. "Apontamentos sobre as sesmarias do Brasil," em *Obras científicas*. (Vol. 2, págs. 20-21); "Representação à Assembléia Geral Constituinte e Legislativa do Império do Brasil sobre a Escravatura," por José Bonifácio de Andrade e Silva. Typographie de Firmin Didot, 1825, em ibid. (Vol. 2, pp. 115-158); "Apontamentos para a Civilização do Indios Bravos do Império do Brasil," ibid. (Vol. 3, pp. 103-114). Ver também *Projetos para o Brasil*, org. Miriam Dolhnikoff. (São Paulo: Companhia das Letras, 1998) e o comentário de Carlos Guilherme Mota em Introdução ao Brasil, ed. Lourenço Dantas Mota (São Paulo: SENAC, 1999), pp. 77-95.

III

A ambigüidade da passagem do Brasil de colônia para centro imperial e depois para nação independente explica-se, de um lado, pelos abortados planos para reforma apresentados por José Bonifácio, e de outro, pelo enigmático Dom Pedro, primeiro imperador do Brasil após a ruptura com Portugal. Bonifácio foi uma das figuras mais extraordinárias de todos os movimentos pela independência nas Américas — um homem da ciência que se equipara à extraordinária geração de líderes que fizeram a Revolução Americana e, às vezes, até a supera. Mais próximo em personalidade e fama a um Franklin do que a um provinciano proprietário de terras como Thomas Jefferson, Bonifácio nasceu e foi criado em Santos. Foi aluno brilhante na reformada Universidade de Coimbra, em Portugal, e chegou a Paris em 1790 como aluno de pós-graduação com bolsa de estudos concedida pelo governo português, intermediada pelo secretário da nova Academia de Ciências de Lisboa, o abade Corrêa da Serra. Havia testemunhado pessoalmente as etapas mais turbulentas da Revolução Francesa e depois continuou seus estudos na Alemanha e na Escandinávia. Durante a invasão francesa a Portugal, liderou os estudantes de Coimbra em luta armada contra os inimigos. Foi alto funcionário do governo, intendente de minas e metais; seus trabalhos científicos foram publicados nas revistas de maior prestígio; foi membro correspondente dos grandes institutos científicos da Europa e sucedeu Corrêa da Serra como secretário da Academia de Ciências de Lisboa. Participou ativamente do círculo da extraordinária comunidade acadêmica e de reformadores políticos do Atlântico do final do século 18 e início do 19. Mas sua experiência fez dele defensor ferrenho do papel do Estado na tradição dos reformistas iluministas do sul e leste europeus; considerava que a ordem estava a serviço do progresso. Era um constitucionalista, mas não um democrata; mais para Burke que para Jefferson.

Dom Pedro era um populista, um cavaleiro clássico, o filho bonito de pais grotescamente feios e desajustados, e herdeiro de uma dinastia tão endógama que às vezes beirava a loucura. Foi um governante temporário que, em uma década, havia abdica-

POR QUE O BRASIL FOI DIFERENTE? OS CONTEXTOS DA INDEPENDÊNCIA

do e retornado à Europa para travar, em Portugal, uma guerra civil contra o irmão a fim de garantir à filha o trono de Portugal. Pai leal e mulherengo crônico, erudito e simplório, soldado corajoso e político desastrado, brasileiro e português, herdeiro e usurpador, era um monarca demasiado "liberal" para a Santa Aliança na Europa, porém demasiado "despótico" para muitos brasileiros, especialmente para os republicanos de Pernambuco que, em uma década, insurgiram-se duas vezes contra ele. A história portuguesa o retrata como o defensor do "constitucionalismo", imagem totalmente incompatível com sua imagem na história brasileira, a do governante que rejeitou a primeira constituição do Brasil por considerá-la demasiado liberal e exilou José Bonifácio e seus irmãos, os líderes da pequena minoria de brasileiros que desejavam uma reforma fundamental e que deram um rumo ao país durante os momentos mais críticos da transição para a independência.

É vital, portanto, reconhecer que, em 7 de setembro de 1822, quando Dom Pedro parou às margens do Ipiranga, perto de São Paulo, acometido por uma crise de diarréia, e bradou "Independência ou Morte", o jovem príncipe herdeiro do trono português exagerava. O problema, em setembro de 1822, não era certamente "morte", e apenas indiretamente "independência". Sua enérgica declaração logo se tornou parte intrínseca de um mito espúrio das origens da nacionalidade brasileira. Na verdade, desde 1808 o Brasil era de fato independente; e, desde 16 de dezembro de 1815, reino unido a Portugal. Mas John Quincy Adams, o secretário de Estado americano, não foi o único a interpretar erroneamente a ocasião e seu significado quando disse a Ceasar Rodney, por ocasião de sua nomeação para ministro dos Estados Unidos em Buenos Aires, que "no Brasil...um império provavelmente tão efêmero quanto o do México, às nossas portas, tomou o lugar de Portugal". O que estava realmente em jogo em 1822 eram a monarquia, a estabilidade, a continuidade e a integridade territorial. E atendendo a *esses* interesses Dom Pedro estava se antecipando à revolução em 1822 no Ipiranga. E não promovendo-a.

Na verdade, evitar uma revolução no Brasil foi também preocupação preponderante na Europa. Henry Chamberlain,

MAIS MALANDROS: ENSAIOS TROPICAIS E OUTROS

ministro britânico no Rio de Janeiro em 1824, temia que o distúrbio social em ebulição no Brasil e evidente nas ruas e na Assembléia Constituinte no Rio iria:

> avivar (...) tal chama (...) que talvez não possa ser controlada, e que poderia resultar na destruição do governo imperial e na divisão do país numa váriaedade de pequenos estados republicanos independentes, deploráveis em si e causadores de miséria a seus vizinhos, como já presenciamos nas colônias hispano-americanas em nossa vizinhança.[9]

Os mais importantes aliados europeus de Portugal, tanto a Grã Bretanha como os membros da Santa Aliança, foram bem claros quanto a esse ponto, como escreveu muito sucintamente, em 1824, George Canning, o ministro das Relações Exteriores da Grã-Bretanha que servira como enviado em Lisboa:

> A única questão é se o Brasil, independente de Portugal, será uma monarquia ou uma república. (...) A preservação da monarquia em uma parte da América é objetivo de vital importância para o Velho Mundo.[10]

De fato, o governo britânico, desde o estabelecimento da Corte portuguesa no Rio em 1808, sempre deixara clara a distinção entre as condições do Brasil e da América Espanhola. Canning salienta o contraste entre a situação brasileira e a hispano-americana ao escrever a Sir Charles Stuart em 1825:

> Não podemos deixar lembrar que a diferença entre a relação de Portugal com o Brasil e aquelas da Espanha com suas colônias

---

9. Henry Chamberlain to George Canning (secret), Rio de Janeiro, 15 de maio de 1824, em Charles K. Webster, ed., *Britain and the Independence of Latin America, 1812-1830: Select Documents from the Foreign Office Archives*, Vol. 1 (London and New York: Oxford University Press, 1938), pp. 240-241.

10. George Canning to Henry Chamberlain (secret and confidential), Londres, 9 de janeiro de 1824, em *Webster*, Vol. 1, p. 236.

POR QUE O BRASIL FOI DIFERENTE? OS CONTEXTOS DA INDEPENDÊNCIA

americanas resume-se no seguinte — as colônias espanholas progrediram apresar da mãe patria, mas o Brasil, ao invés de dependência colonial, foi elevado à situação de reino-irmão pelos atos contínuos e ponderados de um único soberano de Portugal e Brasil. Até a vinda da Família Real ao Brasil, o país era estritamente uma colônia, da mesma forma que México, Peru ou Buenos Aires. A partir de então, iniciou-se uma série de abrandamentos e, depois, uma série de concessões e privilégios, que elevaram gradualmente a condição do Brasil e quase inverteram sua relação com Portugal a ponto de transformar, durante a residência de Sua Mais Fiel Majestade no Brasil, a mãe pátria em Dependência de fato.[11]

Dom João, o príncipe regente, que logo viria a ser Dom João VI após a morte da mãe demente em 1816, havia dito o mesmo a Thomas Sumpter Jr., o enviado dos Estados Unidos no Rio de Janeiro em 1815: "os tempos têm sido difíceis, mas agora a independência do Brasil está solidificada".[12]

O fato importante sobre o Brasil, portanto, é que o país se tornou econômica e politicamente emancipado entre 1808 e 1820 enquanto atuava como o centro do império luso-brasileiro. Tornou-se "independente" em 1822 somente *após* o fracasso da experiência de "centro imperial", centro este que os súditos da monarquia portuguesa na Europa, África e Ásia procuravam como liderança. Essa circunstância insólita explica por que, em 1820, foi Portugal que declarou "independência" *do* Brasil, e somente depois, em 1822, é que o Brasil declarou sua "independência" de Portugal. O *Manifesto da Nação Portuguesa aos Soberanos e Povos da Europa*, publicado pelos rebeldes no Porto em 1820,

---

11. George Canning to Sir Charles Stuart, London, 14 de março de 1825, em Webster, Vol. 1, págs. 262-272, citação das págs. 265-266.

12. Thomas Sumter Jr., U.S. Minister to the Portuguese Court in Brazil, to James Monroe, Secretary of State, Rio de Janeiro, 29 de dezembro de 1815, em William R. Manning, ed., *Diplomatic Correspondence of the United States Concerning the Independence of the Latin American Nations*, 3 Vols., (New York: Oxford University Press; 1925-[1926]), II, págs. 696-700.

assemelha-se muito a outras declarações de independência de *status* de colônia e contém as mesmas reclamações; a única diferença era que esse manifesto vinha de rebeldes em uma cidade européia e não de rebeldes em uma cidade colonial portuária de além-mar. O manifesto dizia:

> Os portugueses começam a perder as esperanças para com o único recurso e meio de salvação que lhes foi debaixado em meio à ruína que quase consumiu sua querida terra natal. A idéa do *status de colônia ao qual Portugal tem sido com efeito reduzido*, aflinge profundamente todos aqueles cidadãos que ainda conservam o sentimento de dignidade nacional. A justiça é administrada a partir do Brasil para os povos leais da Europa, o que implica numa distância de duzentas léguas e excessivo custo e demora...[13]

IV

Mas se a revolução "anticolonial" ocorreu no Porto e não no Rio de Janeiro, as perguntas de interesse, sob a perspectiva brasileira, são: Seria o desejo pela independência no Brasil forte o bastante para lográ-la se a revolução liberal não houvesse ocorrido no Porto em 1820? Se as cortes portuguesas assim que se reuniram não houvessem forçado o rei a retornar para a Europa, será que o sentimento antimonarquista no Brasil seria suficientemente forte para provocar um movimento republicano, tais como os que ocorreram na América do Norte e na América espanhola que rejeitaram a monarquia e o domínio europeu?

Essas perguntas não são apenas teóricas — o republicanismo afinal havia sido o fio ideológico central no pensamento dos conjurados mineiros em 1788-89; dos conspiradores baianos em 1798, e dos pernambucanos tanto em 1817 quanto nos anos seguintes a 1820. O problema para o Brasil foi que todos esses movimentos republicanos foram, ou ao menos poderiam assim

---

13. *Manisfeste de la Nation Portugaise aux Souverains e aux Peuples de l'Europe*. (Porto: 1820); arquivo pessoal do autor. — (grifo do autor).

POR QUE O BRASIL FOI DIFERENTE? OS CONTEXTOS DA INDEPENDÊNCIA

ser interpretados, revoltas regionalistas contra a autoridade centralizada e contra uma ameaça à integridade territorial da América de língua portuguesa. O sistema monárquico centralizado estabelecera uma presença institucional muito forte no Brasil desde 1808. Na verdade, havia criado no Rio de Janeiro praticamente todas as instituições de base, usualmente a tarefa de um governo pós-colonial: burocracia e administração centralizadas; tribunais superiores; biblioteca pública e academia de belas artes; faculdade de medicina e faculdade de direito; imprensa nacional e banco nacional; e academia militar. Esse governo havia negociado tratados internacionais, mandado enviados ao exterior e recebido enviados; havia casado seu futuro chefe de Estado com uma princesa austríaca, e havia sufocado uma revolta regionalista e conduzido uma guerra expansionista nas fronteiras do norte e do sul. Portanto, jamais houve questionamento de legitimidade. Como declarou George Canning ao Conselho de ministros em novembro de 1822:

recusar a reconhecer o Brasil não seria, como tem sido o caso das colônias espanholas, um ato meramente negativo. Pois *temos* com o Brasil relações estabelecidas, intercâmbio comercial regulamentado e representações que, se não de fato políticas, permitem canais de correspondência política. Nós não podemos retirar nossos cônsules do Brasil. É óbvio que *precisamos* continuar a cultivar relações comerciais com o país.[14]

Todos esses fatores seriam uma herança crucial para o regime que Dom Pedro chefiaria como o primeiro imperador do Brasil e o ajudariam também a proteger o novo império de ataques republicanos. Assim, a resposta a essas perguntas é provavelmente "não". Em outras palavras, a base social para mudanças radicais era mais forte e a oposição a elas mais fraca em Portugal em 1820 do que no Brasil, e a razão é que, durante as primeiras duas décadas do século 19, a continuidade era maior

---

14. Canning's memorandum for the Cabinet, 15 de novembro de 1822, em Webster, II, págs. 393-398. (Grifo de autor).

no Brasil do que em Portugal, em todos os aspectos. Desde 1808, Portugal não só deixara de ser a sede da monarquia, como também sofrera invasão e guerra devastadora; havia mobilizado a população contra um inimigo comum; vira seu comércio e indústria destruídos e seus lucrativos mercados coloniais perdidos; e os britânicos, esquecendo a regra fundamental de império "informal", haviam submetido uma população orgulhosa e nacionalista ao jugo direto e insensível de um general britânico.

Além do mais, no Brasil, desde a década de 1790, ameaças à ordem social haviam sido fortemente associadas ao republicanismo, o que, em momentos de crise, levava a uma maior coalizão das elites, especialmente entre os proprietários cuja posse de propriedade humana era muito mais comum do que a de terras. O temor de contágio da rebelião dos escravos haitianos estava sempre presente em suas mentes, e "liberdade", se também implicasse "igualdade", estava destinada a levantar questões fundamentais sobre uma sociedade regulada tanto por hierarquia racial como social. Não é preciso dizer que, neste contexto, estamos falando de "percepções". Não estou inferindo que conflitos sociais possam, ou devam ser vistos, apenas em termos de escravidão — obviamente a estrutura social e a interação de classe e raça no Brasil eram muito mais complexas e multifacetadas. E também é preciso salientar que a rebelião dos escravos no Haiti tivera impacto dramático, não apenas porque o equilíbrio de tensões raciais e sociais no Brasil e em outras partes das Américas tornou seu exemplo assustador aos brancos, mas devido a sua importância *intrínseca*. O exemplo haitiano era *qualitativamente* muito mais relevante do que as rebeliões anteriores de escravos. Primeiro, porque a rebelião foi bem-sucedida, o único levante de escravos bem-sucedido na história moderna. E segundo, porque o Haiti assegurou sua independência — a custos altíssimos, é verdade — mas veio a ser a segunda nação independente do hemisfério ocidental, depois dos Estados Unidos.[15]

---

15. Ver as importantes observações sobre o assunto feitas por Eugene D. Genovese em seu *From Rebellion to Revolution: Afro-American Slave Revolts in the Making of the New World*, (New York: Vintage Books, 1981),

POR QUE O BRASIL FOI DIFERENTE? OS CONTEXTOS DA INDEPENDÊNCIA

V

E, mais uma vez, o Brasil mostra ambigüidades. Uma possível resposta à ameaça tangível que vinha de baixo seria eliminar a escravidão, incentivar a imigração européia e substituir o trabalho escravo pelo trabalho livre. Era isso que José Bonifácio queria. Mas no Brasil, o medo de revoltas dos escravos não era por si só argumento suficiente para forçar os poderosos do Brasil a colocar em risco seus interesses materiais imediatos e abraçar a reforma do sistema de produção baseado em trabalho escravo. Na verdade, a escravidão tinha o efeito oposto: cimentava a unidade em torno da defesa da instituição. O paulista Diogo António Feijó, padre, fazendeiro, representante de São Paulo nas Cortes de Lisboa, membro da Assembléia Geral após a Independência, ministro da Justiça e regente na década de 1830, expôs sucintamente o caso:

> A escravatura, que realmente tentos males acarreta para a civilização, e para a moral, criou no espiritu dos brasileiros este caráter de independência, e soberania, que o observador descobre no homem livre, seja for seu estado, profissão ou fortuna.[16]

Nesse aspecto, os paralelos com as atitudes relativas à escravidão dos patriotas da Virgínia, que haviam desempenhado papel tão importante na construção dos Estados Unidos, são surpreendentes. Mas há que se salientar que os brasileiros na década de 1820 estavam construindo um novo Estado nacional, em um ambiente internacional no qual a reação trinfara na Europa, e as conseqüências da revolução dos escravos no Caribe eram mais reais e ameaçadoras do que qualquer outro fator de preo-

---

págs. 92-98. Kenneth Maxwell, "The Generation of the 1790s and the Idea of a Luso-Brazilian Empire," em *The Colonial Roots of Modern Brazil*, ed. Dauril Alden (Berkeley: University of California Press, 1973), págs. 107-144.

16. Citado por Miriam Dohlnikoff, "A Civilização Contra a Sociedade," *Rumos*, 1, No. 3 (São Paulo: mai-Jun 1999), págs. 11-19.

cupação para os norte-americanos em 1776. Jefferson admirava particularmente a experiência brasileira. In 1821, o príncipe Metternich era adepto do princípio do intervencionismo contra-revolucionário, assim como o Dr. Henry Kissinger na década de 70. No início do século 19, os antecessores de Kissinger como secretários de Estado pensavam exatamente o oposto, chocados que estavam com as experiências da Guerra de 1812 e com a vulnerabilidade da jovem república a ataques europeus, revelada pela guerra. Com receio de que a Santa Aliança de Metternich pretendesse trazer as colônias rebeldes da Espanha no Novo Mundo de volta ao curral europeu, depois que o exército austríaco abafara as revoluções republicanas em Nápoles e em Piemonte e a França reconduzira ao trono em Madri o execrável Ferdinando VII, da casa de Bourbon, o presidente Monroe, no final de 1823, anunciou, em mensagem ao Congresso, sua famosa doutrina que se tornaria o princípio orientador da política dos Estados Unidos no hemisfério ocidental durante todo aquele século.

Mas a Doutrina Monroe havia sido prenunciada alguns anos antes em conversas entre Jefferson e o enviado da corte do Rio de Janeiro em Washington, o abade Corrêa da Serra, e como originalmente concebida, unia o Brasil e os Estados Unidos em um "sistema americano", em que as duas nações agiriam em conjunto para manter a Europa acuada. Havia muito Jefferson se interessava pelo Brasil, desde que atuara como enviado dos Estados Unidos em Paris. Em 1786, teve um encontro secreto em Nimes com um jovem estudante brasileiro do Rio de Janeiro, um revolucionário conhecido pelo pseudônimo *Vendek*, que estudava na Universidade de Montpellier. Mais tarde, Jefferson conheceu o abade Corrêa enquanto presidia a American Philosophical Society da Filadélfia. Corrêa da Serra, brilhante naturalista e secretário fundador da Academia de Ciências de Lisboa, fora aos Estados Unidos em 1812 e era considerado um homem extremamente culto, avidamente procurado pelos líderes da nova república. Francis Gilmore, que viajou em 1813 com o abade quando regressaram de Monticello, residência de Jefferson, para a Filadélfia, descreveu-o como: "... o homem mais extraordinário dos dias de hoje. É um homem muito lido e obser-

POR QUE O BRASIL FOI DIFERENTE? OS CONTEXTOS DA INDEPENDÊNCIA

vador; entende e lembra tudo o que leu ou que aprendeu em suas viagens, observações e conversas com homens cultos. É membro de todas as sociedades filosóficas no mundo e conhece todos os homens ilustres da atualidade."[17] Jefferson ficou igualmente impressionado.

O abade se tornou freqüentador assíduo de Monticello, onde até hoje seu quarto no andar térreo é chamado de "Abbé's Room". Em suas conversas em Monticello, Jefferson e o abade Corrêa delinearam pela primeira vez seu "sistema americano". Jefferson escreveu sobre o abade em1820:

> A partir das muitas conversas que tivemos, espero que, de seu novo posto, [o abade havia sido chamado de volta ao Rio de Janeiro e Jefferson presumia que ele se tornaria o ministro das Relações Exteriores] ele veja, e promova, as vantagens de uma confraternização cordial entre todas as nações americanas bem como a importância de sua coalizão em torno de um sistema de política americana totalmente independente e desembaraçada da Europa. Não está longe o dia em que poderemos requerer formalmente uma partição meridiana do oceano que separa os dois hemisférios, e que assim, no lado de cá, nenhuma arma européia seja jamais ouvida, nem do lado de lá seja ouvida arma americana, e que, durante a fúria das eternas guerras da Europa, o leão e o cordeiro em nossas regiões possam deitar-se lado a lado, em paz. O excesso de população na Europa e a falta de espaço provocam a guerra que, segundo eles, é necessária para manter sob controle o excesso de população. Aqui o espaço é abundante, a população escassa, e a paz, o meio necessário para produzir homens, aos quais o solo superabundante está oferecendo os meios para a vida e para a felicidade. Os líderes da sociedade lá e aqui são radical-

17. Richard Beale Davis, *The Abbé Corrêa in America 1812-1820: The Contribution of the Diplomat and the Natural Philosopher to the Foundations of our National Life, in Transactions of the American Philosophical Society*, New Series, Vol. 45, part 2, (1955). Reimpresso com introdução de Gordon S. Wood e depois de León Bourdon, (Providence, R.I.: Gávea Brown, 1993).

mente diferentes, e espero que nenhum patriota americano jamais perca de vista a política essencial de se proibir nos mares e territórios das duas Américas os embates ferozes e sanguinários da Europa. Eu desejo ver essa coalizão começar. Estou determinado a fazer um acordo com as forças marítimas da Europa, atribuindo-lhes a tarefa de controlar as piratarias em seus mares e os canibalismos das costas africanas, e, para nós, a tarefa de suprimir as mesmas perversidades em nossos mares; para este propósito, eu exultaria em ver as armadas do Brasil e dos Estados Unidos navegando juntas, como irmãs da mesma família e em busca do mesmo fim.[18]

O secretário de Estado John Quincy Adams não se mostrou tão entusiasmado. Como secretário de Estado entre 1817 e 1825 e como presidente de 1825 a 1829, seria ele, é claro, e não Monroe ou Jefferson, quem haveria de ter a maior influência na política externa dos Estados Unidos em relação às nações recém-independentes da América do Sul. John Quincy Adams percebeu os méritos da separação da Europa, mas não acreditava que isso implicasse identidade mútua entre os Estados Unidos e qualquer das novas nações ao sul. Considerava que os sul-americanos haviam sido irremediavelmente corrompidos pela religião católica romana, pela tradição ibérica e pelo clima tropical. O representante comercial dos Estados Unidos no Rio de Janeiro relatava-lhe que a monarquia portuguesa no Brasil havia "degenerado em completa efeminação e voluptuosidade. É difícil imaginar que possa haver em qualquer lugar do mundo uma sociedade em pior estado do que a deste país, onde o clima também desperta toda sorte de depravação e delinqüência". O severo John Quincy Adams, típico filho da Nova Inglaterra, Massachusetts, que descreve a si próprio como homem de temperamento "frio e austero", não ficou satisfeito com um vizinho tão desleixado e pouco promissor.

---

18. Thomas Jefferson to William Short, 4 de agosto de 1820, em Andrew A. Lipscomb e Albert E. Bergh, *The Writings of Thomas Jefferson*. (20 Vols., Washington, D.C.: 1903-1904), Vol. 15, pp. 262-264.

POR QUE O BRASIL FOI DIFERENTE? OS CONTEXTOS DA INDEPENDÊNCIA

[Tais pontos de vista, segundo notei, ainda são populares nas imediações de Harvard.][19]

Adams acedeu relutantemente ao desejo do presidente Monroe em meados de 1822 de dar continuidade ao reconhecimento do México, Chile, Províncias Unidas do Rio da Prata, e Império do Brasil. Mas queria se manter o mais longe possível deles. Assim como Jefferson, ele conhecia bem o abade Corrêa e o considerava um homem "muito lido, de profundos conhecimentos da ciência, de espírito brilhante e de poderes inesgotáveis de conversação". Mas Adams também o considerava "temperamental, irritável, irascível e, quando se agitava, teimoso". Ridicularizava a sugestão do abade Corrêa [e de Thomas Jefferson] de que o Brasil e os Estados Unidos criassem um "sistema americano". Com o desprezo e arrogância que também haveriam de caracterizar as atitudes dos Estados Unidos em relação à América Latina durante todo o século seguinte, John Quincy Adams escreveu: "Quanto a um sistema americano, já o temos; somos nós todo o sistema."[20]

VI

No Brasil, no entanto, a ameaça interna à estabilidade e à integridade territorial não era apenas questão de receios infundados ou não cumpridos; tal ameaça havia se concretizado antes de 1822 em um teste muito importante: o caso de Pernambuco. Os preços, especialmente os do açúcar e os do algodão, haviam alcançado alta histórica durante as guerras napoleônicas mas, com a paz em 1815, despencaram. O algodão pernambucano, em especial, enfrentava na Europa enorme concorrência dos

---

19. Ver Lars Schoultz, Beneath *the United States: A History of U.S. Policy Toward Latin America*, (Cambridge, Mass: Harvard University Press, 1998), págs. 4-9, e *Memoirs of John Quincy Adams, comprising portions from his diary from 1795 to 1848*, 12 Vols., ed. Charles Francis Adams (Philadelphia: J.B. Lippincott & Co., 1874-1877).

20. Citado por Schoultz, *Beneath the United States*, págs. 10-11.

Estados Unidos. Em 1817, os antagonismos regionalistas em relação ao governo central em Pernambuco voltaram novamente à tona e, dessa vez, a conspiração explodiu em revolta aberta. No início do ano, um republicano foi proclamado chefe de governo em Recife e representantes foram enviados ao exterior em busca de reconhecimento internacional.

A República de Pernambuco, de 74 dias de duração, revelou ambigüidades e divisões entre os pretensos oponentes ao *status quo*, não menos intensas que entre seus seguidores. O apoio entusiástico dos grandes proprietários e donos de escravos e seu ódio aos comerciantes portugueses foram fatores predominantes e unificadores entre os separatistas. Mas não havia muito mais em que estivessem de acordo. Medos e antagonismos afloraram imediatamente com o surgimento da "Lei Orgânica", promulgada pelo governo provisório a titulo de projeto de constituição. Os conselhos municipais do interior rejeitaram especialmente dois artigos dessa lei, um deles prometendo tolerância religiosa e o outro, "igualdade de direitos". Inevitavelmente, o último levantava a questão da escravidão. O governo provisório explicou que a propriedade, mesmo "a mais repugnante ao ideal de justiça, é sagrada". Não menos irritante aos grandes proprietários era a mobilização do povo, pequenos posseiros e meeiros, a população livre marginalmente empregada e artesãos, cujas idéias, confraternização e ocasional solidariedade inter-racial ofendia-lhes o *status* e desafiavam sua autoridade local. Destruído por facciosismo interno, bloqueado pelo mar e acuado pela aproximação da infantaria pela Bahia, Recife se rendeu.[21]

Não houve resposta aos pedidos de Pernambuco para reconhecimento internacional. O governo provisório esperava apoio dos Estados Unidos e da França — o amigo de Jefferson, o abade Corrêa, havia trabalhado vigorosamente em Washington para

---

21. José Honório Rodrigues, *Independência, revolução e contrarevolução* (5 Vols., Rio de Janeiro: Livraria F. Alves Editora, 1975-1976). e *Revolução de 1817. Documentos Históricos*. (9 Vols., Rio de Janeiro: Biblioteca Nacional, 1953-1955). Ver também Carlos Guilherme Mota, *Nordeste*, (São Paulo: Editora Perspectiva, 1972).

POR QUE O BRASIL FOI DIFERENTE? OS CONTEXTOS DA INDEPENDÊNCIA

minar os representantes de Pernambuco e frustrar os comerciantes de Baltimore que os estavam ajudando — mas o que importava de fato era a Grã-Bretanha.[22] A influência britânica sobre o governo central no Rio de Janeiro, entretanto, oferecia oportunidades muito maiores do que aquelas oferecidas pelo apoio a revoltas separatistas. Londres não tinha nenhum grande interesse material em Pernambuco em 1817, pois o algodão cru poderia ser obtido em grande quantidade nos Estados Unidos, e o açúcar, nas ilhas britânicas do Caribe. O governo provisório de Recife não tinha muito mais a oferecer além do que a Grã-Bretanha já havia conquistado em 1810. A política britânica era também grandemente influenciada pelo comércio de escravos. Forte pressão do governo britânico em 1810 havia forçado Dom João a prometer a gradual abolição do comércio de escravos "em todos os seus domínios". In 1815, o governo no Rio concordou em abandonar o tráfico ao norte do equador. Nenhum dos compromissos foi inteiramente satisfatório à Grã Bretanha pois, abaixo do equador, continuava o comércio legal de escravos entre os territórios portugueses na África e os da América do Sul. A separação que a Grã-Bretanha menos relutava em apoiar era aquela entre o Brasil e os enclaves portugueses na África. Até 1820, esse comércio intra-imperial era uma questão interna luso-brasileira; no entanto, após 1825, esse importante obstáculo à interferência ostensiva foi removido pela separação entre Brasil e Portugal, como também pela insistência britânica em que os territórios africanos permanecessem ligados a Lisboa, e não ao Rio de Janeiro. Como nações soberanas e independentes, o comércio de escravos entre elas e a América do Sul se tornou internacionalizado e sujeito à supressão pela Marinha britânica em alto-mar.

Mesmo assim, até mesmo os britânicos, que, apesar de tudo, só foram abolir a escravidão em suas próprias colônias em meados de 1830, reconheceram privadamente a força dos interesses

---

22. León Bourdon, *José Corrêa de Serra: Ambassadeur du Royaume-uni de Portugal et Brésil a Washington* 1816-1820, (Paris: Centre Cultural Português, Fundação Calouste Gulbenkian, 1975).

dos proprietários de escravos no Brasil. Henry Chamberlain contou a George Canning:

> Não há sequer dez pessoas em todo o Império que considerem crime o tráfico de escravos, ou que o vejam sob outro ponto de vista que não o de lucro ou perda; uma especulação meramente mercantil que deve prosseguir enquanto for vantajosa.[23]

O próprio José Bonifácio encarava o dilema brasileiro com grande realismo. Declarou ao enviado britânico Henry Chamberlain em abril de 1823:

> Estamos totalmente convencidos da insensatez do tráfico de escravos... mas preciso lhe declarar francamente que a abolição não pode ser imediata, e eu explicarei as duas principais considerações que nos levaram a essa conclusão. Uma é econômica, a outra, política.
>
> A primeira se baseia na absoluta necessidade de tomarmos medidas para garantir um aumento da população *branca* antes da abolição, para que as lavouras do país possam continuar produzindo, caso contrário, com o fim do suprimento de negros, a lavoura diminuirá, causando grandes transtornos. ... esperamos adotar medidas para atrair imigrantes europeus para cá sem perda de tempo. Assim que estes começarem a produzir esse efeito, a necessidade do fornecimento de braços africanos diminuirá gradativamente, e eu espero que em algums poucos anos se coloque um ponto final no tráfico para sempre...
>
> A segunda consideração diz respeito a convivência política, na medida em que afeta popularidade e, talvez até, a estabilidade do governo. Poderíamos enfrentar a crise e a oposição daqueles que se dedicam ao tráfico, mas não podemos, sem um grau de risco que nenhum homen em sã consciência possa pensar em correr, tentar no momento presente propor uma medida que iria

---

23. Henry Chamberlain to George Canning, Rio de Janeiro, 31 de dezembro de 1823, em Webster, Vol. 1, págs. 232-234, citação da p. 233.

POR QUE O BRASIL FOI DIFERENTE? OS CONTEXTOS DA INDEPENDÊNCIA

indispor a totalidade da população do interior... A quase totalidade de nossa agricultura é feita por negros e escravos. Os brancos, infelizmente, pouco trabalho fazem, e se os proprietários rurais tivessem seu suprimento de trabalhadores repentinamente cortado, deixo que vossa mercê faça julgamento do efeito que isso teria sobre essa clase de gente desinformada e pouco illustrada. Se a abolição viesse para eles antes que estivessem preparados, todo o país estaria em convulsão, de uma ponta até a outra, e não há como calcular as consequências para o governo ou para o própio país.

Sabemos que, enquanto isso persistir e o estado da escravidão tiver continuidade no país, a verdadeira e sólida indústria não pode se enraizar, a prosperidade vigorosa não pode existir, e nossa população não será significativa e, portanto, estamos tão profundamente convencidos destas verdades que, se possível fosse, aboliríamos a ambos.[24]

Essas objeções à escravidão não eram, é preciso ressaltar, o resultado de sentimentos "humanitários" ou "filantrópicos" existentes na Europa, porém mais similares àquelas existentes nos Estados Unidos no mesmo período, e eram a resposta à percepção de que o equilíbrio racial da população era potencial e perigosamente instável, ou que impediria o crescimento de uma nação baseada em um modelo europeu. Aqueles poucos que incentivavam a emancipação definitiva dos escravos, tal como José Bonifácio, fizeram-no não devido à humanidade dos escravos, mas sim porque desejavam ver o Brasil europeizado, não apenas em termos de aspirações, instituições e objetivos nacionais, mas também em termos da composição de sua população.

Mas Bonifácio foi, em um aspecto importante, muito mais radical que seus pares norte-americanos, e sua atitude refletia a forte corrente de pensamento que surgira no século XVIII, espe-

---

24. Henry Chamberlain to George Canning (secret), Rio de Janeiro, 2 de abril de 1823, em Webster, Vol. 1, págs. 222-223.

cialmente durante o longo governo do Marquês de Pombal do qual Bonifácio era praticamente herdeiro. Ele era cético, e explicitamente cético, quanto à capacidade de uma sociedade tão heterogênea quanto a do Brasil, na qual, segundo ele, proprietários brancos, escravos negros e mestiços pobres não possuíam um sentido de identidade que os unisse. Ao contrário, como eram inimigos entre si, estavam mais predispostos ao conflito do que à união. Era necessário, portanto, acreditava ele, homogeneizar a população, o que significava eliminar a escravidão, integrar os índios, incentivar a miscigenação entre índios e brancos e entre brancos e negros. Pretendia assim criar uma "raça" brasileira composta de mestiços unidos por uma identidade nacional comum. Como metalurgista de certa fama na Europa, usou uma analogia metalúrgica para o que sonhava: seu desejo, escreveu ele, era "amalgamar um número tão grande de metais diversos, dos quais pudesse surgir um todo compacto e homogêneo". Somente assim seriam eliminados "a preguiça e os vícios" dos brancos; "nós tiranizamos os escravos e os reduzimos a animais selvagens, e eles nos inocularam com sua imortalidade e todos os seus vícios", descreveu ele. Sabemos hoje, é claro, que Jefferson se dedicou a sua própria forma de amalgamação clandestina, mas isso foi — como teria dito ele se tivesse optado por reconhecer seu relacionamento com sua escrava Sally Hemings como o fizera com a inglesa Maria Cosway em Paris —, um caso do "coração" e não da "razão". O caso de Bonifácio era certamente uma política da razão. Mas Bonifácio, o *protegée* do amigo de Jefferson, o abade Corrêa da Serra, era afinal, com sua ilustre reputação e realizações nas ciências naturais, o tipo de naturalista que Jefferson aspirava a ser. E quanto à questão da escravidão, quem se equivocou foi o patriarca da independência americana, Thomas Jefferson, e não o patriarca da independência do Brasil, José Bonifácio.[25]

---

25. William Howard Adams, *Thomas Jefferson: the Paris Years* (New Haven and London: Yale University Press: 1997), págs. 207-250; também John Chester Miller, *The Wolf by the Ears: Thomas Jefferson and Slavery*, (Charlottesville and London: University Press of Virginia, 1991).

Os ideólogos do "livre comércio" no Brasil também assumiram um ponto de vista essencialmente racista. José da Silva Lisboa, que havia incentivado a abertura dos portos brasileiros ao príncipe regente em 1808, argumentou em 1818 que o progresso de São Paulo devia-se "à extraordinária preponderância [lá] da raça branca". O Rio Grande do Sul, o celeiro do Brasil, como ele o chamava, havia sido igualmente colonizado "pela raça portuguesa, e não pela população da Etíopia". Tomando o exemplo da ilha da Madeira, afirmou que a experiência "tem mostrado que uma vez que se estanca o suprimento de africanos, a raça não diminui e declina, mas sim se torna melhor e mais branca..." Ele prossegue até perguntar: "A melhor área da América será povoada por rebentos da África ou da Europa?" Para evitar "o horrível espetáculo da catástrofe que reduziu a rainha das Antilhas [ou seja, o Haiti] a uma Madagascar", o Brasil deveria ser impedido de se tornar uma "negrolândia." Ele desejava ver o cancro da escravidão extirpado desde o Rio da Prata até o Amazonas.[26]

O tópico da escravidão levanta assim questões fundamentais sobre o curso mais desejável para o desenvolvimento do Brasil, sobre o tipo de sociedade, Estado, sistema legal e governo que o Brasil adotaria como Estado independente. No entanto, a forma de proceder no tocante à escravidão dividia os homens "esclarecidos" e consolidava a determinação dos grandes comerciantes e grandes proprietários de terras, cuja prosperidade dependia da escravidão para assegurar que as novas estruturas do poder de Estado, bem como a nova monarquia constitucional, permanecessem firmemente vinculadas a seus interesses.

Em resumo, os intelectuais, os comerciantes e os patriotas brasileiros poderiam esposar o "liberalismo", mas seu zelo era estritamente limitado a um desejo de acesso aos mercados, de proteção da propriedade e de garantias de que as dívidas

---

26. José da Silva Lisboa, *Memória dos Benefícios Políticos do Governo de El-Rei Nosso Senhor Dom João VI*. (Rio de Janeiro: Impressão Régia, 1818), págs. 160-164.

MAIS MALANDROS: ENSAIOS TROPICAIS E OUTROS

seriam pagas. E nesse centralismo, monarquia e continuidade eram essenciais. Os "patriotas" do Brasil eram realistas e não podiam avançar mais do que permitiria sua base de apoio social. Aqueles que avançaram, tal como José Bonifácio, foram logo alijados.

A escravidão e o capitalismo industrial se mostraram, na realidade, altamente compatíveis com o sistema atlântico do século 19 — o capitalismo industrial floresceu com o algodão e o café produzidos por escravos tanto quanto o capitalismo comercial havia florescido com o açúcar produzido por escravos. Nesse contexto, reformadores, como José Bonifácio, eram duplamente vítimas. Esse próprio sistema econômico, não apenas em suas dimensões internas quanto atlânticas, criou condições hostis a essa proposta de reforma fundamental, como também foi vítima da política britânica, cuja pressão insuportável ajudou a minar a única administração realmente comprometida com o fim da escravidão e do tráfico de escravos. Em conversas secretas com Henry Chamberlain em abril de 1823, José Bonifácio alertou os britânicos para que não pressionassem tanto nem tão cedo:

Você sabe o quanto eu, sinceramente, detesto o tráfico de escravos, o quanto acredito ser ele prejudicial ao país, o quanto desejo a sua total cessação, embora isso não possa ser feito imediatamente. As pessoas não estão preparadas para isso, e até que seja feito, colocaria em risco a existência do governo, se tentarmos fazê-lo repentinamente. A própria abolição é uma das principais medidas que desejo apresentar a Assembléia sem falta, mas isso deve ser bem administrado e não podemos ter pressa...

Com relação às Colônias ou a Costa da África, nada queremos lá ou em qualquer outra parte. O Brasil é suficientemente grande e produtivo para nós, e estamos satisfeitos com o que a Providência nos deu.

Desejaria que seus navios de patrulha tomassem todos os navios negreiros que encontrassem no mar. Não quero mais vê-los, eles são a gangrena de nossa prosperidade. A população que queremos

POR QUE O BRASIL FOI DIFERENTE? OS CONTEXTOS DA INDEPENDÊNCIA

é branca, e espero ver chegar logo da Europa os pobres, os desditosos, os industriosos; aqui eles terão fartura, com um clima bom; aqui eles serão felizes; eles são os colonos que desejamos.[27]

VII

Entretanto, para alimentar esse sistema atlântico e para manter sua organização de produção, um fato estava bem claro: o Brasil não precisava de Portugal. Os ressentimentos e as dificuldades econômicas e financeiras que levaram à revolução do Porto, à convocação das Cortes em Lisboa em 1820 e à formulação de uma constituição liberal surgiram, em grande parte, da perda dos privilégios e monopólios no comércio colonial por parte dos portugueses; e, assim que foram reunidas, as medidas das Cortes logo refletiram tais imperativos. Não apenas Dom João VI foi forçado a retornar a Lisboa, como as Cortes logo decretaram o fim de muitos dos poderes que ele havia outorgado ao filho mais velho, Dom Pedro, deixado no Rio como regente. Cada vez mais os brasileiros encaravam as medidas das Cortes de Lisboa, apoiadas fortemente pelos odiados imigrantes e mercadores portugueses no Brasil, como tentativa de "recolonização" que poderia fazer o relógio voltar treze anos para a época em que o Rio se tornara o centro do governo. Foi contra esse cenário que Dom Pedro desafiou as instruções das Cortes para que retornasse à Europa, aceitou o título de "Defensor Perpétuo do Brasil" do Conselho Municipal do Rio de Janeiro no início de 1822, e depois, no dia 7 de setembro de 1822, fez sua declaração de "independência" nos arredores de São Paulo.

A emancipação política do Brasil é, assim, um processo longo e cumulativo com muita continuidade ao longo do caminho; 1808, 1816, 1822, e mesmo 1831 são todos momentos importantes nessa asserção gradual de separação e definição de nação inde-

---

27. Henry Chamberlain to George Canning (secret), Rio de Janeiro, 2 de abril de 1823, em Webster, Vol. 1, págs. 222-223.

pendente. O caminho teve seus momentos árduos, sem dúvida. O reconhecimento internacional só ocorreu em 1825 depois de longa negociação e da promessa do Brasil em pagar vultosa indenização a Portugal. A guerra no sul estourou com renovado vigor ao longo da fronteira na Banda Oriental, e só terminou no final da década com o estabelecimento, sob o auspício britânico, do independente Estado-tampão do Uruguai, estabelecendo uma fronteira ao sul menos ambiciosa do que uma colônia ou um reino unido. Foi necessária grande atividade militar tanto em terra quanto no mar para conseguir a adesão da Bahia, assim como do norte do país. Pernambuco tentou se separar mais uma vez em 1824. Administrativamente, o país não estava "brasilianizado" até o final do curto reinado de Dom Pedro em 1831. E foi apenas na década de 1840 que os atos do Duque de Caxias (um homem que, ironicamente, era sobrinho por afinidade do rico empreendedor que denunciara a conjuração mineira republicana às autoridades reais em 1789) colocaram um fim nas rebeliões separatistas regionais. Mesmo assim, em 1858, quando já ia avançado o longo reinado do segundo imperador do Brasil, Dom Pedro II, a satisfação com esse resultado foi claramente resumida por Domingos Antônio Raiol em seu *O Brasil Político*: "Quão distantes de nós não estão os outros povos habitão o mesmo continente sul-americano... Quando nós descançamos, elles lutão. Quando nós nos irmanamos, elles se hostilisão... o governo-monarchico-hereditario, que é sem duvida um verdadeiro escolho, onde se vem quebrar os desejos de ambição e por sua estabilidade se torna um poderoso alimento de ordem e de prosperidade."[28]

Nessas circunstâncias, não é de surpreender que todas as tentativas de alterar a organização econômica do trabalho tenham fracassado. O modelo alternativo para o desenvolvimento brasileiro, no qual a imigração européia e trabalhadores livres substituiriam a escravidão, não haveria de ser implantado, ao menos

---

28. Domingos Antônio Raiol, *O Brasil Político, dedicado ao Excelentíssimo Senhor Bernardo de Souza Franco, Ministro e Secretário dos Negócios da Fazenda*, por Domingos Antônio Raiol (Pará: Typographia do Diario do Commercio, 1858).

enquanto houvesse imperadores governando no Rio de Janeiro; como conseqüência, o tráfico de escravos continuou até a metade do século, e a escravidão, até a década de 1880. Também não é de surpreender que, quando caiu a escravidão, caiu junto a monarquia; ao menos em parte, porque, com a emancipação dos escravos, a alternativa republicana à monarquia finalmente livrou-se do estigma de separatismo e levante social.

Assim, espero que, ao salientar alguns dos múltiplos contextos nos quais o Brasil se tornou uma nação independente, possa eu também ter contribuído de alguma forma para demonstrar por que o Brasil foi diferente, e por que está mais que na hora de os historiadores, sob um ponto de vista comparativo, reavaliarem essa fascinante e complexa transição.

25 de abril de 2000.
Tradução de Lúcia Haddad.

Dom João VI, por José Inácio S. Paio (a., d., 1824), óleo sobre tela, 210 x 215 cm.

D. Pedro de Alcântara, Príncipe Real [D. Pedro I], por Jean François Vautier, Grav. Badoureau, gravura a buril colorida, 78 x 61 cm

D. Carlota Joaquina com Medalhão de D. João na mão, anônimo, 1º quartel do século XIX, óleo sobre tela, 92,5 x 74 x 4,4 cm.

19

Evitando a tentação imperial: Estados Unidos e América Latina

A década de 1990 representou um período especialmente otimista para as relações interamericanas. Após uma década de crises geradas por dívida externa, oportunidades perdidas e o doloroso estabelecimento dos governos militares, grande parte da América Latina parecia determinada, pela primeira vez em décadas, a marchar entusiasticamente sob a batuta de Washington. Com o forte apoio dos governos eleitos recém-instalados na região, do tesouro americano e das agências de empréstimo internacionais, todos exaltavam as vantagens do livre comércio, da democracia eleitoral, da privatização das empresas estatais e das economias abertas.

Dentro dos Estados Unidos a mudança não foi menos radical. A camisa de força que havia definido os "amigos" e "inimigos" dos Estados Unidos na América Latina por meio de uma rígida divisão entre direita e esquerda também fora suplantada. Logo após o colapso da União Soviética, em 1991, e o abrandamento dos amargos conflitos na América Central, pela primeira vez na memória contemporânea os formuladores de política de Washington ficaram relativamente relaxados em relação às possíveis ameaças da esquerda aos interesses estratégicos dos EUA.

De forma não menos notável, a própria América Latina tornava-se cética em relação às utopias totalitárias do comunismo, criticava o autoritarismo de Fidel Castro em Cuba e reconhecia a importância das eleições, das liberdades individuais e do princípio de direito. Jorge Castañeda epitomizou com perfeição esse novo clima na esquerda latino-americana no título de seu livro, *Utopia desarmada* (1994). Com efeito, após a queda do muro de Berlim a Alemanha foi reunificada e o império russo foi desintegrado; numa curiosa inversão histórica, era o mundo capitalista liberal que agora se deixava seduzir por uma ilusão utópica ao proclamar "o final da história," até mesmo para uma região como a América Latina onde o peso da história é tão grande no presente quanto em qualquer outro lugar.[1]

Essas aspirações democráticas e capitalistas mais amplas foram bem sintetizadas no plano Iniciativa para as Américas lançado pela primeira administração Bush e nos sucessos obtidos por Bill Clinton nos seus primeiros meses no poder com o auxílio da via rápida (*fast track*) para apressar a aprovação de legislações comerciais. Eles tiveram um auxílio significativo do Plano Brady, lançado em 1989, que criava novos instrumentos de negociação da dívida com o respaldo de recursos financeiros significativos dos Estados Unidos e do Japão. As declarações emitidas na Reunião de Cúpula das Américas em Miami (1994) e em Santiago (1998), no Tratado de Assunção de março de 1991, que estabeleceu as bases para a formação do Mercado Comum do Sul (Mercosul) entre Argentina, Brasil, Paraguai, e Uruguai e a implementação do Tratado Norte-Americano de Livre Comércio (Nafta), em 1994, representaram, cada uma à sua própria maneira, desenvolvimentos notáveis que asseguraram ao hemisfério um livre comércio na primeira década do século seguinte, além de reunir inimigos seculares em pactos de comércio e uniões alfandegárias e derrubar os modelos econômicos nacionalistas fechados da América Latina, que, em muitos casos, predominavam desde a década de 1930.[2]

---

1. Ver Jeremy Adelman, (ed.), *Colonial Legacies: The Problem of Persistence in Latin American History*, New York: Routledge, 1999.

2. Sobre o surgimento do novo "paradigma," ver Sebastian Edwards, *Crisis and Reform: From Despair to Hope New York*: Oxford Uni-

Grande parte dessa convergência ocorreu sem atrair muito a atenção do povo americano. Para ele, a América Latina, de modo geral, ainda era o lugar de onde chegavam imigrantes indesejáveis, onde drogas ilegais eram produzidas, florestas tropicais insubstituíveis eram queimadas e onde, a 90 milhas de Key West, um aparentemente eterno Fidel Castro fazia discursos bombásticos em uma retórica antiamericanista, anticapitalista e antediluviana de sua famosa sacada. Essa dicotomia entre as percepções que a elite e o povo tinham da região, contudo, não deixava de se basear na experiência real. Enquanto os banqueiros, investidores e formuladores de política buscavam fluxo de capital, comércio e oportunidades de investimento, para o povo em geral a presença da América Latina na política norte-americana estava crescendo de formas não-tradicionais, com profundas implicações na economia dos Estados Unidos, na composição da sua população e nos cálculos eleitorais estaduais e federais; tudo isso servia para ressaltar o quanto as relações entre a política doméstica e internacional tornaram-se complexas e estreitas nos Estados Unidos no final do século.

Os acadêmicos especialistas em América Latina costumam lamentar a falta de atenção da cúpula do governo norte-americano em relação aos assuntos do hemisfério; mas é importante explicar o que significa "atenção" neste contexto, uma vez que ela emerge de preconceitos e estereótipos culturais, tanto positivos como negativos, que geralmente são insinuados para explicar o menosprezo dos Estados Unidos pela região.[3] Com o final da Guerra Fria, por exemplo, esta não é uma parte do mundo onde

---

versity Press, 1995); e Albert Fishlow, "The Western Hemisphere Relation: Quo Vadis?" em *The United States and the Americas*, – Albert Fishlow e James Jones New York: W.W. Norton, 1999, pp. 15–35.

3. Essa posição é apresentada de forma mais sucinta em Lars Schoultz, *Beneath the United States: A History of U.S. Policy Towards Latin America* Cambridge: Harvard University Press, 1998; mas também em Peter H. Smith, *Talons of the Eagle: Dynamics of U.S.-Latin American Relations* New York: Oxford University Press, 1996; e Mark T. Berger, *Under Northern Eyes: Latin American Studies and U.S. Hegemony in the Americas 1898–1990* Bloomington: Indiana University Press, 1995.

os Estados Unidos enfrentam as ameaças do desafio nuclear, ou biológico, ou de armas químicas de destruição em massa. Não é também uma região onde o sistemático assassinato em massa de minorias étnicas, muitas vezes patrocinado pelo Estado, tem sido lugar-comum, como nos Bálcãs e em partes da África. Tampouco é uma área onde os Estados Unidos mantêm grandes bases militares ou estão envolvidos em alianças militares significativas como as que têm feito desde o final da Segunda Guerra Mundial na Ásia, no Oriente Médio e na região do Atlântico Norte.

O descaso para com a América Latina por parte dos mais altos órgãos de segurança dos Estados Unidos deve-se, em parte, à inexistência de grandes preocupações de segurança nacional do tipo tradicional neste hemisfério.[4] Mas se o grau de ameaça nesse sentido é pequeno e, consequentemente, a alocação de verbas e o emprego de recursos militares, comparativamente falando, são mínimos, existem outros riscos significativos que podem ser categorizados. Dada a história pregressa, é bom avaliar como os Estados Unidos podem reagir a esses "riscos", sobretudo durante o longo e delicado período eleitoral, e antes que um novo presidente e sua equipe de política externa assumam o comando.

I. AVALIAÇÃO DOS RISCOS

Uma consequência curiosa do final da Guerra Fria para a América Latina foi o fato de ela ter sido relegada a uma zona amena onde opções difíceis parecem desnecessárias, ou pelo me-

---

4. Neste ponto, obviamente, há um paradoxo. Não se deve esquecer que a América Latina pode pular para o topo da pauta de segurança nacional de maneiras inesperadas e em momentos inoportunos, com importantes consequências políticas internas. A Crise dos Mísseis Cubanos durante a Guerra é o caso mais extremo, mas houve outras mas recentes – a crise da América Central, a invasão do Panamá, de Granada e do Haiti, os problemas recorrentes causados pelos barcos ilegais que chegam à Flórida trazendo imigrantes cubanos e haitianos.

EVITANDO A TENTAÇÃO IMPERIAL: ESTADOS UNIDOS E AMÉRICA LATINA

nos podem ser incorporadas em um pan-americanismo banal. Mas se os Estados Unidos não definirem seus interesses na região, outros o farão. O Nafta, na verdade, foi um caso clássico: uma idéia que partiu do governo mexicano, e não de Washington. E quando o presidente do Banco Interamericano de Desenvolvimento, sediado em Washington, encomendou uma história detalhada e caríssima sobre o desenvolvimento da América Latina ao longo do último século, ele recorreu a Oxford e a um grupo de acadêmicos latino-americanos e europeus, como se Harvard, o MIT ou a UCLA não tivessem nenhum economista ou latino-americanista em seus quadros.[5]

Considerando a hipersensibilidade dos latino-americanos em relação ao unilateralismo americano, esse fato, por si só, pouco surpreende; mas a grande desvantagem para os formuladores de política dos Estados Unidos é a total impossibilidade de qualquer avaliação realista dos interesses na região, uma vez que o estabelecimento de uma hierarquia de risco tende a implicar também hierarquia de importância, e como o denominador comum muitas vezes é a auto-estima dos menores e mais insignificantes participantes da discussão, qualquer categorização desse tipo transforma-se em um anátema. Mas, na minha opinião, um debate proveitoso sobre as opções políticas dos Estados Unidos nas Américas é um exercício absolutamente necessário, e já não é sem tempo.

LISTA A

Minha lista de "pontos polêmicos" para os próximos 18 meses seria a seguinte:

- Cuba continua no topo de qualquer lista, muito menos por sua importância estratégica intrínseca do que por sua perni-

---

5. Rosemary Thorp, *Progress, Poverty and Exclusion: An Economic History of Latin America in the 20th Century* (distribuído por Johns Hopkins University Press para o Banco de Desenvolvimento Interamericano e a União Européia, 1998).

ciosa interseção com as fobias americanas e a camisa de força dentro da qual as reações dos Estados Unidos a qualquer mudança radical naquele país são reprimidas. Alan Greenspan, presidente do Federal Reserve, o banco central dos Estados Unidos, falou da "exuberância irracional" do mercado de ações; o problema de Cuba é que a política americana é puramente irracional. É lamentável que a administração Clinton não tenha aceitado a idéia proposta pelo ex-secretário de Estado Lawrence Eagleburger e por outras figuras eminentes da política externa, e apoiada por um número impressionante de senadores dos dois partidos e por funcionários do alto escalão do governo, de criar uma comissão nacional bipartidária para Cuba. A política dos Estados Unidos em relação a Cuba precisa ser totalmente reavaliada, e não remendada. Acima de tudo, o debate precisa sair da esfera das estreitas considerações político-eleitorais em que se concentra atualmente. Uma comissão bipartidária nacional com amplas bases pode ou não recomendar mudanças radicais, como o fim do embargo, mas é essencial que haja, o quanto antes, um debate aberto sobre questões fundamentais.

Na minha opinião a melhor política é a abertura, e o contato, e não o ostracismo, constitui a maior ameaça às ditaduras, quer sejam de esquerda ou de direita. Isso se aplica sobretudo aos países onde regimes como o de Fidel Castro conseguem explorar um forte sentimento nacionalista. No caso de Cuba, é inegável que apesar dos 40 anos de embargo Fidel Castro continua no poder. É verdade que ele pode estar "contido" em temos político-militares, mas é verdade também que Havana está repleta de europeus e canadenses, que a visita do Papa, em 1998, será seguida, em 1999, pela Reunião de Cúpula Ibero-Americana e por um desfile de líderes latino-americanos e europeus, e que pouquíssimos expoentes americanos conseguiriam resistir à tentação de jantar com Fidel, caso fossem convidados.

O embargo não impediu as aventuras de Fidel Castro na África e na América Latina no passado. Seria bom pensar que

EVITANDO A TENTAÇÃO IMPERIAL: ESTADOS UNIDOS E AMÉRICA LATINA

pequenos passos unilaterais (chamados de calibrados) minariam o regime e promoveriam mudanças fundamentais em Cuba, mas não creio que isso ocorresse. Esses passos dependem demasiadamente da concordância implícita de Fidel Castro, e ele nunca aceitou esse tipo de proposta positiva de Washington, preferindo recusar a ajuda quando parecia haver uma pequena distensão no horizonte. Tampouco hesitou alguma vez em remover possíveis ameaças ao seu poder. No entanto, uma coisa parece certa: a mudança, quando ocorrer, vai-se dar de forma rapida e inesperada, e uma vez que Fidel Castro não esteja mais no poder seu notável regime vai desmoronar em pouco tempo. Assim como Luís XV, ele parece acreditar que *après moi le déluge*.

Portanto, é imprescindível que os Estados Unidos se livrem dos obstáculos legais e emocionais que atrapalham sua política em relação a Cuba atualmente e que vão impedir o governo e a sociedade americana, inclusive os americanos de origem cubana, de reagirem com rapidez, flexibilidade e bom senso quando chegar o feliz momento da libertação. Promover pequenas modificações no *status quo* não é solução. Essa é uma situação com a qual Fidel Castro sempre soube lidar e explorar muito bem. Além disso, deixa os Estados Unidos com uma política que perpetua o familiaríssimo padrão de paternalismo e microgestão em relação aos assuntos internos de Cuba que aflige as relações entre os dois países há mais de um século.[6]

- México. Depois de 70 anos de regime autoritário e de sucessões presidenciais extremamente manipuladas, em julho de 2000, cercada de muitas incertezas, vai ocorrer a mais importante eleição para presidente desde o final da Segunda Guerra Mundial. O México está em meio a um processo de democratização agonizante. A rebelião em Chiapas, que coincidiu com a criação do Nafta em 1994, foi contida, mas

---

6. Repito aqui minha discordância das conclusões da Força-tarefa Independente sobre Cuba patrocinada pelo Conselho das Relações Exteriores. Ver *U.S.-Cuban Relations in the 21st Century* (New York: Council on Foreign Relations Press, 1999).

o conflito não foi solucionado.[7] Existem grandes interesses em jogo, e os guardiães (os "dinossauros") do Partido Revolucionario Institucional (PRI) estão travando uma luta nos bastidores para manter o controle do clientelismo governamental em um cenário de insegurança pública e violência política crescentes.[8] Uma importante crise de transição no México logo desencadearia uma crise de grandes proporções na política externa dos Estados Unidos, dadas as várias conexões entre os dois países que afetam todos os setores da economia americana, sem falar na imigração e no narcotráfico. O governo de Zedilho, com apoio internacional e dos Estados Unidos, criou um enorme fundo de contingências de US$ 23.7 bilhões de dólares para se resguardar contra uma nova crise econômica cíclica que no passado perturbara a sucessão presidencial.

Mas o caminho para a democracia ainda está salpicado de campos minados perigosos e muitas vezes ocultos. E, como salientou John Coatsworth, diretor do Centro de Estudos Latino-americanos de Harvard, a tendência mexicana para uma sociedade civil mais vibrante e mais democrática poderia ser ameaçada pela corrupção e violência do narcotráfico nos moldes colombianos. Trata-se de uma ameaça que, segundo ele, pode muito bem ser estimulada pela política americana que apóia a militarização da segurança pública e do cumprimento das leis no México.[9]

---

7. As causas complexas e os problemas intratávis envolvidos em Chiapas são brilhantemente descritos em John Womack, Rebellion in Chiapas: *An Historical Reader* (New York: New Press, 1999); Neil Harvey, *The Chiapas Rebellion: The Struggle for Land and Democracy* (Durham, N.C.: Duke University Press, 1998).

8. Wayne A. Cornelius, Todd A. Eisenstadt, e Jane Hindley, eds., *Subnational Politics and Democratization in Mexico* (La Jolla, Cal.: Center for U.S.-Mexican Studies, 1999).

9. John Coatsworth, "The United States and Democracy in Mexico," in *The United States and Latin America: The New Agenda*, ed. Victor Bulmer-Thomas and James Dunkerley (Cambridge: Harvard University Press, 1999), p. 153.

EVITANDO A TENTAÇÃO IMPERIAL: ESTADOS UNIDOS E AMÉRICA LATINA

- Brasil. A crise financeira que resultou na desvalorização desordenada do real em janeiro de 1999 foi abrandada por uma maciça operação internacional de salvamento, mas não eliminada. O impacto da desvalorização em janeiro e a recessão que se seguiu afetaram profundamente a Argentina, que em outubro de 1999 enfrenta eleições presidenciais e o final da era Menem. As tensões no Mercosul são intensas; e ele não pode abrigar por muito tempo dois sistemas cambiais radicalmente opostos — uma taxa de câmbio fixa para o dólar na Argentina e uma taxa de câmbio flutuante no Brasil. Após as eleições, a Argentina vai sofrer grandes pressões para efetuar a desvalorização da sua moeda.

Se o Brasil não obtiver sucesso em sua política de estabilização econômica, que se concentra principalmente em conter os crônicos déficits governamentais que forçam o governo a tomar dinheiro emprestado a juros elevados e insustentáveis, e se secar o fluxo de capitais necessário para sustentar esses desequilíbrios, como ocorreu em 1998, é difícil acreditar que possa se repetir o auxílio coordenado naquela ocasião pelo Fundo Monetário Internacional (FMI) e pelo Tesouro dos Estados Unidos. Tal fracasso teria graves repercussões na credibilidade dos 22 países envolvidos no pacote de US$ 41.5 bilhões de dólares e suscitaria indubitavelmente graves questões políticas nas assembléias legislativas de todo o mundo ocidental com relação à capacidade de gestão de riscos dos ministros da economia e dos presidentes dos bancos centrais, sem falar no FMI, no Banco Mundial e no Banco Interamericano de Desenvolvimento, que comprometeram fortemente sua credibilidade e seus recursos com a recuperação do Brasil.

- Norte da América do Sul. A crise na Colômbia origina-se de um conflito complexo e multifacetado — três exércitos de guerrilheiros fortemente armados e independentes com cerca de vinte mil homens estão espalhados em uma centena de frontes em cordilheiras e selvas inóspitas. Eles financiam a si próprios cobrando impostos dos plantadores de coca, realizando seqüestros e extorsões. Além disso, grupos paramilitares extremamente organizados e impiedosos declaram sua própria guerra em nome dos proprietários de terra e, segundo dizem, do Exército. Os barões da droga e os lavadores de dinheiro, e parte substancial da elite do país, lucram indiretamente, e algumas vezes diretamente, com os bilhões gerados pela produção e pelo tráfico de cocaína (US$ 16 bilhões em 1998, de acordo com a revista *Time*, comparado com US$ 11 bilhões arrecadados com produtos como petróleo, carvão, café e bananas).[10]

Oitenta por cento da cocaína vendida no mundo e três quartos da heroína consumida nos Estados Unidos são provenientes da Colômbia. Como salientou Mark Falcoff do American Enterprise Institute, o número de mortos na Colômbia é quatro vezes maior do que o da guerra dos Balcãs, 300 mil crianças ficaram órfãs e 700 mil foram expulsas de suas casas.[11] O governo estabeleceu negociações de paz com o principal grupo guerrilheiro, as Forças Armadas Revolucionárias da Colômbia, conhecidas por seu acrônimo FARC, para o qual cedeu o controle de grande parte do território do país (40% segundo alguns relatórios).

Mas a guerra continua, minando a credibilidade do governo, que enfrenta ao mesmo tempo uma recessão profunda, desemprego crescente e o aumento progressivo da dívida externa. A violência orquestrada pelos traficantes de droga assassina juízes, funcionários do governo, jornalistas e representantes dos direitos humanos, além de intimidar membros do poder legislativo. Existe um grande risco de ascensão do regime do narcotráfico, após uma vitória das guerrilhas, ou de uma escalada da violenta guerra civil, com forte envolvimento

---

10. "A Carpet of Cocaine," Latin American edition, *Time*, August 9, 1999, p. 18.

11. Mark Falcoff, "Does Colombia Have a Future?" *Latin American Outlook* (Washington, D.C.: American Enterprise Institute, julho-agosto de 1999). Ver também Michael Shifter, "Colombia on the Brink," *Foreign Affairs*, vol. 78 (Julho-agosto de 1999); e Linda Robinson, "Colombia Dispatch," *New Republic*, 6 de setembro, 1999.

dos Estados Unidos no apoio ao governo sitiado. Isso vai representar um enorme problema para Washington, considerando o papel central desempenhado pela Colômbia na distribuição de cocaína para os mercados americano e europeu e a função do congresso americano no processo de "credenciamento", por meio do qual os países são julgados por seus esforços no combate ao narcotráfico.

A Venezuela é um grande fornecedor de petróleo para os Estados Unidos (em 1998, 16% do petróleo importado para este país foi da Venezuela). O presidente Hugo Chávez, que tem um profundo sentimento nacionalista, de um lado enfrenta as massas esperançosas e do outro uma elite aterrorizada e seus sócios estrangeiros, juntamente com uma economia perigosamente desequilibrada. É difícil visualizar um resultado que não leve ao desapontamento de um lado ou de outro, e a perspectiva é de um governo cada vez mais autoritário. Em 1990, os Estados Unidos foram à guerra para proteger seus interesses vitais no fornecimento de petróleo no Golfo Pérsico. Sob qualquer ponto de vista, uma ameaça ao suprimento de petróleo no Caribe colocaria rapidamente a Venezuela no topo da pauta de segurança nacional.

O Equador está enfrentando uma grave crise econômica que pode resultar no primeiro calote dos Brady bonds, que permitiram que a América Latina saísse da crise da dívida externa em 1989 e voltasse aos mercados financeiros. O efeito de "contágio" de uma inadimplência do Equador abalaria a confiança nesses instrumentos financeiros em toda a região, reabriria a questão da dívida externa que parecia ter sido solucionada e limitaria o acesso da América Latina aos mercados de capitais, que é essencial para sustentar o modelo econômico com o qual ela está comprometida atualmente.

Lista B

As questões na América Central, no Caribe e no Panamá são de outra natureza, mas muitos dos "pontos polêmicos" da década de 1980 ainda persistem. De modo geral são problemas de desenvolvimento, acesso aos mercados e pobreza crônica, que envolvem questões complicadas relativas ao acesso a mercados restritos de produtos primários e à redução da competitividade e dos preços (a "guerra da banana" entre os Estados Unidos e a União Européia, por exemplo, pertence a essa categoria). Cuba, com os obstáculos criados por suas próprias políticas econômicas e pelo embargo dos Estado Unidos, também enfrenta muitos dos problemas que estão assolando o Caribe como um todo ao lidar com uma economia baseada na exportação de produtos primários. O Panamá vai assumir o controle total do Canal do Panamá no dia primeiro de janeiro de 2000, e enfrenta ameaças de rebeldes em sua fronteira com a Colômbia. Muitos países da América Central estão se recuperando lentamente da terrível destruição causada pelo Furacão Mitch e dos pesados encargos da dívida externa. Todos esses fatores dificultam as tentativas de se chegar a uma solução e a um consenso, essenciais após décadas de amargas lutas internas.

- No Peru, Alberto Fujimori, que dominou a política peruana na década de 1990, obteve sucesso considerável nas questões econômicas, políticas e de controle de drogas, quebrando a espinha dorsal de um movimento guerrilheiro selvagem que ameaçava a estabilidade do próprio Estado na época da sua posse. Ao impor medidas neoliberais drásticas, ele salvou o Peru de uma inflação paralizante e do colapso econômico. Mas também passou feito um trator sobre a sociedade civil, cuja colaboração é imprescindível para a sobrevivência duradoura dessas reformas. Ao manipular a constituição com o intuito de garantir a sua reeleição, Fujimori abriu um perigoso precedente que outros presidentes eleitos da América Latina não tardaram a seguir. Fujimori pode não ter inventado o conceito de "democracia iliberal"," mas tornou-se um dos seus praticantes mais assíduos.
- No Paraguai, a democracia permanece abalada, corrupta e infiltrada por poderosos lóbis de contrabandistas. A pressão benigna e tranqüila do seu vizinho mais poderoso no Mercosul impediu, em mais de uma ocasião ao longo dos últi-

mos cinco anos, a volta do regime militar. Graves tensões no seio do Mercosul após a desvalorização do real no Brasil, entretanto, afetaram de forma adversa a economia do Paraguai e aumentaram a tensão nas fronteiras entre os dois países e dentro do próprio Paraguai, onde há muitos imigrantes brasileiros.

II. Os sete principais problemas genéricos

Além das ameaças específicas delineadas acima, sete problemas de natureza genérica e profundamente enraizados formam um pano de fundo crítico para qualquer resposta à política da região

- *Vulnerabilidade às condições da economia global.* Grande parte da região atualmente depende da saúde da economia norte-americana. A deterioração dessa economia, os aumentos das taxas de juros e o retorno do nervosismo de Wall Street em relação à estabilidade política e econômica dos mercados latino-americanos vão repercutir rapidamente de forma negativa na região.

- *As principais economias são fortemente alavancadas pelos fluxos de capital, dos quais dependem para sustentar seus desequilíbrios fiscais internos.* Obter superávits orçamentários é essencial, mas não é fácil conseguir isso com as eleições se aproximando, com pesadas necessidades de captação e condições sociais preocupantes, com necessidade premente de verbas para educação e infra-estrutura básica.

- *A crise financeira mundial do ano passado e o desenvolvimento do modelo neoliberal agravaram as desigualdades na região.* Isso levou a um índice elevado de desemprego e insegurança pessoal, bem como ao adiamento dos benefícios, em termos de saúde, educação e oportunidade de mobilidade social, que precisam fluir da reforma fiscal caso essas difíceis e dolorosas reformas tenham de continuar para viabilizar a obtenção de apoio político em uma estrutura democrática.

A grande interrogação sobre a atual transferência de ativos do setor público para o setor privado por meio do processo de privatização, por exemplo, é se essa medida vai ou não efetuar mudanças reais na economia, estimular a competitividade e impulsionar o crescimento a longo prazo. Antigamente, quando ocorreram transferências de ativos semelhantes, isso não aconteceu. Os ricos ficaram mais ricos, e as velhas mentalidades e oligarquias floresceram até um novo ciclo de intervenção estatal.

A "corrupção" é apenas uma manifestação desse dilema estrutural mais profundo, e concentrar-se apenas em indivíduos pouco vai contribuir para resolver o problema. Por esse motivo, o contexto dentro do qual são feitas essas reformas é muito importante. É por isso também que o recuo dos Estados Unidos em relação ao livre comércio e a desistência da administração Clinton de honrar seu compromisso de obter a aprovação da via rápida para as leis do comércio, com sua promessa concomitante de aumento de exportações, crescimento econômico e maior participação nos mercados globais para a América latina, são tão nocivos.

Para a América Latina, seria mais cômodo deixar as coisas como estavam. Competição e mercados abertos não se ganha sem oposição, pois podem ser dolorosos, e até mesmo letais, para interesses escusos. Um dos aspectos do tão alardeado "modelo chileno," que apesar de ter passado quase despercebido tem grande impacto econômico, foi a disposição de Augusto Pinochet de enfrentar a comunidade empresarial chilena acostumada ao protecionismo de forma tão impiedosa quanto ele enfrentou a esquerda. A corrupção, obviamente, representa uma ameaça à liberalização, tanto no sentido político quanto no sentido econômico do termo, mas principalmente porque indica de maneira deprimente que nada vai mudar, numa época em que o ritmo das mudanças globais torna isso uma receita para marginalidade a longo prazo para a região no mercado global.

- *Garantia de qualidade do governo democrático*. Se tivermos de nos afastar do que o acadêmico argentino Atilio A. Borón chama de humores polares de "otimismo tolo e cego de Poliana e profundo pessimismo de Cassandra," os formuladores de política precisam explorar as "falhas" que subjazem as formas democráticas na América Latina. Essas falhas abrangem a superficialidade das políticas eleitorais, os partidos políticos enfraquecidos, o menor apoio às instituições políticas, as conseqüências incertas da propaganda política na televisão, a violência e a insegurança da vida cotidiana, a ausência de garantias legais para muitos cidadãos e o malogro em submeter por completo as forças armadas à autoridade civil.[12]

- *Confronto com as heranças.* Quase todas as nações da região pouco a pouco estão sendo forçadas a se conciliar com as heranças das guerras sujas internas. Algumas enfrentaram essas questões com "comissões da verdade" e até mesmo com a prisão de ex-presidentes. Mas essa história está longe de ter chegado ao fim, como mostra o complicado caso da prisão do general Augusto Pinochet em Londres por crimes contra a humanidade. Da Guatemala à Argentina, vai levar tempo para que as profundas feridas da memória coletiva cicatrizem. E o papel e as responsabilidades dos Estados Unidos em relação a esses regimes opressivos apenas começaram a despontar.

- *Transposição da complexa interseção dos problemas relacionados com as políticas interna e externa.* O apetite insaciável por contribuições para as campanhas presidenciais e parlamentares nos Estados Unidos, o chamado *soft money*, e o toma-lá-dá-cá entre o governo e interesses especiais tornam o sistema político norte-americano extremamente vulnerável à interferência estrangeira. Os mexicanos logo compreenderam no curso do debate do Nafta, por exemplo, que precisavam da melhor assessoria que o dinheiro pudesse comprar para navegar nas complexidades do Senado e da Câmara e para

---

12. Sobre os riscos à consolidação democrática na região consulte Felipe Aguero e Jeffrey Stark, eds., *Fault Lines of Democracy in Post-Transition Latin America* (Miami: North-South Center Press, 1998), em que autoridades no assunto analisam o problema da governabilidade na América Latina "pós-transição".

mobilizar a opinião pública no sentido de apoiar o acordo do Nafta. Em pouco tempo os mexicanos estavam enviando um "batalhão" de consultores, firmas de advocacia, lobistas, empresas de relações públicas e antigos funcionários da câmara e do governo, além de cortejarem assiduamente a comunidade hispânica nos Estados Unidos.

"Alguns representantes do governo mexicano no início hesitavam em revelar nossas idéias e discutir nossos planos com vários americanos cujo trabalho era vender sua perícia no Congresso," afirmou Hermann Von Bertraub, que foi escolhido pelo setor privado mexicano para ajudar a coordenar a equipe do governo que estava negociando o acordo do Nafta em Washington D.C. Mas Von Bertraub não tinha esses receios e agiu como tal.[13]

O perigo de uma manipulação desse tipo é agravado pela natureza complexa e por vezes contraditória do processo de formulação de leis dos Estados Unidos e pelos vários órgãos e personagens envolvidos, não apenas do braço executivo, mas também dos órgãos federais, dos governos estaduais e locais e da iniciativa privada. O surgimento de comunidades transnacionais concomitantemente com o advento das comunicações instantâneas trouxe conseqüências políticas para o Hemisfério Ocidental que complicam ainda mais as relações interamericanas. Um número cada vez maior de imigrantes — dominicanos, mexicanos, salvadorenhos — tem casa em dois mundos, fala duas línguas, vive uma vida bicultural e se alterna entre seu país de origem e o país de residência.

Isso também está afetando Cuba de forma crescente, que, como afirmou Alejandro Portes, famoso sociólogo de Princeton, tem "sua política em Havana e sua economia cada vez mais em Miami".[14] Os eleitores de origem latino-americana vão desempe-

---

13. Hermann Von Bertraub, *Negotiating Nafta: A Mexican Envoy's Account* (Westport, Conn.: Praeger, 1997).

14. "The Face of Cuban Immigration: An Interview with Alejandro Portes," Cuban Committee for Democracy, *Asuntos Cubanos*, vol. 5 (primavera/verão de 1999), p. 5.

EVITANDO A TENTAÇÃO IMPERIAL: ESTADOS UNIDOS E AMÉRICA LATINA

nhar um papel cada vez mais importante, e às vezes fundamental, em muitas dessas questões no ano 2000, sobretudo no Texas, na Florida e na California, estados de importância crucial em épocas de eleição. Segundo as projeções, no ano 2010 os hispânicos serão o maior grupo de minoria étnica do país, e em 2050 representarão 25% da população dos Estados Unidos.[15] Muitos estudiosos acreditam que essa "integração de baixo" terá uma influência tão grande no futuro do hemisfério quanto o comércio ou o fluxo de capitais.

- *A tentação intervencionista.* Na década passada houve uma confiança crescente dos Estados Unidos nas intervenções militares para eliminar possíveis ameaças políticas: na ilha de Granada (1983), no Panamá (1989) e no Haiti (1994), por examplo. Os perigos da "tentação imperial," sempre tão presentes nas relações entre os Estados Unidos e a América Latina desde o final do século XVIII, foram profeticamente definidas no livro extraordinário dos cientistas políticos Robert W. Tucker e David C. Hendrickson escrito, logo após a vitória na Guerra do Golfo.

Tucker e Hendrickson afirmaram que o "sentimento isolacionista do povo, expressado acima de tudo no desejo de evitar baixas nas tropas americanas e combates prolongados, no entanto pode estar associada a uma disposição intervencionista de produzir uma mistura explosiva — marcada pelo desejo de empregar forças maciças e pelo desejo de se retirar dos cenários de destruição."[16] Mas como os fuzileiros navais descobriram na década de 1920, a "reestruturação da nação" no Haiti e na América Central é uma tarefa bastante complicada, frustrante e mui-

---

15. Ver o artigo da Public Agenda e do Tomás Rivera Institute, *Here to Stay: The Domestic and International Priorities of Latino Leaders* (New York and Austin, 1998).

16. Robert W. Tucker e David C. Hendrickson, *The Imperial Temptation: The New World Order and America's Purpose* (New York: Council on Foreign Relations Press, 1992).

tas vezes contraproducente. Essa lição foi esquecida na década neo-intervencionista de 1990.

III. Como esses problemas vão afetar a eleições dos Estados Unidos

Cada uma dessas "ameaças," combinada com os problemas genéricos da região e a mistura de pressões internas e externas pode ter grandes implicações para a política externa norte-americana em um ano eleitoral.

- *Cuba/Haiti*. Os mais interessados na preservação do *status quo* das relações entre os Estados Unidos e Cuba têm um forte interesse pessoal no agravamento da situação, uma vez que uma linha dura favorece a retenção da sua influência política, seja em Havana ou Miami. Diante da chegada de uma nova leva de refugiados cubanos na Flórida e da crescente deterioração da situação no Haiti, que também pode acarretar um novo êxodo haitiano, há um grande escopo para danos eleitorais aqui ao longo dos próximos 18 meses.
- *Brasil*. Se houver uma nova crise financeira, surgirão graves discussões sobre o uso do dinheiro público para acudir os brasileiros e salvar os especuladores de Wall Street. Haverá pouco apoio do congresso ou da população para outras operações de socorro financeiro, sobretudo se a crise estiver confinada ao Brasil e não houver ameaça de contágio global.
- *México*. Uma mistura tóxica de "questões polêmicas" potenciais — migração, drogas, democracia. Se a transição do México vacilar e os Estados Unidos forem considerados incapazes de ajudar seu vizinho mais próximo, todo o progresso democrático da região será colocado em risco. As profundas reservas políticas de ambos os lados em relação ao Nafta no Congresso vão ressurgir em meio a uma campanha presidencial e tornar difícil e controversa a ajuda dos Estados Unidos.

EVITANDO A TENTAÇÃO IMPERIAL: ESTADOS UNIDOS E AMÉRICA LATINA

- *Colômbia.* Um caso clássico de ampliação progressiva da participação dos Estados Unidos, que ficam cada vez mais atolados em um grande pântano. A substituição do financiamento militar da América Central por uma ajuda maciça ao combate ao narcotráfico na década de 1990 já acabou, e agora o "czar" da política antidroga americana, general Barry McCaffrey, diz que a Colômbia precisa de um bilhão de dólares em financiamento militar. Neste ponto a interseção doméstica é intensa por causa da política de combate às drogas, do papel do credenciamento dos países e da coabitação dos narcotraficantes com guerrilheiros e paramilitares.
- *Venezuela.* Há uma grande possibilidade de haver discursos exaltados dos dois lados. Os membros do Congresso norte-americano já estão cogitando em "descredenciar" a Venezuela por falta de cooperação na "guerra" contra as drogas. O presidente Chávez vai achar irresistível um desafio populista para os Estados Unidos se precisar desviar a atenção dos intratáveis problemas domésticos. Uma rixa com a Venezuela poderia rapidamente se transformar no primeiro desafio nacionalista de um grande fornecedor de petróleo no hemisfério desde a década de 1950.

IV. IMPLICAÇÕES POLÍTICAS/RESULTADOS PROVÁVEIS

A rota de menor resistência para Washington consiste em manter o *status quo* — em grande parte com o modelo de transição de Bush para Clinton. Esse é o resultado mais provável; mas em efeito significa ausência de ação e soluções específicas para cada possível crise e à falta de uma definição clara das prioridades nacionais dos Estados Unidos.

- *Comércio.* A tão propalada Área de Livre Comércio das Américas — (Alca) não está levando a lugar nenhum. O cáustico debate no Congresso e entre o povo americano sobre o Nafta chocou os negociadores mexicanos na ocasião, e, desde então, as posições endureceram. Apesar do eventual sucesso de Clinton ao garantir a aprovação do Nafta, a posição do governo Clinton, trouxe à memória dos lobistas mexicanos, em mais de uma ocasião, os versos de Arthur Balfour de quase um século atrás: "Não defendo Livre Comércio nem proteção. Aprovo ambos e a ambos faço objeção.... Portanto, apesar de todos os comentários, censuras e previsões, eu me apego com firmeza a convicções incertas."

Em virtude das divisões internas que ocorreram em todos os partidos acerca dessa questão, do maior jogo de interesses em um período eleitoral e do maior sentimento protecionista do povo, os políticos vão querer tratar dessa questão com diplomacia. A pesquisa de opinião pública sobre política externa publicada a cada quatro anos pelo Conselho de Relações Exteriores de Chicago não é encorajadora em muitos aspectos, e revela uma grande divergência de intereses entre o povo e os "líderes" pesquisados. Uma grande porcentagem do povo (83%) está preocupada em "proteger o emprego dos trabalhadores americanos", enquanto apenas 45% dos líderes consideram isso importante. Quanto à pergunta se o Brasil, por exemplo, era de interesse vital para os Estados Unidos, 75% dos líderes acharam que sim, contra apenas 33% do povo. No entanto, 66% das pessoas acreditavam que o México era de interesse vital, e 93% dos líderes concordaram.[17]

- *Democracia*. O sucesso obtido inicialmente na remoção de governos militares subestimou a dificuldade da segunda etapa das reformas para tornar a burocracia complexa e inchada da América Latina mais sensível ao escrutínio público e mais eficaz. A tendência parece ser para uma maior fujimorização e para o surgimento de uma região caracterizada pelo que o escritor Fareed Zakaria chamou de "democracias iliberais."

---

17. "American Public Opinion and U.S. Foreign Policy 1999," Conselho de Relações Exteriores de Chicago, 1999.

EVITANDO A TENTAÇÃO IMPERIAL: ESTADOS UNIDOS E AMÉRICA LATINA

- *Intervenção Militar.* Uma migração perigosa e em grande parte incontestada para uma participação mais direta — esse é um terreno muito escorregadio na Colômbia.[18] A Colômbia recebe atualmente US$ 289 milhões de auxílio dos Estados Unicos por ano, o que torna esse páis o terceiro maior beneficiário de ajuda militar depois de Israel e Egito. Os políticos não vão querer parecer brandos com guerrilheiros, traficantes de drogas e lavadores de dinheiro. Essa é uma situação ideal para demagogia. Enquanto isso, os órgãos mais interessados em intervenção (a agência governamental de combate a drogas — DEA, a CIA e o Pentágono) vão aumentar rapidamente sua participação sem muito escrutínio público.

Uma política ideal. Esse é o cenário mais provável, mas a política implicaria em:

- *Suspensão unilateral do embargo a Cuba.* Não existe uma maneira mais rápida de colocar um fim no governo de Fidel Castro do que remover seu bode espiatório para o fracasso: a hostilidade dos Estados Unidos.[19]
- *Fim dos auxílios financeiros para o Brasil.* O Brasil, e apenas o Brasil, pode sanear suas finanças. Se os políticos brasileiros acharem que os estrangeiros vão salvá-los de seus próprios fracassos, eles nunca vão se empenhar de verdade.

---

18. Há uma boa descrição da gravidade e complexidade do problema e dos dilemas dos formuladores de política dos Estados Unidos em Gabriel Marcella e Donald E. Schulz, "War in Peace in Colombia," *Washington Quarterly*, vol. 22 (verão de 1999), pp. 213–28. Ver também Gabriel Marcella e Donald E. Schulz, "Colombia's Three Wars, U.S. Strategy at the Crossroads," Strategic Studies Institute, U.S. Army War College, 5 de março, 1999; e Richard Downes, "Landpower and Ambiguous Warfare: The Challenge of Colombia in the 21st Century," Strategic Studies Institute, U.S. Army War College, 10 de março, 1999.

19. Ver as recomendações contidas em *Cuba's Repressive Machinery: Human Rights Forty Years after the Revolution* (New York: Human Rights Watch, 1999).

- *Considerar a América do Norte uma região.* O México é responsável por mais da metade do comércio entre os Estados Unidos e a América Latina, recebe a maior parte dos investimentos norte-americanos na região e é a fonte do maior contingente de imigrantes para os Estados Unidos. É preciso pensar claramente em aprofundar o Nafta. Como a Alca não está levando a nada, o México não deve ser relegado ao comércio livre "hemisférico"; está na hora de fornecer assistência estrutural ao México nos moldes da União Européia.

Existe uma necessidade vital de reduzir as diferenças de oportunidades. Acima de tudo, está na hora de enfrentar as implicações da coordenação financeira, monetária e cambial e ir além de soluções específicas para as crises, exemplificadas pela reação ao colapso do peso de 1994-95.

A falta de uma abordagem séria à questão de estabelecer uma instituição financeira intergovernamental teve graves conseqüências: socorro financeiro internacional de $ 50 bilhões de dólares, grande endividamento dos bancos mexicanos (21% do PIB), desemprego e corte de salários.[20]

- *A América Latina não deve arcar com as conseqüências do fracasso da política de combate às drogas dos Estados Unidos.* Os Estados Unidos e, cada vez mais, a Europa, constituem o mercado para as drogas fornecidas pela América Latina, além dos mecanismos para a lavagem do dinheiro proveniente do narcotráfico. Esse é um problema internacional. Maior supervisão e transparência no setor bancário privado ajudaria. O contribuinte médio nada tem a esconder da Receita

---

20. Dada a importância dos sentimentos nacionais no México e no Canadá, isso implica algo menos do que a "dolarização", mas envolve questões institucionais, bem como constitucionais, para os Estados Unidos, que precisam ser analisadas e discutidas. Ver E. V. K. FitzGerald, "Trade, Investment and Nafta: The Economics of Neighborhood," in *The United States and Latin America: The New Agenda*, ed. Victor Bulmer-Thomas e James Dunkerley (Cambridge: Harvard University Press, 1999), pp. 99-121.

Federal; os suspeitos de lavagem de dinheiro, mesmo que sejam irmãos de presidentes e clientes dos bancos americanos, devem ser igualmente submetidos a um escrutínio aberto. E por que é tão difícil para os "marqueteiros do livre comércio" compreenderem que, a menos que tenham outras alternativas, os colonos nos Andes sempre encontrarão maneiras de aumentar ao máximo seus ganhos com culturas mais lucrativas? O "czar" do combate ao narcotráfico dos Estados Unidos não deveria ser um general; um banqueiro ou um médico, até mesmo um psiquiatra, seria uma opção melhor.

- *Evitar a tentação imperial*. É imprescindível analisar seriamente as prioridades e evitar o caminho fácil das reações militarizantes. E os Estados Unidos não deveriam temer ou desconfiar das respostas multilateralizantes aos complexos problemas de âmbito global.

O que os Estados Unidos precisam é de uma definição concreta do interesse nacional no Hemisfério Ocidental, aliada ao retorno da política da Boa Vizinhança. A definição é importante, porque muitas vezes os Estados Unidos permitem que seus interesses sejam definidos por outros, um fenômeno que ficou profundamente enraizado no etos interamericano, mas que ofusca o pensamento sobre as prioridades nacionais e impede o estabelecimento de objetivos atingíveis. A política da boa vizinhança também é necessária, pois no relacionamento cotidiano e no processo de resolução dos problemas é de suma importância uma avaliação das prioridades da América Latina. Esses dois objetivos não devem ser contraditórios. Acima de tudo, é necessário mais pragmatismo, maior coordenação no governo norte-americano, mais realismo e menos ideologia — e, sim, liderança presidencial determinada.

30 de setembro de 1999.
Tradução de Mirtes Frange de Oliveira Pinheiro.

20

Armadilha e cheque em branco

Jalalabad, uma antiga cidade fortificada no nordeste do Afeganistão, guarda a estrada que liga Cabul ao subcontinente indiano através do notório Passo Khyber. Em 1954, quando jovem estudante, aprendi a atirar em Jalalabad. Minha Jalalabad, entretanto, era uma réplica de tijolos vermelhos da fortaleza original no Afeganistão. Ficava próxima ao centro da cidade mercante de Taunton, no sudoeste da Inglaterra, e era o alojamento da Infantaria Ligeira de Somerset. A unidade de cadetes do Exército a que eu pertencia era afiliada desse regimento e, conseqüentemente, tínhamos autorização para usar o velho *stand* de tiro para treinar tiro-ao-alvo. Em 2001, como milhões de outras pessoas que vivem em Nova York, eu me tornei o alvo. Presume-se que as principais bases da Al Qaeda, a rede de terrorismo de Osama Bin Laden, apontado como responsável pela destruição do World Trade Center, fiquem em torno de Jalalabad.

À medida que o Exército britânico foi reduzido e tornou-se uma força inteiramente voluntária, a Infantaria Ligeira de Somerset, como muitos velhos regimentos, foi fundida a outras unidades no fim dos anos 50. Os alojamentos de Jalalabad acabaram abandonados. Lembro-me vagamente de que os ornamentos azuis reais de nossas faixas cerimoniais foram concedidos como honraria, disseram-nos, após a Primeira Guerra Afegã, quando o regimento defendeu Jalalabad. Fui então verificar a história.

Em 1842, o "Exército de Indus" britânico, com 38 mil vivandeiros e 30 mil camelos, marchou Afeganistão adentro, para entronizar um maleável governante fantoche, um velho fraco que fora deposto cerca de trinta anos antes. Indigentemente comandados, excessivamente auto-confiantes e enfrentando um levante generalizado comandado pelos mulás, os britânicos foram forçados a uma capitulação humilhante em Cabul. Conforme retrocediam pelo montanhoso caminho de 144 Km entre a capital afegã e Jalalabad, foram trucidados por aldeões afegãos. Dezessete mil pereceram, entre soldados europeus e indianos e 12 mil vivandeiros; apenas um homem, o doutor William Brydon, um médico militar, chegou vivo a Jalalabad. Foi o mais humilhante desastre sofrido pelo Exército britânico em qualquer época e em qualquer lugar.

A Infantaria Ligeira de Somerset, sitiada em Jalalabad, agüentou firme durante um duro inverno. Na primavera seguinte, um novo exército foi enviado da Índia Britânica para levar a vingança até Cabul. A expedição punitiva sitiou a capital afegã e destruiu o grande bazar coberto de Cabul, uma das maravilhas da Ásia. Os britânicos então retrocederam, reconhecendo no trono do Afeganistão o mesmo governante por cuja derrubada haviam intervido cinco anos antes. Ele provou-se um aliado confiável, ainda que independente, pelos 35 anos seguintes — até o fim da década de 1870, quando os britânicos repetiram seus erros e a Segunda Guerra Afegã aconteceu, com resultados semelhantes aos da primeira. Foi nessa famosa ocasião que o então sitiado general Roberts telegrafou para o vice-rei da Índia pedindo "reforços, chá e açúcar".

Em reconhecimento pela resistência em Jalalabad em 1842 e fornecendo o pouco da honra britânica que restou após o primeiro desastre afegão, a jovem Rainha Vitória determinou que a Infantaria Ligeira de Somerset passasse a ser chamada de "Prince Albert's Own" (Própria do Príncipe Albert), em homenagem a seu amado marido germânico. O regimento adotou "Jalalabad" como lema de suas armas. Os paramentos amarelos da infantaria foram substituídos pelo azul real, o único regimento que não servia diretamente à Rainha a obter tal honra, e a incongruente réplica da fortaleza de Jalalabad foi construída em Taunton.

A Primeira Guerra Afegã está sendo reavaliada, não só em Washington, mas também em Cabul. O Afeganistão foi o *locus classicus* do "grande jogo", quando as potências imperiais brigavam por vantagens geoestratégicas num lugar distante, imperfeitamente compreendido, inóspito e perigoso, quase sempre com pouco sucesso. Intervenção, traição, massacre e vingança tornaram-se a realidade sombria daqueles desolados passos montanhosos ao longo dos séculos. No fim das contas, não valia a pena jogar o jogo; um "torneio de sombras", como Karl E. Meyer e Shareen Blair Brysac tão apropriadamente chamaram num esplêndido livro recente sobre a competição pelo império da Ásia Central.[1]

Duas conclusões podem ser tiradas da experiência das guerras afegãs. A primeira é que estrangeiros que invadirem o Afeganistão com ambições territoriais vão unir contra si as diferentes tribos e etnias afegãs; e mesmo que os afegãos não gostem muito uns dos outros, gostam ainda menos dos infiéis. A segunda é que o exercício de habilidosa influência política, o uso de induções para construir alianças e a ameaça de uma força militar punitiva plausível podem, se a tomada de território não for o objetivo, sustentar em Cabul regimes que, se não forem aliados, podem ao menos não servir de refúgio a inimigos. Por essa lógica, os britânicos foram obrigados, em suas relações com o Afeganistão, a preferir "influência" a "ocupação". Foi de muitas maneiras a origem do conceito de "governo indireto", no qual os britânicos sustentavam hierarquias tradicionais e exerciam o poder por trás do trono. A Rússia Soviética na década de 1980 esqueceu a primeira dessas lições a respeito do Afeganistão. Osama Bin Laden está agora esperando que os americanos cometam o mesmo erro em 2001.

---

1. Karl E. Meyer and Shareen Blair Brysac, *Tournament of Shadows: The Great Game and the Race for Empire in Central Asia*, Boulder, Colo: Counterpoint Press, 2000.

Em última análise, talvez o que os terroristas realmente quiseram com o ataque ao território americano fosse montar uma armadilha, precisamente para provocar uma intervenção, não como disse o presidente Bush após os atentados "na hora e no lugar que os EUA escolherem" para retaliar, mas onde Bin Laden já se instalou com um alvo tentador. Foi um erro chamar Bin Laden e seus cúmplices de "covardes". Isso ignora o fato essencial de sua motivação. Os esquadrões suicidas que seqüestraram aviões civis nos aeroportos Logan, em Boston, e Dulles, na Virgínia, em 11 de setembro de 2001, e os transformaram em mísseis tripulados não temiam a morte. Bin Laden também não teme. Ele a atrai, na verdade, se puder, pela própria morte, provocar uma reação do Ocidente que unificará o mundo islâmico contra o Ocidente e, com isso, lançar o maior número de oposicionistas nas ruas dos governos seculares em países de maioria muçulmana, como Egito, Paquistão, Indonésia e Jordânia, de maneira a derrubá-los e substituí-los por regimes fundamentalistas islâmicos contrários ao Ocidente.

Essa armadilha é praticamente impossível de ser evitada pelos Estados Unidos. Líderes políticos em democracias descobrem que é muito difícil não responder prontamente com ação decisiva ao assassinato de tantos cidadãos, que trabalhavam tranqüilamente, abatidos com determinação selvagem numa perfeita manhã de sol. Em Washington, o talho humilhante num dos lados do Pentágono é um lembrete diário da audácia, do sucesso e da brutalidade do desafio.

Uma certeza a respeito do que aconteceu em Nova York e Washington no 11 de setembro deveria ser evidente: os Estados Unidos têm informações paupérrimas sobre Bin Laden e sua rede terrorista não apenas no Afeganistão, mas sobre os alvos específicos que ele tinha escolhido atacar, ou quando, ou onde isso aconteceria. Também é evidente, ou deveria ser agora, que os terroristas têm excelentes informações e compreensão dos Estados Unidos, suas capacidades, fraquezas, vulnerabilidades e, pode-se presumir, a previsibilidade de suas respostas. Uma vez que Bin Laden planejou sua ação e posicionou suas forças em completo segredo e foi capaz de estabelecer a hora e o local de seus ataques completamente despercebido pela mais sofisticada e dispendiosa organização de recolhimento de informações no mundo, não é demais esperar que tenha planejado os desdobramentos com igual eficácia. Ele deve ter contado desde o início com um ataque militar punitivo de seus inimigos ao Afeganistão.

Assim, qualquer resposta militar americana — para ser bem-sucedida no terreno geográfico tremendamente hostil do Afeganistão — será inteiramente refém da precisão e da prontidão do serviço de inteligência que os Estados Unidos tiver no solo afegão. É pouco provável que mesmo o mais intempestivo general americano seja tolo o bastante para seguir o exemplo do Exército Britânico de Indus em 1842 e tente uma invasão por terra permanente no Afeganistão ou pense em manter território lá que não seja por um tempo relativamente curto para cercar Bin Laden e destruir seu quartel-general. Mas para que isso funcione será necessária a cooperação confiável das fracionadas forças guerrilheiras afegãs que se opõem ao Talibã (que protege Bin Laden), ou mesmo do próprio Talibã, se subornos ou outros incentivos puderem ser oferecidos e aceitos. Isso já se mostrou elusivo e pouco confiável, mas funcionou algumas vezes. As Forças Especiais americanas têm treinamento, capacidade e equipamento para fazer o serviço, assim como o Serviço Especial Aéreo (SAS, em inglês) britânico, mas eles precisam saber exatamente onde estão indo e necessitam do elemento surpresa. Conseguir isso no Afeganistão será um desafio monumental.

Bin Laden sabe também que o retrospecto das forças armadas americanas em recentes operações especiais não é dos melhores. A trapalhada tentativa de resgatar os reféns americanos em Teerã em 1979, por exemplo; a experiência no Panamá, em 1989-1990, onde, a despeito da esmagadora presença das forças armadas americanas e do profundo conhecimento do país, os Estados Unidos precisaram de quase duas semanas para localizar o general Noriega; ou a desastrosa caçada ao líder somali Mohammed Farah Aidid em Mogasihu em 1992-1993; sem falar na ópera bufa do primeiro e abortado desembarque no Haiti, onde a resistência era ridícula. Bin Laden deve calcular que os EUA não têm estômago para semelhante luta, ainda mais se for sangrenta. Isso também significa, infelizmente, que os primeiros soldados americanos a serem capturados pela Al Qaeda ou pelo Talibã serão tratados com atrocidade desumana e as imagens resultantes serão enviadas para a mídia voraz e repetidas *ad nauseam* para as platéias norte-americanas. Uma operação em terra no Afeganistão, por mais breve que seja, promete ser um severo confronto de vontades. As velhas raposas em Washington sabem disso, motivo pelo qual pedem "paciência" e avisam persistentemente que não será uma luta fácil ou sem baixas. Eles sabem também, por essa razão entre outras, que esta primeira batalha do século XXI não pode ser perdida.

Para lutar em terra no Afeganistão ou prover efetivamente apoio logístico e militar aos inimigos afegãos do Talibã, as forças norte-americanas e britânicas precisam de bases próximas para envio de força militar ao país. Assim, a cooperação dos vizinhos afegãos, particularmente Paquistão ao leste e Turcomenistão, Tajiquistão e Usbequistão ao norte na permissão do uso de bases é essencial. Os parceiros estão longe do ideal; nenhum é uma democracia, todos enfrentam oposição de fundamentalistas islâmicos. Cada um destes vizinhos do Afeganistão vê um grande incentivo na preservação de sua estabilidade interna e é de seu interesse que Bin Laden seja neutralizado, capturado ou entregue por meios diplomáticos e não por guerra. Washington obviamente espera que a intimidação, aliada à ameaça crível de ação militar, assim como suborno clandestino e apoio aos inimigos do Talibã no Afeganistão possam vir a persuadir o Talibã a entregar seus "hóspedes" árabes. Mas o tempo para persuadir é parco: o feroz inverno afegão está próximo, fazendo da opção militar ainda mais apavorante.

A Rússia é um componente-chave de qualquer resposta militar. A aproximação entre Rússia e Estados Unidos a respeito do Afeganistão tem as cores de uma revolução diplomática. Se consumada esta nova aliança, ela não será menos dramática em suas conseqüências que a revolução diplomática que ocorreu em meados do século XVIII, na Europa, quando alianças entre os grandes poderes mudaram, transformando antigos aliados em inimigos e antigos inimigos em amigos. Se uma mudança assim dramática nas relações entre EUA e Rússia for consolidada, marcará a mais significante reorganização nas relações internacionais desde a Revolução Russa e o fim da Primeira Grande Guerra, em 1918. A administração Bush conta com muita gente com experiência sólida em relações russas. Antes do 11 de setembro isso parecia fazer deles mal preparados para um novo mundo dominado pela economia. Hoje, isso pode permiti-los terminar a reaproximação com a Rússia iniciada pela administração do pai do atual presidente Bush. Se George W. Bush tem sido consistente em uma coisa desde que assumiu o poder em janeiro, foi em deixar claro para os russos que, do ponto de vista americano, "a Guerra Fria terminou".

Os motivos para a reação russa ao ataque terrorista em Nova York e Washington são um bocado óbvios e motivados por interesses próprios, mas assim são as forças que sempre disparam revoluções diplomáticas. A Rússia, afinal, tem velhas contas a acertar no Afeganistão e enfrenta contínua oposição dos chechenos, que promovem ataques terroristas dentro da Rússia contra civis. O apoio russo será essencial se os Estados Unidos pretendem obter áreas de ação vitais para qualquer intervenção militar efetiva na Ásia Central e aprovação concreta para as antigas repúblicas soviéticas — Turcomenistão, Tajiquistão e Usbequistão —, que estão na fronteira norte do Afeganistão, proverem bases às forças especiais norte-americanas e britânicas. Se estas operações militares secretas tiverem sucesso, então um novo "paradigma da pós-Guerra Fria" de fato terá sido estabelecido. No caminho, marcará uma enorme mudança na política dos EUA: longe ficam os dias do clintonismo confuso; de volta à *realpolitik*.

Os eventos do 11 de setembro levaram a um renovamento de um sentido de solidariedade entre os países desenvolvidos, em particular entre Europa e Estados Unidos. Na Comunidade Européia, pesquisas de opinião pública mostram altos níveis de apoio à participação junto aos Estados Unidos numa resposta militar: dois terços na maioria dos países, incluindo a França, que está apenas alguns pontos percentuais abaixo do apoio britânico (79%), tradicionalmente sempre alto. Isso mostra um profundo contraste com as pesquisas de opinião no Brasil, por exemplo, onde o mesmo percentual da população está contra a retaliação militar e onde 78% se opõem à participação brasileira em qualquer ação militar.[2] Este apoio da Europa Ocidental à guerra contra o terrorismo é compreensível; Grã-Bretanha, Alemanha, França e Espanha sofreram com ataques terroristas nos últimos anos, muitos deles causando várias mortes civis. Ainda assim, as pesquisas de opinião também mostram grande apoio à extradição de Bin Laden e seus terroristas para que sejam julgados e pouca tolerância para quaisquer ataques punitivos que envolvam um grande número de mortes civis.[3]

A batalha, naturalmente, não será lutada apenas no exterior. Responder a Bin Laden no Afeganistão é apenas parte do quebra-cabeças que o presidente George W. Bush e seus assessores enfrentam. O que é novo na situação com a qual os Estados Unidos se deparam desde o 11 de setembro de 2001 é que um ataque terrorista de surpresa completa e magnitude inesperada aconteceu em seu próprio território, um ataque sem qualquer precedente na escala de mortes civis. Terrorismo interno por certo não é novo; Oklahoma City é o pior caso. E um ataque terrorista externo também não é sem precedentes; o próprio World Trade Center já fora atacado antes, em 1993. Várias comissões norte-americanas prestigiosas, encarregadas de examinar a ameaça terrorista e de preparar recomendações a respeito de quais as contramedidas necessárias, também haviam alertado das possibilidades de um ataque terrorista catastrófico com o objetivo de matar um número máximo de pessoas.[4] Mas embora estes relatórios tenham sido provavelmente lidos pelos terroristas, o governo dos EUA e o Congresso mantiveram-se imóveis, sem dar respostas, e durante os anos 90 concentraram-se na distribuição dos restos da prosperidade e não nos "talvez" apontados com tanta sobriedade por distintos ex-senadores, generais aposentados e especialistas acadêmicos que compuseram tais painéis.

---

2. "Brasileiros se opõem a retaliação", *Folha de S. Paulo*, 23 set. 2001, Pesquisa Folha Especial.

3. http://www.gallupinternational.net/terrorismpoll_figures.htm.

4. http://www.cfr.org/pdf/Hart-Rudman3.pdf.

ARMADILHA E CHEQUE EM BRANCO

Estas comissões, entretanto, concentraram suas atenções quase que exclusivamente em ameaças nucleares, químicas e biológicas contra a população civil, todas estas que continuam possibilidades apavorantes até hoje. O que ninguém antecipou foi a audácia da escala dos ataques quando vieram: nenhuma dessas comissões, como se costuma dizer, "pensou além". E embora seja fácil culpar hoje, é injusto fazê-lo. A própria magnitude dos ataques simultâneos a Nova York e Washington é inteiramente nova para os Estados Unidos. A perda da sensação de imunidade em relação ao mundo e a vulnerabilidade de seus esforços é incrivelmente profunda.

De qualquer jeito, as recomendações destas comissões antiterrorismo foram tiradas das estantes, a poeira espanada, e serviram de princípio para muitas das idéias que rapidamente vêm sendo postas em prática na seqüência dos desastres do Pentágono e do World Trade Center. Algumas destas idéias são boas, outras ruins. Em suma, elas concentram o debate em respostas domésticas e não externas aos ataques terroristas. Quais são más idéias? Discussões precipitadas, por exemplo, a respeito do assassinato de líderes estrangeiros, como se a triste farsa do envio pela máfia de charutos explosivos para eliminar Fidel Castro ou o desgaste desnecessário dos Estados Unidos que resultaram de suas íntimas relações com regimes assassinos da Guatemala ao Chile nunca tivessem acontecido. Aumento exponencial do poder de investigação do Estado sem uma cuidadosa análise das conseqüências também tem uma triste história, desde o medo do governo em relação aos anarquistas nos anos 20 ao macartismo na década de 1950, repleta de reações ruins que raramente preveniram terrorismo ou descobriram espiões. E nenhuma dessas reações vão nos dizer muito a respeito do que aconteceu de errado no 11 de setembro de 2001, o real passo inicial para qualquer investigação.

Novamente, algumas coisas deveriam ser óbvias. Primeiro é a falta crônica de coordenação entre e dentro das agências e departamentos do governo norte-americano, preocupado com a defesa nacional e segurança pública. Em segundo está a cultura de evitar responsabilidades que permeia a burocracia dos EUA, parte desta causada pela cultura litigiosa dos Estados Unidos, com toda certeza. As medidas mais óbvias para segurança dos aeroportos, por exemplo, há muito reconhecidamente frouxas nos Estados Unidos quando comparadas à Europa, nunca foram implementadas, um fator que qualquer um que viaje com freqüência percebe. No Aeroporto Logan de Boston, segurança era um serviço apadrinhado — o diretor de segurança foi motorista do governador de Massachussetts. Aqui também a ideologia do mercado pode alcançar o ponto do absurdo, com políticos opostos à uniformização da segurança de aeroportos sob autoridade federal alegando que esta seria uma tentativa de "socializar" funções melhor desempenhadas pelo setor privado. Antes de qualquer coisa, os eventos do 11 de setembro mostraram a completa inadequação, já antigas conhecidas de quaisquer pessoas que analisassem o assunto, de delegar este serviço vital às empresas comerciais que gastam o menos possível na garantia de segurança básica aos seus passageiros: as mesmas empresas que hoje procuram recuperar dezenas de bilhões de dólares tirando do bolso do contribuinte, quando dezenas de milhares de dólares gastos inteligentemente antes poderiam ter prevenido a catástrofe. Estes bilhões em empréstimos para as companhias aéreas são apenas o começo do impacto financeiro na economia já fragilizada que foi atacada por Bin Laden.

Pesquisas de opinião pública mostram que 90% do público americano apóia a *performance* do presidente Bush — a maior de qualquer presidente norte-americano. Mais de 85% estão a favor de ação militar de algum tipo contra os causadores destes horrores. Com o impacto das milhares de mortes de pessoas inocentes, que iam cuidando de seu dia-a-dia, apenas agora começando a ser compreendido, especialmente em Nova York, o incentivo para uma ação rápida e fugaz é enorme. No entanto, o que é necessário é um bisturi, não um rolo compressor. A grande questão nas próximas semanas será qual destes os Estados Unidos escolherão usar, não apenas em termos de intervenção militar no exterior mas também em resposta dentro de casa. A opção pelo rolo compressor que demoniza o mundo islâmico e o unifica pode servir apenas aos propósitos fundamentalistas,

ARMADILHA E CHEQUE EM BRANCO

e por certo consolidará a oposição ao Ocidente. Cercear a mais celebrada e árdua conquista histórica do Ocidente, a proteção de liberdades individuais, vai também dar vitória àqueles que temem principalmente estas liberdades.

Voltando na memória aos meus tempos de estudante e às visitas à fortaleza de Jalalabad há tantos anos para prática de tiro, eu costumava pegar munição com o sargento em serviço conforme checava os rifles para minha companhia. Um dia, assinei um recibo no pé de uma folha. O sargento colocou sua mão enorme sobre o espaço em branco entre minha assinatura e o fim da lista de munição. "Nunca assine uma folha de papel em branco", me disse num tom grave. "Qualquer coisa pode ser escrita no espaço deixado vazio e somente você será responsabilizado." Daquele dia em diante eu nunca o fiz, apesar de até agora não haver lembrado exatamente porquê. No espírito de solidariedade nacional e comunitária tão palpável nessas sombrias semanas que sucederam o 11 de setembro, o povo norte-americano está assinando muitas folhas em branco para o presidente Bush, na esperança de que ele saiba o que está fazendo.

6 de outubro de 2001.
Tradução de Leonardo Pimentel e Pedro Dória.

Kenneth Maxwell (esquerda) aos 13 anos no quartel de Jalalabad (em Taunton, Inglaterra) como cadete na Infantaria Ligeira de Somerset.

Combatentes afegãos que trucidaram os britânicos durante a Primeira Guerra Afegã.

O "Exército de Indus" britânico em passagem para Cabul por meio do Passo Bolan durante a Primeira Guerra Afegã.

21

Antiamericanismo no Brasil

E uma vez mais a culpa recai sobre a vítima. Três dias depois de 11 de setembro, o eminente economista Celso Furtado apresentou, em um dos mais influentes jornais do Brasil, duas explicações para o ataque. Uma delas, aventou ele, foi que o selvagem ataque aos Estados Unidos teria sido obra de terroristas estrangeiros, como suspeitavam os americanos. A outra explicação, mais plausível a seu ver, é que a calamidade fora provocada pela extrema direita americana para justificar uma tomada do poder. Comparou os ataques desferidos às Torres Gêmeas e ao Pentágono ao incêndio do Reichstag em 1933 e à ascensão dos nazistas ao poder na Alemanha.

No dia 30 de outubro, nove dias antes da audiência com o presidente George W. Bush na Casa Branca, o presidente do Brasil, o eminente sociólogo Fernando Henrique Cardoso — amigo de Bill Clinton e de Tony Blair, membro fundador do grupo de líderes mundiais "governança progressiva", *doctor honoris causa* pelas universidades de Notre Dame e Rutgers, ex-membro do Institute for Advanced Study em Princeton, membro da American Academy of Arts and Sciences —, declarou em Paris, diante da Assembléia Nacional da França, que "a barbárie não é somente a covardia do terrorismo, mas também a intolerância ou a imposição de políticas unilaterais em escala planetária".

O presidente populista venezuelano, comandante Hugo Chávez, ex-pára-quedista e líder de um golpe fracassado, disse algo semelhante em Caracas, provocando o retorno do embaixador americano a Washington, em sinal de protesto. Certos setores americanos acreditavam que os Estados Unidos deveriam ter demonstrado igual repúdio à declaração de Cardoso, já que nenhum membro do governo ou da inteligência americanos duvidava que seus comentários tinham como alvo os Estados Unidos; e nenhum dos simpatizantes presentes na Assembléia da França deixou de perceber a alusão, muito menos seu antigo mentor, Alain Touraine, da École des Hautes Études en Sciences Sociales (Paris), conhecido por sua oposição veemente à "hegemonia" dos Estados Unidos. Touraine, com efeito, ficou aliviado ao descobrir que seu discípulo predileto ainda era "um homem de esquerda".

Depois, em 11 de novembro, o famoso teólogo brasileiro Leonardo Boff declarou ao jornal *O Globo,* do Rio de Janeiro, que lamentava que apenas um avião houvesse caído sobre o Pentágono; ele gostaria que fossem 25.

Nenhuma dessas declarações destoou da opinião pública brasileira. Em pesquisa do Datafolha, realizada em 23 de setembro de 2001,79% da população disse que se opunha a qualquer ataque militar dos Estados Unidos contra países que abrigavam os responsáveis pela destruição do World Trade Center;78% se opunham a qualquer participação militar brasileira em apoio à resposta armada dos Estados Unidos ao terrorismo. Os segmentos mais ricos da população eram mais contrários ainda (83%) que os segmentos mais pobres (78%). Essa é a solidariedade no hemisfério. E lembrem-se de que aqui não é a Arábia Saudita — aqui os mulás não impõem o tom cultural.

A reação brasileira, praticamente a imagem inversa da reação pública em quase toda a Europa, chocou velhos amigos do Brasil nos Estados Unidos, bem como muitos americanos e europeus residentes no Brasil. John Fitzpatrick, jornalista escocês baseado em São Paulo desde 1995, comentou que "obviamente, não se pode forçar um sentimento sincero de pesar, mas a reação tímida no Brasil fora desconcertante e, para um não americano como eu que mora aqui, decepcionante e angustiante". Por outro lado, alguns especialistas americanos em América Latina surpreenderam-se com a surpresa. Não teria a América Latina boas razões para desconfiar dos Estados Unidos? Não seria essa atitude uma punição por anos de política semi-imperialista e relações oportunistas com regimes militares e forças repressivas de segurança?

Moisés Naím, editor da revista *Foreign Policy*, atribui esse descompasso entre Estados Unidos e reações populares na América Latina ao que ele chama de "antiamericanismo histórico". Mas não é assim tão óbvio em relação ao Brasil. Ao contrário do que ocorreu no México, os Estados Unidos não engoliram vastas áreas do território brasileiro no século XIX. Nem o Brasil é igual ao Chile, onde, como nos lembra o escritor Ariel Dorfman, o dia 11 de setembro, do ano de 1973, está gravado na memória chilena como a data em que Salvador Allende foi deposto por um golpe militar apoiado pelos Estados Unidos. A bem da verdade, os Estados Unidos não ficaram descontentes com o golpe militar no Brasil em 1964, mas a intervenção militar naquele ano foi muito mais um assunto brasileiro que invenção americana, e o regime militar durante a década de 1970 mostrou-se extremamente irritado com Jimmy Carter e sua política de direitos humanos. Há muito, as elites diplomáticas brasileiras vêm-se preocupando com a predominância dos Estados Unidos, e há muito desejam ver o Brasil assumir o papel de contrapeso ao colosso do norte, mas o Brasil e os Estados Unidos nunca estiveram em guerra e chegaram, de fato — como na Segunda Guerra Mundial —, a lutar juntos contra inimigos comuns. E o Brasil também jamais teve o tipo de regime abertamente antiamericano que governou a Argentina, muito menos o que ainda governa Cuba. Assim, o abismo da divergência da opinião pública após 11 de setembro não é tão facilmente explicável.

Fitzpatrick acredita que a reação brasileira refletiu "a ignorância dos menos instruídos e a pretensão dos mais instruídos".

MAIS MALANDROS: ENSAIOS TROPICAIS E OUTROS

Mas foi o brilhante antropólogo brasileiro Roberto da Matta, formado em Harvard, quem, de sua cátedra em Notre Dame, mais bem captou as profundas diferenças culturais que fundamentam a gritante diferença entre a reação brasileira e a dos Estados Unidos. Ele argumenta que o mais notável contraponto com o Brasil foi a imediata solidariedade das autoridades americanas com as vítimas e os mortos, em nítido contraste com o Brasil, onde o formalismo das reações tradicionais do governo a tragédias ou acidentes significa que, como norma, nenhum prefeito, governador ou presidente brasileiro deixa o palácio para visitar os locais afetados.

Ambas as populações reconheceram os mesmos símbolos e sua importância — o World Trade Center e o Pentágono — mas os viram de perspectivas diferenciadas, enraizadas em culturas políticas distintas. Para os observadores brasileiros, o episódio foi encarado como um "fim" apocalíptico, e não um começo. O que os brasileiros viram foi um golpe mortal à arrogância e à autoconfiança dos americanos, enquanto que estes viram o ataque como um teste histórico-moral para suas instituições e democracia. Esta "solidariedade moral, social, administrativa e cívica em torno do presidente Bush", escreveu da Matta, "é estranha e avessa a nós brasileiros".

Por fim, da Matta realça o papel das bandeiras nacionais nesses momentos de crise. Numa sociedade "na qual o civismo, o amor e o orgulho pelas realizações nacionais" estão embutidos na memória de um passado autoritário e são tomados como manifestações de direita política e de falta de gosto, a "bandeira infelizmente representa para a maioria dos membros de nossas elites a bobajada nacionalista a ser devidamente erradicada por emblemas internacionais". Os americanos, por outro lado, vêem sua bandeira como a mais nobre expressão de sua coletividade. Em um momento de crise, os americanos "curam suas feridas, planejam o retorno a sua rotina e, mais que isso, abandonam temporariamente seu radical individualismo e se sentem parte de um todo através de sua bandeira".

Publicada em *O Estado de S. Paulo* em 20 de setembro, a coluna de da Matta "A visão brasileira da tragédia americana"

ANTIAMERICANISMO NO BRASIL

esclareceu o assunto, embora infelizmente sua voz ainda pareça bradar no deserto. Em novembro, o site do *Jornal do Brasil* perguntou a seus leitores se eles achavam que uma maior convergência entre os Estados Unidos e o Brasil em questões de cultura e educação seria benéfica a seu país. Sessenta e três por cento acharam que não.

14 de janeiro de 2001.
Tradução de Lúcia Haddad.

22

O espelho britânico

É melhor não esquentar demais a cabeça com esse negócio de antiamericanismo. Afinal de contas, não há muito o que fazer. Grandes potências geram grandes ressentimentos, e com eles a incapacidade de compreender por que são tão exacerbados. Tudo isso já aconteceu antes, e sem dúvida alguma vai acontecer novamente, dependendo da hierarquia internacional vigente.

No início da Segunda Guerra Afegã, na década de 1880, Eça de Queiroz exercia a função de cônsul de Portugal no Reino Unido. O brilhante autor de *O crime do padre Amaro* (1870), *O primo Basílio* (1825) e *Os Maias* (1888), todas elas histórias que abordavam temas como decadência, paixões proibidas e declínio social em um país que outrora fora uma grande potência imperial, observou em Carta de Inglaterra (Porto, 1903), que os ingleses estavam cometendo exatamente os mesmos erros que eles tinham cometido quarenta anos antes:

No entanto a Inglaterra goza por algum tempo a "grande vitória do Afeganistão" — com a certeza de ter de recomeçar, daqui a dez anos ou quinze anos, porque nem pode conquistar e anexar um vasto reino, que é grande como a França, nem pode consentir, colados à sua ilharga, uns poucos milhões de homens fanáticos, batalhadores e hostis. A "política", portanto, é debilitá-los periodicamente, com uma invasão arruinadora. São as fortes necessidades de um grande império.[1]

O que mais impressionava Eça de Queiroz era a reação belicosa e jingoísta em um país que ele aprendera a amar mais por suas virtudes de modéstia e democracia do que por suas aventuras militares além-mar. Ele lamentou a acusação:

> A Inglaterra perdeu suas boas maneiras. É forte, de certo — mas fala da sua força com a brutalidade de um hércules de feira que esbugalha os olhos e exibe os músculos; é rica, de certo — mas fala do seu dinheiro com a grosseria de um ricaço que abarrota fazendo tinir as libras na algibeira ... Onde está a famosa *self-possession* da Inglaterra e a sua tranqüila dignidade? John Bull tornou-se Ferrabrás. Ora, uma muito velha banalidade ensina-nos que não há verdadeira força sem serenidade, e que sem modéstia não há verdadeira grandeza.

Por que, perguntava-se Eça de Queiroz, tudo isso aconteceu? Tinha sido, temia ele, conseqüência da incapacidade de compreender o "outro". Esse, obviamente, não foi o termo que ele usou para descrever o dilema; ele abordou a questão de forma mais direta:

> Sempre um inglês! Inteiramente inglês, tal qual saiu da Inglaterra, impermeável às civilizações alheias, atravessando religiões, hábitos, artes culinárias diferentes, sem que se modifique num só ponto, numa só prega, numa só linha o seu protótipo britânico.

O antiamericanismo atualmente, assim como a anglofobia naquela época, tem muito pouco que ver com o Afeganistão, muito menos com a globalização cultural de Mickey Mouse e McDonald's. A inveja, afinal de contas, é um dos "pecados mor-

---

1. Ver texto completo de Cartas de Inglaterra no site: http://figaro. fis.uc.pt/queiros/obras/Londres/Cartas_Inglaterra20011105rtf.

tais" originais A guerra apenas agrava a situação, aumenta a insolência, limita o escopo da autocrítica. Isso também aconteceu antes. E como Eça percebeu claramente, a insolência é mais nociva à saúde das grandes potências do que dos que se ressentem da sua opulência, presunção e insensibilidade cultural. Por 500 anos isto foi um dilema europeu. Hoje em dia é um dilema americano.

12 de dezembro de 2001.
Tradução de Mirtes Frange de Oliveira Pinheiro.

23

A América Latina
joga a toalha

Três meses depois de iniciado o ano de 2002, a década complacente dos anos 1990 já parece estar muito distante. O contexto internacional não é mais de "consenso", seja ele de Washington ou qualquer outro, em relação à política econômica ou a qualquer outra coisa; não é mais uma era de prosperidade e paz, mas um tempo marcado por conflitos, guerra e incertezas.

Nem tudo é negativo, é claro. Os banqueiros voltaram a enxergar o Brasil com otimismo; como o presidente brasileiro, também eles agora acham que a "continuidade" vai prevalecer em outubro. Mas, se tudo isso soa prematuro, é porque o é: em matéria de política, basta uma semana para mudar tudo. O golpe na campanha presidencial de Roseana Sarney, que resultou da recente descoberta de R$ 1,34 milhão em dinheiro no escritório da empresa Lunus, de seu marido, constitui um lembrete dessa verdade básica, e o mesmo pode ser dito das transformações advindas desde aquele dia fatídico de setembro marcado pela queda das torres gêmeas do World Trade Center, em Nova York.

Como no resto do mundo, também para a América Latina os acontecimentos de 11 de setembro de 2001 marcaram um momento de definição. Isso se deu não tanto porque o cotidiano tenha mudado para os camponeses que trabalham nos arrozais de Bangladesh, para os cariocas que procuram fugir do mosquito transmissor da dengue, no Rio de Janeiro, ou para funcionários de madeireiras tomando seus tragos de forte aguardente num bar qualquer no norte da Suécia, mas porque o mundo mudou, de maneira repentina e dramática, para as pessoas (menos de 5% da população mundial) que, todos os anos, destinam cerca de US$ 400 bilhões dos impostos que pagam para o sustento de quase 40% dos gastos militares do mundo, que consomem cerca de 30% da produção petrolífera mundial e constituem 25% da economia global. E isso tem uma importância profunda.

Até 11 de setembro de 2001, a maioria dos americanos tinha uma visão benigna de si, acreditava profundamente fazer mais bem do que mal ao mundo e acreditava, também, contar com um mandato especial do Todo-Poderoso para manter erguido um farol de esperança de uma vida mais próspera e feliz para a humanidade. Duas vezes ao longo do século XX, durante dois conflitos armados de grandes proporções e no longo decorrer da Guerra Fria, foi bom para a humanidade o fato de essa visão ter prevalecido. Mas o 11 de setembro mostrou aos americanos que a maior parte do resto do mundo não pensa assim e, na realidade, os vê como arrogantes, fariseus ou pura e simplesmente estúpidos.

Mesmo alguns daqueles que os americanos enxergavam como seus amigos não se solidarizaram com sua dor, e entre esses, para a surpresa da maioria dos americanos, figuravam seus "vizinhos" latinos meridionais.

A empatia está presente ou não está. No que diz respeito à América Latina, no momento em que a empatia se mostrou mais necessária, ela não esteve presente. Os dados obtidos por pesquisas de opinião em toda a América Latina imediatamente após os ataques ao World Trade Center e ao Pentágono são enfáticos a esses respeito. As causas dessa falta de conexão podem ser históricas ou psicológicas, justificadas ou não, mas causas têm menos significado do que conseqüências.

Por enquanto esse momento de desilusão e verdade vai afetar a política norte-americana em relação à região e a maneira, além da linguagem, como ela é conduzida. Na verdade isso já aconteceu, e não necessariamente para melhor. Haverá discussões intransigentes, decisões difíceis e pouca tolerância para com os sofismas já tradicionais vindos do lado latino-americano e com as expressões de solidariedade vazias de significado proferidas pelo lado americano. E, como as tendências parecem estar indicando, essa mudança vai ajudar o México a fortalecer seu papel de interlocutor latino mais destacado em Washington, ao passo que o Brasil será relegado à margem ou, o que é pior, a um isolamento hostil, dentro de um conjunto reconfigurado de prioridades americanas no hemisfério Ocidental.

É claro que essa nova afirmação de interesse nacional por parte dos EUA faz parte de uma transformação muito mais ampla e profunda. Se o término da Guerra Fria pôs fim à necessidade de dar ao capitalismo um tratamento linguístico propositalmente confuso — gerando, por exemplo, a rápida substituição do termo "países em desenvolvimento" pelo conceito dos "mercados emergentes" —, os acontecimentos de 11 de setembro jogaram por terra os tabus relativos ao império.

Atualmente não são leninistas superados que levam a sério as velhas teorias do imperialismo — são as cabeças jovens e brilhantes da página de editoriais do *Wall Street Journal*, os ideólogos neoconservadores dos institutos de estudos de Washington e, o que é mais ameaçador, as lideranças civis do Pentágono que aderem a essa idéia. "Sim", eles dizem aos esquerdistas do passado, "vocês têm razão"; e, como resultado, argumentam, é chegada a hora de "falar alto e sem peias na língua sobre o Império Americano, é chegada a hora de os americanos exercerem plenamente os poderes imperiais que possuem, de aderir à missão imperial que lhes foi imposta e, se preciso for, de impor a '*pax americana*' pela força avassaladora das armas que os Estados Unidos hoje possuem".

É verdade que a América Latina ainda não é uma das prioridades da pauta dos "novos" imperialistas. Por enquanto os proponentes do intervencionismo estão agitando em prol da derrubada do "ditador iraquiano" Saddam Hussein, e os EUA continuam fortemente engajados no Afeganistão. Ademais, não há evidências dignas de crédito da existência de células da Al Qaeda na notória e desgovernada área da tríplice fronteira entre Paraguai, Argentina e Brasil, apesar dos temores iniciais, após 11 de setembro, de que elas existissem. Porém há vínculos entre essa região e outra zona de crise interminável: o conflito israelo-palestino. Existem evidências fortes de financiamento aos grupos extremistas Hamas e ao Hezbollah (um indivíduo levantou e transferiu pelo menos US$ 50 milhões nos últimos anos). Mas mesmo isso é um engajamento em escala relativamente pequena, falando em termos comparativos.

Mais significativa do que isso é a existência de centenas de milhões de dólares envolvidos no comércio sul-americano de cocaína e o papel da tríplice fronteira como importante passagem de drogas, armas e narcodólares contrabandeados. O perigo, aqui, não é tanto de uma ameaça terrorista aos EUA quanto do desafio que tudo isso representa para a governabilidade da América do Sul. A influência corruptora de somas imensas de dinheiro sujo constitui uma ameaça importante às autoridades civis, aos Judiciários e às forças policiais locais — e, o que não é menos importante, exerce um impacto corrosivo sobre a vida cotidiana, à medida que a criminalidade urbana, a violência aleatória e a insegurança pessoal crônica crescem de maneira geométrica.

Essa rede clandestina de tráfico de drogas e criminalidade liga o Brasil de maneira inexorável à única região das Américas em que tanto os conflitos armados quanto o envolvimento norte-americano estão aumentando: a Colômbia.

Aqueles que imaginam poder beneficiar-se da atual visão de mundo de Washington, renovada e ainda mais maniqueísta do que antes — em que a já familiar visão do mundo em preto-e-branco, onde os "amigos", de um lado, confrontavam os "comunistas", do outro, cedeu espaço à nova configuração que opõe "amigos" a "terroristas" —, adaptaram-se rapidamente à nova fórmula. O governo colombiano que está chegando ao fim — o qual já recebeu US$ 1,3 bilhão em ajuda dos EUA (o que o torna o terceiro maior recebedor de ajuda americana no mundo, perdendo apenas para Israel e Egito) e que está sempre sensível ao clima reinante em Washington — explorou a nova terminologia imediatamente, reclassificando os velhos guerrilheiros de esquerda como terroristas pós-modernos.

A AMÉRICA LATINA JOGA A TOALHA

Não foi muito difícil, já que o uso de táticas de terror faz parte, há muito tempo, do repertório letal da guerrilha colombiana. Mas o terror também tem feito parte do arsenal usado pelos paramilitares de direita na Colômbia, sem falar nas próprias Forças Armadas do governo. A guerra na Colômbia não é um conflito simples e claramente delineado entre a "democracia", de um lado, e, do outro, homens selvagens e radicais que vivem na selva. Lamentavelmente é uma guerra civil altamente complexa, extremamente brutal e travada em diversas frentes, profundamente enraizada na história colombiana e sem nenhuma solução fácil à vista. A guerra na Colômbia também é um conflito em que os Estados Unidos, de fato, financiam ambos os lados. O insaciável apetite doméstico americano por drogas ilegais fornece muitíssimos mais dólares para sustentar as insurreições armadas do que a ajuda que o Congresso americano pode fornecer às Forças Armadas colombianas para cobrir os custos de treinamento militar, helicópteros e a pulverização das plantações de coca com agentes desfolhantes. De acordo com estatísticas divulgadas em 18 de março pelo secretário da Justiça, John Ashcroft, os americanos gastaram US$ 62,9 bilhões com drogas no ano 2000, dos quais mais da metade (US$ 36,1 bilhões) com cocaína — ou seja, aproximadamente o equivalente à receita da gigante da mídia AOL Time Warner nesse ano.

ENGAJAMENTO NÃO DESEJADO

Entretanto a americanização do conflito colombiano constitui um caminho conveniente pelo qual os vizinhos imediatos da Colômbia podem esquivar-se de tratar o problema, apesar de, potencialmente, serem os mais diretamente ameaçados em sofrer o impacto do colapso do Estado colombiano e da intensificação da violência. O principal avestruz é o Brasil, que, paradoxalmente, busca um papel de liderança na América do Sul, mas guarda distância da conflagração mais perigosa e mais potencialmente divisora do continente.

No entanto a Colômbia é um engajamento não desejado que será imposto ao Brasil, cedo ou tarde, quer os brasileiros gostem disso, quer não. O indiciamento nos EUA, em 18 de março, de integrantes das Farc (Forças Armadas Revolucionárias da Colômbia) e de três brasileiros, incluindo o narcotraficante Luiz Fernando da Costa (também conhecido como Fernandinho Beira-Mar, o único traficante da lista de Ashcroft que se encontra detido neste momento), por tráfico de drogas destinadas aos EUA, Suriname, Paraguai, México e Espanha, em troca de armas, dinheiro e equipamentos para as Farc, demonstra até que ponto a crise já se internacionalizou. Os indiciamentos vão complicar as relações EUA–Brasil em torno da extradição de Beira-Mar, que os EUA vão querer e à qual o Brasil vai se opor, por uma questão constitucional.

Pode parecer, à primeira vista, que questões perenes e essencialmente periféricas vão continuar a dominar a pauta dos EUA na América Latina. A política interna vai falar mais alto do que a ideologia no Congresso, tanto entre republicanos quanto entre os democratas. A administração republicana conservadora já se dobrou diante do *lobby* protecionista na questão do aço e de subsídios agrícolas, e a aprovação da autoridade de negociação comercial, quando finalmente acontecer, será tão restrita que vai dificultar em muito a negociação do livre comércio no hemisfério, especialmente com o Brasil.

Mas o protecionismo também é forte entre os democratas. Democratas liberais, como o senador Christopher Dodd, um dos principais a opinar sobre a política latino-americana dos EUA, serão a favor — e não contra — o aumento da ajuda militar norte-americana ao governo colombiano. O principal candidato ao terceiro cargo mais importante na representação democrata na Câmara dos Deputados, Robert Menendez, de Nova Jersey, é um porta-voz eloqüente dos cubano-americanos anticastristas que compõem sua base eleitoral.

Os funcionários de nível intermediário dentro do *establishment* diplomático americano são todos formados pelo que se poderia chamar de "Escola Jesse Helms de Estudos Latino-Americanos", ou seja, são todos figuras respeitadas pelo *lobby* cuba-

A AMÉRICA LATINA JOGA A TOALHA

no-americano ou ex-assessores do Senado no Comitê de Relações Exteriores do senador da Carolina do Norte, Jesse Helms, o hoje prestes a se aposentar velho mal-humorado do Senado, famoso (ou infame, dependendo da convicção política do observador) como o "Senador Não". O senador Helms é co-autor da legislação que encerra a política norte-americana em relação a Cuba numa camisa-de-força, pelo menos até que Fidel saia de cena.

Depois de ser alvo da oposição dos democratas no Senado durante um ano devido ao papel que exerceu no imbróglio dos anos 1980 na América Central, Otto Reich foi nomeado pelo presidente Bush, durante o recesso do Congresso, para o cargo de secretário-assistente "interino" do setor de América Latina do Departamento de Estado, ao lado do ex-assessor de Helms no Senado, Roger Noriega, que hoje é o embaixador dos EUA na OEA (Organização dos Estados Americanos) e figura influente nos bastidores em questões referentes à América Latina. No primeiro discurso que fez após sua indicação, Otto Reich, que foi embaixador na Venezuela e lobista empresarial de longo prazo, nem sequer mencionou o Brasil.

Entretanto, embora isso signifique que é pouco provável que qualquer coisa mude na política norte-americana em relação a Cuba, outras questões importantes serão decididas em outras esferas. Estas incluem: o futuro das intervenções do FMI, de outras agências financeiras internacionais e do Tesouro norte-americano para socorrer sistemas econômicos falidos — nesse ponto, o papel do secretário do Tesouro, Paul O'Neill, será crítico para o futuro da Argentina; o comércio, área na qual o papel estratégico crucial (que envolve decisões sobre a Alca — Área de Livre Comércio das Américas) caberá ao representante norte-americano de Comércio, Robert Zoellick; a energia, área na qual a voz principal será a do vice-presidente, Dick Cheney (nesse caso, o futuro do regime de Hugo Chávez na Venezuela será um dos grandes pontos de interrogação); e a imigração, questão sobre a qual o Congresso americano terá voz determinante.

Em todas essas áreas já está surgindo de maneira perceptível o esboço de uma nova pauta de prioridades:

MAIS MALANDROS: ENSAIOS TROPICAIS E OUTROS

1. Não a quaisquer novos pacotes de socorro: em dezembro de 2001 a Argentina anunciou a moratória de uma dívida de US$ 132 bilhões. Foi a maior moratória de dívida da história, um valor suficiente para cobrir os custos de guerra no Afeganistão durante uma década.

Está claro que a era dos megapacotes de socorro já chegou ao fim; aliás, o secretário O'Neill deixou isso claro em diversas ocasiões. Como ele mesmo já disse sem meias palavras, ele não é alguém que se disponha a "gastar o dinheiro de encanadores e marceneiros americanos que ganham US$ 50 mil por ano e se perguntam que diabos estamos fazendo com seu dinheiro". O Tesouro norte-americano não vai mais continuar a oferecer dinheiro, como vem fazendo desde a crise do peso mexicano, em 1994, e os mercados financeiros já compreenderam a mensagem. Logo, a Argentina não provocou nenhum "contágio" — ela simplesmente implodiu e está aguardando seu messias local que virá mais uma vez fazê-la ressuscitar das cinzas.

2. Comércio: é uma questão contenciosa mesmo na melhor das épocas, já que o comércio interliga questões domésticas e multinacionais de maneiras complexas, mobilizando forças racionais e irracionais e ampliando interesses locais de modo que assumam precedência sobre os interesses das políticas nacionais concebidas com visão ampla. No entanto o comércio é essencial para o bem-estar futuro do sistema internacional e, especialmente, para os EUA. Hoje a América Latina compra 44% do total das exportações americanas.

O comércio bilateral entre EUA e México já supera o volume de comércio americano com o Japão, fazendo do México o segundo maior mercado de exportações dos EUA (o primeiro é o Canadá), responsável por 29% do crescimento das exportações americanas. O comércio total com a região já equivale a mais do que o dobro do comércio norte-americano com a União Européia. A Alca é uma prioridade, mas os EUA não estão esperando por meganegociações com o Brasil, que vêem como um co-presidente potencialmente recalcitrante e obstrucionista. Em lugar disso, os EUA parecem estar se movendo pelas margens para criar uma rota alternativa, promovendo acordos de livre comércio com o Chile, a América Central, o Caribe e os países andinos.

3. Energia: 33% das importações petrolíferas dos EUA vêm da América Latina. A Venezuela, sozinha, fornece mais de 14% do petróleo importado anualmente pelos EUA. Até 11 de setembro, os EUA adotavam uma posição de não-ingerência nos assuntos da Venezuela. Suas investidas no cenário internacional em Bagdá, Pequim e Havana não tornaram o presidente Hugo Chávez mais popular em Washington, mas tudo isso era visto como irrelevante, desde que o petróleo continuasse a fluir. Argumentava-se que ele diria uma coisa, mas agiria com responsabilidade, à medida que o futuro de seu governo dependesse das receitas petrolíferas.

Depois de 11 de setembro a atitude americana endureceu, e, à medida que a contestação dentro da Venezuela prossegue, ninguém em Washington ficará muito infeliz se Chávez deixar o governo.

4. Imigração: 44% de todos os imigrantes que vivem nos EUA provêm da América Latina. O México fez da reforma das leis norte-americanas de imigração uma prioridade e já alcançou algum sucesso nessa frente. A imigração e o dinheiro enviado pelos imigrantes estão fortalecendo ainda mais os laços que unem a América do Norte. Nos últimos três anos, seiscentos mil colombianos deixaram seu país; na Venezuela, 150 mil pessoas partiram desde que Chávez chegou à Presidência; quinhentas mil pessoas deixaram o Equador; um em cada sete haitianos vive fora de seu país; um em cada seis salvadorenhos emigrou para os EUA; 7,5 milhões de mexicanos vivem nos EUA; e o total enviado por imigrantes a suas famílias na América Latina e no Caribe já passa de US$ 15 bilhões por ano.

5. Nova configuração: em conseqüência de todas essas mudanças, quando os EUA olham para fora de si, o que vêm é uma região cada vez mais diferenciada ao sul — na realidade, uma série de círculos concêntricos de engajamento e integração maiores e menores. O círculo interior é o Nafta (acordo norte-americano de livre comércio). Mais além dele, há o que se poderia chamar de "o grande Nafta" (ou seja, o Caribe e a América

Central). Mais além deste, há os países andinos (Colômbia, Venezuela, Equador, Peru e o caso especial do Chile). Com relação ao Mercosul, existe mais ambigüidade; e, no tocante ao Brasil, com ou sem o Mercosul, há uma grande incerteza.

Mas o desafio fundamental dirá respeito à liderança regional, e as partes-chave na disputa são o México e o Brasil. Nesse contexto, a história de dois sociólogos é instrutiva: Jorge Castañeda [chanceler mexicano] e Fernando Henrique Cardoso. Ambos são figuras cosmopolitas e ambos têm tido participação destacada nos debates promovidos em círculos acadêmicos do Primeiro Mundo. Ambos já viajaram muito e lecionaram ou estudaram em importantes universidades francesas e norte-americanas. Ambos são autores prolíficos. Ambos são (ou eram) de esquerda. Cada um chegou ao poder nas costas de uma coalizão de centro-direita.

É nesse contexto que o 11 de setembro ganha importância. Castañeda "captou" a questão instintivamente e soube como expressar sua empatia pelo sofrimento dos EUA, mesmo à custa de despertar a hostilidade de seus compatriotas. FHC, não. Talvez as raízes de suas reações diferentes diante desse momento definidor sejam geracionais. Castañeda estudou em Princeton, nos Estados Unidos, enquanto FHC foi aos Estados Unidos já no papel de professor universitário, alguém que já era intelectualmente formado.

É verdade que o Brasil assumiu a liderança ao evocar o Tratado do Rio em solidariedade aos EUA, um tratado que o México, pouco tempo antes, tinha descrito como redundante, mas, desde 11 de setembro, FHC deve estar acompanhando as pesquisas que monitoram a opinião pública brasileira, e isso se reflete claramente tanto em seu discurso populista neste último ano de Presidência quanto nas críticas cada vez mais estridentes que ele vem fazendo às próprias instituições que mantiveram seu governo operante durante a crise financeira de 1998-1999.

Castañeda, ao contrário, trabalha com o sistema americano e já cortejou e conquistou Jesse Helms e George W. Bush. Ele não perdeu tempo nem sentimentos para desativar uma crise potencial, ao permitir que a polícia de Fidel Castro capturasse os

A AMÉRICA LATINA JOGA A TOALHA

cubanos que buscaram asilo na embaixada mexicana em Havana e que, desavisadamente, acharam que teriam a proteção solidária do México recém-democrático.

Castañeda convenceu Bush a ir à Conferência Internacional sobre Financiamento para o Desenvolvimento, da ONU [que ocorreu entre 18 e 22 de março], em Monterrey para discutir a ajuda e o desenvolvimento econômico, além de uma nova promessa de destinar recursos importantes. FHC — que, como Clóvis Rossi já observou, passou quase um ano inteiro de seus oito anos na Presidência fora do Brasil — escolheu esse momento para ficar em casa, cedendo a liderança ao México e, no processo, causando irritação nos EUA.

Existe, porém, um consolo compensatório. O escritor Carlos Fuentes, essa voz sempre confiável do nacionalismo mexicano velho e irredutível, saudou o discurso do presidente Fernando Henrique Cardoso diante da Assembléia Nacional francesa — que chamou a atenção em Washington por traçar equivalências morais com o terrorismo — como o melhor discurso já feito por um presidente latino-americano em qualquer lugar.

Fuentes será um bom candidato a receber a Ordem do Cruzeiro do Sul que não foi dada a Henry Kissinger. Talvez Castañeda envie Fuentes ao Brasil, como embaixador mexicano, para incentivar o Brasil a continuar sendo o que o México já deixou de ser, enquanto o México, sem alarde mas com eficácia, forja e consolida seu papel de principal parceiro, interlocutor e intérprete latino-americano de Washington.

7 de abril de 2002.
Tradução de Clara Allain.

24

Três países,
três momentos,
um esporte

Por acaso, estarei nas próximas semanas na Inglaterra, durante a Copa e a tempo do 50º aniversário do coroamento da rainha Elizabeth II.

Não que uma coisa tenha a ver com a outra. Ambas, contudo, liberam a nostalgia, elucidam o que ainda faz ou não sentido para pessoas como eu, e centenas de milhões, que, por causa da migração, exílio ou razões profissionais, vivem longe de suas raízes.

Meus heróis do futebol eram heróis de cidade pequena. Cresci em uma região rural sem cidades que pudessem sustentar times de primeira divisão. Por isso, nosso futebol buscava a diversão, não o lucro. Era praticado em campos de trigo, nas quadras escolares e, durante o verão, nas praias.

A única cidade que sonhava com a primeira divisão era Exeter. Meu pai, que viveu lá por um tempo, torcia pelo Exeter City. Minha irmã, a genealogista da família, diz que antepassados nossos, mercadores huguenotes, chegaram à cidade da França. Tiveram mais sorte que os que seguiram Vilegaingnon na malsucedida experiência antártica na Guanabara. Um deles até se tornou prefeito de Exeter no século XVI.

Garotos da minha geração só podiam jogar futebol nos colégios internos ingleses até os 12 ou 13 anos, quando então eram forçados a praticar o rúgbi (não havia escapatória). Lamentei muito. O futebol era habilidade e movimento; o rúgbi, lama e ossos quebrados. No futebol, era goleiro, e minha equipe sempre vencia. No rúgbi, nunca (que eu me lembre).

Sei que meu time de futebol vencia porque tenho um diário de 1952, pouca coisa a mais nas páginas além dos jogos, cuidadosamente registrados em meio a horrendos erros ortográficos.

Em um dia, redigi que o "rei morreu hoje". Lembro-me de que tivemos de parar um jogo e manter silêncio por dois minutos. Ganhamos, 6 x 0. Um efeito reconfortante do 50º aniversário dessa partida, e o fato de que Elizabeth II segue no trono, é que o passar do tempo parece menos oneroso.

Forçado a jogar rúgbi no inverno, seis dias por semana durante sete anos, tornei-me tão enfastiado por esportes que nunca mais quis algo com eles. Até, quer dizer, quando me mudei para Madri e reencontrei o futebol.

Enquanto cursava a Universidade Complutense de Madri, vivi em uma pensão modesta, numa rua pequena, em frente ao Ministério do Interior — que alugava quartos em nosso prédio, onde, tenho certeza, a polícia franquista conduzia interrogatórios.

A pensão era *ok*. Abrigava oito estudantes de diferentes áreas da Espanha. Tornamo-nos amigos e fãs do Real Madrid. Tínhamos dinheiro só para uma bebedeira por semana. Escolhíamos, a cada domingo, um bar que representasse a região de um dos alunos. Uma semana, vinho e petiscos andaluzes. Outra, cidra e queijos fedorentos das Astúrias. E por aí em diante, até retomar o rodízio. Freqüentemente íamos ao novo estádio de concreto onde o Real Madrid jogava — e, pelo menos para nós, sempre ganhava.

Mas, para mim, o Brasil e o futebol eram casos especiais.

O industrialista e historiador amador Marcos Carneiro de Mendonça (1894-1989) foi um dos grandes admiradores do Marquês de Pombal. Foi também um mentor generoso para jovens alunos interessados no século XVIII.

A mansão de Dona Ana Amélia e Marcos de Mendonça ficava no Cosme Velho, oásis tranqüilo até que os túneis cortaramno para ligar a zona sul ao resto do Rio.

Era uma casa mágica. Desenhada pelo arquiteto do Palácio Rio Negro, em Petrópolis, tinha móveis e objetos do império colonial, tapetes valiosos e santos coloridos. No sótão, uma biblioteca magnífica e uma coleção de documentos, onde tive o prazer de trabalhar por muitas horas.

Marcos de Mendonça era também lenda no futebol brasileiro. Pelo Fluminense, fora campeão da Copa Roca, em 1914, e sul-americano, em 1919. Era considerado o melhor goleiro da época.

Foi pelo astro do futebol que Ana Amélia, poeta renomada, se apaixonou. Ela lhe escreveu: "Estremeci fitando esse teu porte estético. Como diante de Apolo, estremecera a dríada. Era um conjunto de arte, esplendoroso e poético. Enredo e inspiração para uma heleconíada". Casaram-se e viveram juntos até a morte.

Uma vez por mês, já velho, Marcos de Mendonça vestia a camiseta branca imaculada do Fluminense, fitinha roxa amarrada à cintura, uma figura surpreendente para mim. Como a maioria de meus amigos brasileiros me parecia excêntrica, imaginei que fosse parte da cultura do país.

Eu adorava minhas conversas com ele. Além de esperar que eu conhecesse tudo sobre seu herói, o Marquês de Pombal, ele também esperava que eu estivesse informado sobre o Manchester United. Não era fácil. Antes da era da *internet*, as cartas demoravam mais de dois meses para chegar da Inglaterra (se chegavam).

Que estranho, pois, que eu não soubesse que sua estréia na seleção tinha sido exatamente contra o Exeter City, em 1914. O Brasil ganhou por 2 a 0. Meu pai poderia ter me contado um bocado...

Marcos de Mendonça era caçoado pela elegância e obsessão em manter o uniforme branco. Orgulho-me dele. Como eu, ele não gostava de lama e violência.

27 de maio de 2002.
Tradução de *Folha de S. Paulo*.

Marcos Carneiro de Mendonça em seu sótão-biblioteca no Cosme Velho em 1966.

Kenneth Maxwell aos 7 anos jogando futebol

25

No Brasil,
o risco é o *Status Quo*

Os mercados brasileiros ficaram indiferentes ao anúncio feito na semana passada da ajuda de US$30 bilhões do Fundo Monetário Internacional e continuam a marchar em direção ao abismo. Ninguém sabe ao certo aonde isso tudo vai parar, mas está claro que a dinâmica que impulsiona a crise foi mal compreendida. A "solução" — essa infusão maciça de dinheiro do FMI — não está ajudando; na verdade, pode ser que esteja piorando ainda mais a situação.

O problema começa com a visão equivocada de que a convulsão brasileira deve-se à sólida posição nas pesquisas de opinião pública do candidato do Partido dos Trabalhadores, o ex-líder sindical Luíz Inácio da Silva, mais conhecido como "Lula". O medo é de que Lula vença as eleições presidenciais de outubro e arraste o Brasil para a esquerda, minando as reformas efetuadas no mercado na última década.

No entanto a crise, em seu cerne, é financeira, e de forma alguma obra da candidatura Lula. Ela foi criada pela atual administração, que contraiu grande parte de sua dívida em dólares. À medida que as mudanças normais na percepção de risco produzidas pela transição política desencadeavam fugas de capital, o governo tentava defender a moeda com suas reservas em dólar. Isso aterrorizou os investidores, que começaram a se preocupar com a possibilidade de não haver dólares suficientes no mercado para recuperar seu investimento.

Essa transição está longe de representar uma rotina, pois marca o fim de uma gestão sem precedentes de dois mandatos seguidos, e apenas a segunda vez em mais de 50 anos que um presidente democraticamente eleito concluirá o mandato. Seria previsível, portanto, que parte do capital se deslocasse — isto é, para fora do Brasil — até que passasse a incerteza. Mas foi a magnitude das obrigações indexadas em dólar do governo que fez com que os mercados ficassem em alerta máximo. Lula apenas colocou mais lenha na fogueira.

Existe também uma convicção equivocada de que o fraco desempenho de José Serra nas pesquisas eleitorais, o candidato apoiado pelo governo, constitui uma surpresa e que, portanto, serviu para agravar a crise. Mas os baixos índices apresentados por Serra eram previsíveis. E ao contrário do que se supõe, não são resultado de sua falta de carisma, mas sim da fragilidade do seu apoio político.

A coalizão que apoiou o presidente Fernando Henrique Cardoso durante duas eleições se desfez muito antes do início da atual campanha presidencial. Ele não só tinha perdido sua âncora com a direita — o Partido da Frente Liberal (PFL) — como também o apoio de vários "cabos eleitorais" importantes.

Entre eles destaca-se o presidente deposto do Senado, mas ainda poderoso cacique político, Antônio Carlos Magalhães, cujo filho morto prematuramente era considerado herdeiro legítimo de Fernando Henrique. A lista inclui ainda o ex-presidente e influente senador José Sarney, cuja filha estava indo bem na campanha presidencial até ser descartada sem a menor cerimônia. Sua derrocada foi desencadeada por uma invasão da polícia federal ao escritório de seu marido, onde foram encontrados maços de dinheiro de origem não explicada, fato amplamente divulgado pela imprensa e que, na visão de Sarney, teve motivação política.

José Serra não pode contar nem mesmo com o apoio do partido do presidente, o PSDB. Tasso Jereissati, governador do Ceará e um dos fundadores do partido, é o mentor de Ciro Gomes, também candidato à presidência e maior adversário de Lula segundo as pesquisas de opinião.

Mesmo que Serra ganhasse, dificilmente isso garantiria o avanço da liberalização de que o Brasil tão desesperadamente necessita. Ele foi a oposição leal no governo de Fernando Henrique e principal crítico da política do ministro da Fazenda, Pedro Malan, e do presidente do Banco Central, Armínio Fraga. Serra faz parte da ala "desenvolvimentista" da esquerda brasileira, e é o candidato preferido dos industriais paulistas que defendem uma política protecionista. Ele fala mais de substituição de importações do que de livre comércio.

A popularidade de Lula gerou um tipo de histeria, medo de uma guinada brasileira para a esquerda. Mas a verdade é mais complicada. É bom lembrar que Fernando Henrique também se considera um homem de esquerda. E, no entanto, para conseguir poder ele formou uma aliança de centro-direita. Da mesma forma, Lula sabe, depois de três derrotas, que deve adotar uma postura de centro se quiser atrair os votos da classe média fundamentais para a sua vitória.

Observadores no estrangeiro encaram uma vitória de Lula ou de Ciro Gomes como uma radicalização do Brasil. Isso é pouco provável. Em outubro, todos os cargos de governador e todas as cadeiras do Congresso também estarão em disputa. Não há indícios de uma grande virada para a esquerda, nem no âmbito estadual nem no âmbito federal. Na verdade, muitos dos velhos guardiões da política brasileira estão novamente no páreo, como o populista de direita Paulo Maluf, que está se saindo bem na corrida para o governo de São Paulo. A vasta maioria dos políticos brasileiros, independentemente da filiação partidária temporária e dos floreios retóricos, agarra-se ao status quo. Isso dificulta a realização de reformas e, ao mesmo tempo, torna o Brasil um país de política extremamente conservadora.

Nesse contexto, a ajuda financeira do FMI é o remédio errado na hora errada, e ameaça agravar uma situação já frágil. Em vez de estimular uma discussão aberta sobre como fazer o país crescer e honrar suas dívidas, o pacote cria a ilusão de que o Brasil pode protelar as medidas necessárias. Além do mais, tanto os brasileiros como os estrangeiros provavelmente vão usar o "auxílio" para vender reais e comprar dólares enquanto o Banco Central tenta defender a moeda.

Em sua visita recente a São Paulo, Paul O'Neill, secretário do Tesouro norte-americano, reservou algum tempo para visitar os pobres. Sobre uma pasta reluzente, ele autografou e distribuiu notas de um dólar. Hoje, uma semana após o anúncio do empréstimo de emergência do FMI, parece que apenas os brasileiros em melhor situação foram os beneficiários da generosidade de Paul O'Neill. Contanto, diga-se de passagem, que tenham tido o bom senso de segurar as notas novinhas de dólar enquanto o real afundava.

16 de agosto de 2002
Tradução de Mirtes Frange de Oliveira Pinheiro.

26

Um Fellini que leve
Orfeu ao reino de *Batman*

Vi *Orfeu negro*, de Marcel Camus, pela primeira vez no começo dos anos 60, em um velho cinema lotado e frio na periferia de Cambridge, Inglaterra.

Era uma noite tediosa e desanimadora de inverno inglês e eu mal completara vinte anos, de modo que suponho que estava pronto para o romance, quanto mais exótico e erótico melhor, nem que fosse em celulóide.

O filme era vigoroso o bastante para me convencer a conhecer o Brasil por conta própria. Vi este *Orfeu*, de Cacá Diegues, que vai disputar uma indicação de melhor filme estrangeiro, em São Paulo, na correria, em uma tarde quente.

O cinema quase vazio perto da avenida Paulista era novinho e brilhante, com uma catraca eletrônica que tive muita dificuldade em atravessar até que um sonolento bilheteiro me ajudasse, e o ar-condicionado dava ao lugar uma gélida temperatura inglesa. Cheguei atrasado, o filme já tinha começado, perdi o início.

Eurídice era a mulher de Orfeu, o legendário poeta e músico da Trácia que conseguia lançar feitiços e encantamentos com seu canto e que foi autorizado por Plutão a segui-la para fora do Hades desde que não olhasse para ela. Orfeu olhou, e Eurídice se viu condenada a retornar.

Mas o novo e persistente Orfeu do cinema tem pouco a ver com essa proveniência grega, já que a história agora se passa em um feriado católico romano e ocidental, sua música e encantos enraizados no samba, e o idioma falado é um português cheio de inventividade brasileira; o cenário é uma favela pertinho do céu, bem alta sobre os arcos abrangentes das praias do Rio.

Na tela, quando entrei, o espetacular fundo carioca continuava lá e, muito ocasionalmente, quase que se desculpando, as velhas canções surgiam ao fundo. Mas a cena com que deparei tinha mais a ver com *Máquina mortífera* do que com Vinícius de Moraes.

Um sujeito gorducho e aterrorizado, branco de classe média, cercado por uma multidão de pessoas em geral não brancas, estava prestes a ter sua cabeça estourada. E foi o que aconteceu. O corpo do homem foi depois jogado da beira do morro, em um depósito de lixo apodrecido. Eu não tinha idéia do que o pobre sujeito tinha feito.

Estuprado uma criança? Trapaceado em uma transação de drogas? Será que era um símbolo para os poderosos de Brasília, como sempre indiferentes ao sofrimento das favelas a não ser quando violentamente relembrados de que há milhões de brasileiros que levam suas vidas cotidianas lá, não só durante o Carnaval e em geral em quartos sem vista para a paisagem?

Os críticos brasileiros nunca pareceram ter gostado muito do trabalho de Camus. Era "exotismo turístico" demais, como diziam. Mas os estrangeiros devem ser perdoados por gostar do filme. Em 1962, eu certamente apreciei *Orfeu negro* pelo que via na tela, a fantasia, a paisagem urbana, o cenário magnífico, a graça humana e musicalidade.

Mas mais tarde passei a suspeitar de que as objeções de muitos brasileiros da classe média a *Orfeu* se deviam ao fato de que fosse menos *Orfeu do carnaval*, seu título no Brasil baseado na peça "Orfeu da Conceição" de Vinícius de Moraes (1956), e mais *Orfeu negro*, e que a reação inconsciente deles era bem parecida com a da polícia baiana no começo do século, confiscando as câmeras dos fotógrafos europeus em Salvador quando eles eram vistos tirando fotos de gente não branca.

Aquele não era o Brasil que estrangeiros deviam ver e muito menos difundir no exterior por meio de imagens. Afinal, aquelas pessoas representavam o Brasil arcaico, tão profundamente embaraçoso para os brasileiros enamorados da idéia de progres-

UM FELLINI QUE LEVE *ORFEU* AO REINO DE *BATMAN*

so, algo ainda válido em muitos círculos que a essa altura já deveriam ter aprendido a lição.

Parte da música, da graça e da fantasia sobrevive na nova versão de Orfeu. Mas me surpreendi com a "americanização" ou quem sabe "globalização" da cultura popular brasileira nos últimos trinta anos: as tranças de Toni Garrido parecem mais afro-caribenhas do que afro-brasileiras; o pastor pentecostal substituindo o ritual de macumba.

Os vagões brilhantes de metrô cheios de foliões que substituíram os bondes barulhentos que trafegavam por cima dos aquedutos construídos no Rio no século XVIII poderiam perfeitamente estar circulando por sobre a Oitava Avenida de Nova York, transportando os integrantes, vestidos de forma extravagante e cobertos de jóias, da Wigstock Parade, o desfile anual dos travestis nova-iorquinos, de volta do Greenwich Village para o centro da cidade.

As seqüências de Carnaval são mais espetaculares, extravagantes e dispendiosas do que as passadas, mas curiosamente autocontidas entre as paredes de concreto do Sambódromo; os espectadores ricos mais *voyeurs* que participantes, separados, empacotados e comercializados bem longe da ação e totalmente protegidos das ruas onde o Carnaval ainda acontecia, predominantemente, mesmo nos meus tempos, a metade da década de 1960.

Será que a visão de mira telescópica escolhida por Cacá Diegues para mostrar o desfile e o potencial assassinato de Orfeu pretendia demonstrar isso? Ou o Carnaval hoje em dia é fundamentalmente "para a televisão ver"?

Na metade dos anos 60, me deixaram na avenida Niemeyer e eu galguei degraus íngremes de pedra na encosta até chegar a uma pequena e encantadora chácara onde morava um casal sueco que trabalhava para a ONU. Enquanto a noite caía, entre as copas frondosas da Mata Atlântica, eu via na distância as luzes brilhantes do Leblon e mais abaixo um borbulhante Oceano Atlântico sul, tingido de púrpura pelo poente.

Quando visitei o Rio poucos dias antes de assistir ao novo *Orfeu*, o principal duto de esgoto da favela da Rocinha quebrara e estava despejando sujeira no oceano mais ou menos do lugar onde talvez estivéssemos sentados naquele dia, 35 anos atrás.

Talvez seja exatamente esse o lugar em que Diegues filmou a mais grotesca e memorável imagem de seu filme, o Hades onde as quadrilhas de traficantes de drogas jogam os corpos de suas vítimas, onde os detritos da favela globalizada apodrecem e o corpo de Eurídice cai tão decorosamente sobre um galho de árvore.

Não que nos anos 60 violência e ganância não existissem por sob as fachadas, como hoje. Alguém me contou mais tarde que meus anfitriões daquela noite foram expulsos de seu bucólico paraíso cerca de um ano mais tarde por pistoleiros contratados por um político brasileiro que queria aquele terreno e que tiveram de voltar rapidamente a Estocolmo, aterrorizados.

Eram pessoas doces e de bom coração, que só queriam mudar o mundo para melhor, e o Brasil é que saiu perdendo com a partida deles. Seria triste imaginar que foram expulsos de forma tão rude para abrir espaço para um duto de esgoto e um depósito de lixo.

Com suas casas de blocos de concreto, estreitos becos mouriscos, escadas curvas e íngremes e pequenas praças, a favela de Diegues se parece muito com a velha Lisboa da Alfama, um irônico recuo cultural que surge exatamente no momento em que os burocratas da cultura brasileiros, ou devo dizer "servidores públicos", como são tão inadequadamente chamados, malocados em seus blocos de escritórios santificados no planalto de Brasília, brigam sobre como gastar o dinheiro público em uma celebração adequada da parada acidental de Cabral em Porto Seguro, a caminho das Índias, em 1500.

Mas esses cortes permearam minha reação ao filme de Diegues. O pobre Cabral e seus companheiros portugueses se chocaram diante da nudez das pessoas encontradas na praia brasileira e ainda mais devido à inconsciência delas a respeito da sua "falta de vergonha", como disseram.

Já eu me espantei com os exageros de guarda-roupa dos personagens no novo *Orfeu*: a pobre Eurídice deve ter sufocado, envolvida no que parece ser um vestido de casamento descartado, ou o traficante Lucinho e seu bizarro chapéu de lã e seus maneirismos afetados, com mais cara de inverno em Chicago do que de verão carioca.

Até mesmo Orfeu usava uma camiseta de gigolô americano e calças largas, mesmo que pudéssemos ver seu traseiro nu por um breve momento. Não se trata de um filme *sexy*, ainda que sexo ou pelo menos amor não correspondido é exatamente o ponto em torno do qual gira a história.

Não havia uma centelha nesse triângulo trágico, e as cenas mais vívidas cabem aos personagens secundários (a maravilhosa Mary Sheila como a traficante Be Happy — quanto mais americano se pode ser? — e Isabel Fillardis como Mira) e não aos principais, que parecem auto-absortos e narcisistas, mais apaixonados por si mesmos do que um pelo outro.

Mas suponho que isso tudo reflita mais a passagem do tempo e memórias nostálgicas do passado. Hoje em dia, afinal, há mais brasileiros vivendo num contexto urbano do que rural, mais brasileiros internacionalizados do que nacionais, e o Carnaval tornou-se ainda mais marginal e distante da vida daqueles que podem consumir cultura e temem mais a subclasse do que naquele tempo há muito passado, quando as interpretações românticas e populistas dos gurus culturais que freqüentavam os cafés da zona sul do Rio predominavam.

Percebi isso de maneira muito clara na tarde em que fui assistir ao filme quando, mais tarde, preso em um congestionamento interminável a caminho do aeroporto, o motorista do táxi me alertou para esconder a mala a fim de não chamar a atenção de ladrões. Na noite anterior, voltando de carro dos estúdios da TV Cultura, meu anfitrião, um chileno casado com uma brasileira e vivendo no Brasil há muitos anos, disse de passagem que a verdadeira Gotham City não era Nova York, mas São Paulo.

E observando as estranhas antenas ao estilo dos anos 50 no topo dos arranha-céus, as avenidas como que afundadas no chão e os viadutos com suas barreiras de concreto, as ruas públicas subiluminadas, os carros atravessando sinais vermelhos para evitar assaltantes armados nos cruzamentos, as sirenes berrantes, as feias igrejas de estuque aninhadas entre os conjuntos habitacionais cinzentos e os espalhafatosos bordéis com seus luminosos de néon e cafetões agressivos batendo nos vidros dos carros ao longo da rua Augusta, eu não conseguia tirar da cabeça uma idéia maravilhosa. O que o Brasil realmente precisa é de um Fellini que encene essa tragédia grega no reino do Batman.

Na qual Orfeu estaria aprisionado em uma viagem de ônibus interminável vinda da periferia da cidade, na qual Eurídice seria bilheteira do cinema com ar-condicionado perto da avenida Paulista e o assaltante estaria protegido no Hades por trás de uma barreira de concreto que sustenta o viaduto acima, pronto a pressionar seu revólver contra uma janela de carro fechada, pensando em *crack*, não sexo, e cuja vida acabaria cedo demais para que visse um oceano borbulhando na distância.

Mas eu tinha, afinal, perdido o começo do filme e talvez por isso não tenha entendido nada. Essa é uma velha história para estrangeiros no Brasil, especialmente um historiador. Na melhor das hipóteses, podem ver apenas fragmentos de um mosaico, e às vezes compreendê-lo. Mais freqüentemente, isso não é possível. Portanto, confesso-me culpado por me deixar influenciar indevidamente pelo Orfeu anterior, o que certamente não lamento.

Hoje em dia, infelizmente, não creio que estudantes de Cambridge saiam para assistir exóticos filmes estrangeiros, muito menos em velhos cinemas de periferia em uma noite gelada. Por isso, duvido que tenham a oportunidade de serem tão inspirados quanto eu fui a sair numa longa jornada rumo ao sul para ver por mim mesmo aquilo que a tela de cinema prometera.

E, talvez como Orfeu (o original, não na versão de Camus ou na de Diegues), eu não deveria ter olhado para trás para ver se Eurídice estava me seguindo.[1]

28 de outubro de 1999.
Tradução de Paulo Migliacci.

---

1. O cantor, compositor e escritor brasileiro Caetano Veloso, autor da trilha sonora do filme de Cacá Diegues, fez grandes ressalvas aos meus comentários sobre o filme e, especialmente, sobre a questão racial no Brasil, respondendo com um ataque ferino na seção "Art & Leisure" da edição de domingo do New York Times de 20 de agosto de 2000, data que coincidiu com a estréia do filme em Nova York. A reação dos críticos novaiorquinos, e sobretudo, do público novaiorquino, foi muito semelhante à minha; o filme ficou muito pouco tempo em cartaz. De qualquer forma, eu não estava escrevendo uma crítica quando redigi o artigo.

Bibliografia

1. Vento do norte. *no.* — *Notícia e Opinião*, 2 mai. 2001.
2. Brazil: a discovery waiting to happen. *Financial Times*, 26 abr. 2000. Brazil Survey, p.11.
3. Uma história "brasileira" do mundo. *no.*— *Notícia e Opinião*, 21 dez. 2001.
4. Subversivos e burocratas. *no.*— *Notícia e Opinião*, 19 jun. 2000.
5. Os novos dez mandamentos. *Folha de S. Paulo*, 26 dez. 1999. Mais!, p.12.
6. O Brasil emergente. *no.*— *Notícia e Opinião*, 15 de ago. 2000.
7. A campanha presidencial e o canal cor-de-rosa. *no.* — *Notícia e Opinião*, 27 out. 2000.
8. Vingança da história. *no* — *Notícia e Opinião*, 10 nov. 2000.
9. Lalau e Wall Street. *no.* — *Notícia e Opinião*, 26 jul. 2000.
10. George W., rei Canuto e o Brasil. *no.* — *Notícia e Opinião*, 14 dez. 2000.
11. O estranho caso de John Ashcroft: Igreja, Estado e George W. Bush. *no.* — *Notícia e Opinião*, 5 fev. 2001.
12. Jorge Arbusto & Señorita Condoleezza Arroz. *no.* — *Notícia e Opinião*, 29 jun. 2001.
13. O caso C. R. Boxer: heróis, traidores e o *Manchester Guardian. no.* — *Notícia e Opinião*, 18 mar. 2001.
14. Yale nua: uma história de escravidão, sexo e avareza. *no.* — *Notícia e Opinião*, 24 ago. 2001.
15. O ecletismo de Pombal. *Folha de S. Paulo*, 29 jul. 2001. Mais!, pp.12-3.
16. A Amazônia e o fim dos jesuítas. *Folha de S. Paulo*, 26 ago. 2001. Mais!, pp.14-7.

MAIS MALANDROS: ENSAIOS TROPICAIS E OUTROS

17. Uma dupla incomum. *Folha de S.Paulo*. 7 out. 2001. Mais!, pp.14-9.
18. Why was Brazil different? The contexts of independence. John Parry Memorial Lecture, Harvard University, 25 abr. 2000, *Working Papers on Latin America*. Cambridge: David Rockefeller Center for Latin America Studies, 2000.
19. Avoiding the imperial temptation: The United States and Latin America. *World Policy Journal*, Fall 1999, pp.57-67.
20. Armadilha e cheque em branco. *no.* — *Notícia e Opinião*, 6 out. 2001.
21. Anti-Americanism in Brazil. *Correspondence: An International Review of Culture and Society*, Winter-Spring 2002, pp.22-3.
22. El Espejo Británico. *Letras Libres (Mexico)*, dic. 2001, pp.43-4.
23. A América Latina joga a toalha. *Folha de S. Paulo*, 7 abr. 2002. Mais!
24. Três países, três momentos, um esporte. *Folha de S. Paulo*, 27 mai. 2002. "Especial Copa 2002".
25. In Brazil, the risk is the Status Quo. Wall Street Journal, 16 ago. 2002.
26. Um Fellini que leve *Orfeu* ao reino de Batman. *Folha S. Paulo*, 28 out. 1999. Ilustrada.

Impressão e Acabamento
Oesp Gráfica S.A. (Com Filmes Fornecidos Pelo Editor)
Depto. Comercial: Alameda Araguaia, 1.901 - Tamboré - Barueri - SP
Tel. 4195 - 1805   Fax: 4195 - 1384